FACHBUCHREIHE
für wirtschaftliche Bildung

Zusatzkompetenz Wirtschaft

Mikroökonomie · Bruttoinlandsprodukt · Finanzierung

Kaufmännisches Berufskolleg II
Berufskolleg Fremdsprachen (2. Jahr)
Berufskolleg Wirtschaftsinformatik (2. Jahr)
Zusatzprogramm für Wirtschaftsassistenten

6. Auflage

von
Theo Feist, Viktor Lüpertz

VERLAG EUROPA-LEHRMITTEL
Nourney, Vollmer GmbH & Co. KG
Düsselberger Straße 23
42781 Haan-Gruiten

Europa-Nr.: 76250

Verfasser:

Theo Feist — Prof., Dipl.-Kfm.
Viktor Lüpertz — Prof. Dr., Dipl.-Volksw.

Lektorat:

Volker Schuck — StD, Dipl.-Kfm.

Verwendete Symbole:

Aufg. 1.1.1 S. 122	Verweis am Seitenrand der Sachdarstellung auf die Nummer einer thematisch zugehörigen Aufgabe am Ende des jeweiligen Kapitels.
BGB § 21	Hinweis am Seitenrand auf gesetzliche Grundlagen. Alle angeführten Paragraphen sind in der Textsammlung „Wirtschaftsgesetze“, Verlag Europa Lehrmittel (Best. Nr. 94810) enthalten.
PDF	Hinweis an Seitenrand bei einzelnen Aufgaben. Für diese Aufgaben enthält die Begleit-CD zum Lehrerhandbuch Dateien mit Kopiervorlagen für Arbeitsblätter zur Aufgabenlösung.
www	Hinweis am Seitenrand bei einzelnen Aufgaben. Für die Lösung dieser Aufgaben ist eine Internetrecherche nötig.

Stand der Gesetzgebung: 01. Juni 2019

Falls für dieses Buch **Aktualisierungen** oder **Korrekturen** nötig werden sollten, finden Sie diese unter dem Auswahlpunkt **Aktualisierungen/Korrekturen** auf http://www.europa-lehrmittel.de/76250.

6. Auflage 2019

Druck 5 4 3 2 1

Alle Drucke derselben Auflage sind parallel einsetzbar, da bis auf die Behebung von Druckfehlern untereinander unverändert.

ISBN 978-3-8085-4732-8

Gestaltung, Umschlag und Satz: Punkt für Punkt GmbH · Mediendesign, 40549 Düsseldorf
Umschlagfoto © Thomas – adobe.stock.com
Umschlagkonzept: tiff.any GmbH, 10999 Berlin
Druck: RCOM print GmbH, 97222 Würzburg-Rimpar

Vorwort zur 6. Auflage

Das bewährte Lehr- und Aufgabenbuch **Zusatzkompetenz Wirtschaft** liegt in der 5. Auflage vor. Es ist speziell auf die Lerninhalte im Kaufmännischen Berufskolleg II, Berufskolleg Fremdsprachen (2. Jahr) und das Berufskolleg Wirtschaftsinformatik (2. Jahr) in Baden-Württemberg ausgerichtet. Das Buch bildet den Bildungsplan Wirtschaft (verpflichtend ab Schuljahr 2018/2019) mit den gesamten prüfungsrelevanten Inhalten ab.
Es sind alle verpflichtenden und fakultativen Bildungsplaninhalte enthalten. Die fakultativen Teile sind entsprechend gekennzeichnet.

Gliederung des Buches

Entsprechend den Bildungsplanvorgaben ist das Buch in drei Abschnitte eingeteilt, die farblich voneinander abgehoben sind. Innerhalb dieser Abschnitte sind die Kapitel wie folgt gegliedert:

- **Sachdarstellung**
  Die Sachdarstellung wird durch zahlreiche Grafiken, Schaubilder, Übersichten und Tabellen ergänzt und veranschaulicht. Wichtige Definitionen und Merksätze sind farbig unterlegt.
- **Zusammenfassende Übersichten**
  Die Übersichten am Ende eines jeden Kapitels dienen der Veranschaulichung der Strukturzusammenhänge und können am Anfang, während und am Ende der Unterrichtseinheit eingesetzt werden. Alle diese Übersichten sind auch als PDF-Dateien auf der Begleit-CD zum Lehrerhandbuch enthalten **(siehe unten).**
- **Wiederholung des Grundwissens**
  Zu jedem Kapitel gehört ein umfangreicher Aufgaben- und Fragenkatalog zur Wiederholung des Grundwissens. Die Beantwortung ergibt sich unmittelbar aus der jeweils vorangehenden Sachdarstellung.
- **Aufgaben zum Erwerb und zur Anwendung von Kompetenzen**
  Die zahlreichen realitätsbezogenen Problemstellungen decken unterschiedliche Schwierigkeitsgrade und Anforderungsbereiche ab. Neben der Anwendung und Erschließung von thematischem Wissen ermöglichen sie auch die Einübung unterschiedlicher Arbeitstechniken und Lösungsverfahren sowie die Förderung von Sozial- und Methodenkompetenz.

Lehrer-CD

Ergänzend zu diesem Lehr- und Aufgabenbuch liegt eine Lehrer-CD (Best.-Nr. 76267) mit ausführlichen Lösungen zu den Aufgaben und Problemen, Hintergrund- und Zusatzinformationen, Kopiervorlagen für Arbeitsblätter zur Aufgabenlösung und zusammenfassenden Übersichten zu den Kapiteln des Buches vor.

Verfasser und Verlag sind für Verbesserungsvorschläge dankbar.

Emmendingen, Sommer 2019

Die Verfasser
E-Mail: volker@schucks.de

Inhaltsverzeichnis

1 Die Kapitel 2.3.2 und 2.4 sind keine Bestandteile des Bildungsplans, sind aber für das Verständnis der daraus abgeleiteten Bildungsinhalte notwendig und auch Bildungsinhalte der Wirtschaftsoberschule 1. Jahr.

Kompetenzbereich B:
Aussagekraft des Bruttoinlandsprodukts in der sozialen Marktwirtschaft

Kompetenzbereich C: Unternehmensbezogene Finanzierungsarten

Kompetenzbereich A:
Analyse mikroökonomischer Prozesse

1 Grundlagen des Wirtschaftens

1.1 Bedürfnisse und Güter

Jeder Mensch hat vielfältige Wünsche, die er erfüllt sehen möchte. In solchen Wünschen kommt das Gefühl eines Mangels zum Ausdruck. Mangelgefühle, die mit dem Bestreben einhergehen, den empfundenen Mangel zu beseitigen, werden als Bedürfnisse bezeichnet.

> ! **Bedürfnisse sind Mangelgefühle, die mit dem Wunsch verbunden sind, den Mangel zu beseitigen.**

Bedürfnisse beziehen sich auf so unterschiedliche Lebensbereiche wie z. B.

- Nahrung, Wohnung, Kleidung,
- Schlaf, Sexualität, Gesundheit,
- Sicherung von Arbeitsplatz und Einkommen,
- Freizeit, Geselligkeit, Unterhaltung, soziale Kontakte,
- Freundschaft, Liebe, Zuneigung,
- Anerkennung, Bestätigung, Selbstverwirklichung.

Die Wirtschaftswissenschaft befasst sich nur mit solchen Bedürfnissen, für deren Befriedigung **wirtschaftliches Handeln** nötig ist (z. B. Befriedigung von Bedürfnissen wie Hunger, Bildung, Information). Dabei wird davon ausgegangen, dass solche Bedürfnisse in unbeschränktem Umfang vorhanden sind oder neu entstehen können.

Die **Befriedigung von Bedürfnissen erfolgt durch Güter** (z. B. Brot, Kleidung, Kinobesuch).

> ! **Güter sind Mittel, die direkt oder indirekt zur Befriedigung von Bedürfnissen dienen.**

Güter stiften einen **Nutzen**: Je stärker die bei der Verwendung eines Gutes entstehende Bedürfnisbefriedigung ist, desto größer ist sein Nutzen.

> ! **Der Nutzen gibt das Ausmaß der Bedürfnisbefriedigung an, welche eine Person durch die Verwendung eines Gutes empfindet.**

Die Vorlieben, die eine Person in einer bestimmten Situation für solche Güter entwickelt, die ihr einen höheren Nutzen stiften als andere Güter, werden als Präferenzen bezeichnet. Sie beruhen auf individuellen Wertschätzungen. Eine Flasche Wasser stiftet einem durstigen Wanderer einen höheren Nutzen als ein Handy. Der Wanderer bevorzugt daher in dieser Situation Wasser gegenüber einem Handy. Er hat eine Präferenz für Wasser.

In einer Marktwirtschaft erfolgt die Befriedigung individueller Bedürfnisse dadurch, dass am Markt solche **Güter** nachgefragt und gekauft werden, an denen **Bedarf** besteht.

> **Als Bedarf werden die zur Befriedigung eines Bedürfnisses geeigneten Güter bezeichnet.**

Der Bedarf wird erst dann zur Nachfrage, wenn die notwendige Kaufkraft (z B. Geld) vorhanden ist.

> **Nachfrage ist der Teil des Bedarfs, für den Kaufkraft vorhanden ist und der am Markt wirksam wird.**

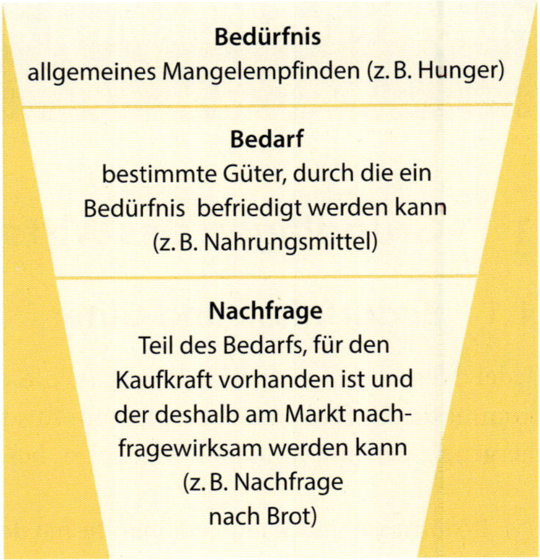

1.2 Güterknappheit als wirtschaftliches Grundproblem – Ökonomisches Prinzip

Die meisten Güter sind nicht von Natur aus im Überfluss und in nutzbarer Form vorhanden. Bei Gütern,

- die nur **begrenzt** zur Verfügung stehen,
- deren Herstellung **Kosten** verursacht und
- die deswegen einen **Preis** haben

handelt es sich um **wirtschaftliche** Güter.

Wirtschaftliche Güter sind im **Verhältnis zu den Bedürfnissen knapp**. Bei einigen Gütern lassen sich zwar Sättigungserscheinungen und Überproduktionen beobachten (z. B. landwirtschaftliche Produkte in der Europäischen Union). Dadurch wird die Aussage über die Knappheit der Güter aber nicht widerlegt. Knappheit bedeutet vielmehr, dass – **bezogen auf die Gesamtheit der Bedürfnisse aller Menschen** – nicht alle Güter in ausreichendem Maße zur Verfügung stehen, um sämtliche Bedürfnisse zu befriedigen.

> **Knappheit liegt vor, wenn die Bedürfnisse größer sind als die Gütermenge, die zu ihrer Befriedigung zur Verfügung steht.**

> **Die Knappheit der Güter im Verhältnis zur Unbegrenztheit der menschlichen Bedürfnisse stellt das Grundproblem der Wirtschaftswissenschaft dar.**

Ursache und Motor allen wirtschaftlichen Handelns ist das **Spannungsverhältnis** zwischen den als unbegrenzt angenommenen **Bedürfnissen** und den knappen **Gütern**. Um dieses Spannungsverhältnis so weit wie möglich zu entschärfen und ein höchstmögliches Maß an Bedürfnisbefriedigung zu erreichen, ist ein effizienter Einsatz der knappen Güter nötig. Es muss **gewirtschaftet** werden.

Wirtschaften bedeutet, planvolle Entscheidungen über die Herstellung und Verwendung knapper Güter zum Zweck der Bedürfnisbefriedigung zu treffen.

Bei vernünftigem Handeln erfolgt der Einsatz der knappen Güter nach dem **ökonomischen Prinzip** (Wirtschaftlichkeitsprinzip, Rationalprinzip). Das ökonomische Prinzip ist ein allgemeiner Grundsatz menschlicher Vernunft und tritt in zwei Formen auf:

Maximalprinzip	Minimalprinzip
Mit gegebenen Mitteln soll ein höchstmöglicher Nutzen (Erfolg) erreicht werden	**Ein bestimmter Nutzen (Erfolg) soll mit geringstmöglichem Mitteleinsatz erreicht werden**
Beispiele Produzenten (Unternehmen) setzen die vorhandenen Produktionsmittel so ein, dass ein höchstmöglicher Gewinn erzielt wird (Gewinnmaximierung). Konsumenten (Haushalte) versuchen, mit gegebenem Einkommen, einen höchstmöglichen Nutzen zu erzielen (Nutzenmaximierung).	**Beispiele** Produzenten (Unternehmen) versuchen, ein bestimmtes Produktionsergebnis mit geringstmöglichen Kosten zu erzielen (Kostenminimierung). Konsumenten (Haushalte) versuchen, durch Preis- und Qualitätsvergleiche für die benötigten Güter den geringstmöglichen Geldbetrag auszugeben (Ausgabenminimierung).

Aufgrund der nur beschränkt verfügbaren Mittel sind wirtschaftliche Entscheidungen nötig, bei denen Nutzen und Kosten berücksichtigt werden.

1.3 Produktionsfaktoren

Nur wenige Güter sind von Natur aus direkt als Konsumgüter verwendbar (z. B. Wildfrüchte). In den meisten Fällen durchlaufen Güter einen langwierigen Produktionsprozess mit mehreren Produktionsstufen, bevor sie geeignet sind, einem Konsumenten unmittelbar zur Bedürfnisbefriedigung zu dienen. Wird von einem solchen Konsumgut (z. B. Brot) ausgegangen und der Produktionsprozess über die verschiedenen Produktionsstufen bis zum Ursprung zurückverfolgt, dann wird deutlich, dass am Anfang dieses Produktionsprozesses **Natur** und **Arbeit** stehen, die als Produktionsfaktoren eingesetzt werden.

Produktionsfaktoren sind Hilfsmittel (Ressourcen), die für die Herstellung wirtschaftlicher Güter benötigt werden.

Natur und Arbeit sind ursprüngliche (originäre) Produktionsfaktoren, weil sie zur Produktion benötigt werden, selbst aber nicht produziert werden müssen.

Heutzutage ist kaum noch ein Produktionsprozess denkbar, bei dem neben Natur und Arbeit nicht auch Produktionsgüter (z. B. Werkzeuge, Maschinen) als dritter Produktionsfaktor eingesetzt werden. Solche Produktionsgüter sind zuvor mit Hilfe anderer Produktionsfaktoren hergestellt worden. Es handelt sich also um produzierte Produktionsmittel, die auch als **Sachkapital (Realkapital)** bezeichnet werden.

> **In der Volkswirtschaftslehre werden unter dem Produktionsfaktor Kapital produzierte Produktionsmittel (= Sachkapital, Realkapital) verstanden. Kapital ist ein abgeleiteter (derivativer) Produktionsfaktor, weil er nur durch Einsatz der ursprünglichen Produktionsfaktoren Natur und Arbeit hergestellt werden kann.**

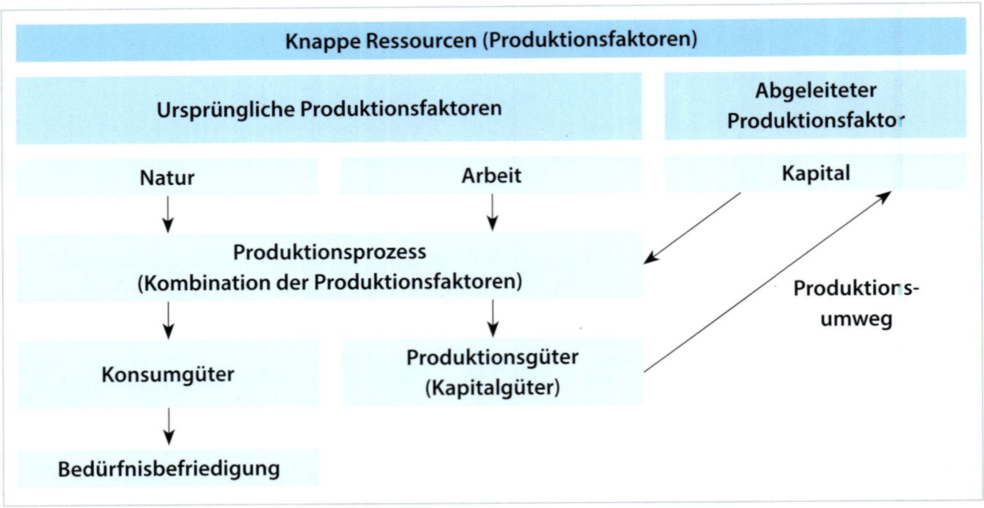

> **Güter, die nicht als Konsumgüter verwendet werden, führen zu einer Erhöhung des Sachkapitalbestandes einer Volkswirtschaft (= Investition).**

Die Herstellung von Sachkapital bedeutet, dass heute auf möglichen Konsum zugunsten der Zukunft verzichtet wird. Statt zu konsumieren, wird investiert. Da nur der nicht als Konsumgüter verwendete Teil der volkswirtschaftlichen Gesamtproduktion investiert werden kann, bedeutet jede Erhöhung des Bestands an Sachkapital gleichzeitig einen Verzicht auf Konsum. **Konsumverzicht** ist gleichbedeutend mit **Sparen**.

> **Kapitalbildung ist nur möglich, wenn auf einen gegenwärtig möglichen Konsum verzichtet wird. Konsumverzicht wird auch als Sparen bezeichnet.**

1.4 Geld- und Güterkreislauf zwischen den Wirtschaftssektoren Unternehmen und Haushalte

In einer arbeitsteiligen Wirtschaft ist ein gegenseitiger Austausch von Gütern zwischen den Teilnehmer am Wirtschaftsprozess nötig. In einer Marktwirtschaft erfolgt dieser Austausch durch Angebot und Nachfrage. Unternehmen bieten am Markt Güter an, die sie möglichst gewinnbringend verkaufen wollen. Dies ist jedoch nur möglich, wenn andererseits diese Güter auch nachgefragt werden. Die Kunden wollen die von ihnen am Markt nachgefragten Güter möglichst preisgünstig erwerben. Zwischen Anbietern und Nachfragern bestehen somit gegensätzliche Ziele und ein enges Abhängigkeitsverhältnis, da keine der beiden Gruppen ihre Ziele ohne die andere Gruppe erreichen kann.

Um die verwirrenden Verflechtungen im Wirtschaftsprozess einer Volkswirtschaft überschaubarer zu machen, werden für volkswirtschaftliche Modellanalysen und für statistische Zwecke Wirtschaftseinheiten mit gleichartigen Aktivitäten zu **Sektoren** zusammengefasst **(Aggregation)**. Dabei wird üblicherweise zwischen den **Sektoren Unternehmen**, **Haushalte**, **Staat und Ausland** unterschieden. Aus Vereinfachungsgründen werden zunächst nur die Kreislaufbeziehungen zwischen den beiden Sektoren **Unternehmen** und **Haushalte** betrachtet. Es handelt sich dabei um die einfachste Form des **Wirtschaftskreislaufs.**

Durch die Zusammenfassung zu Sektoren werden die Ströme **innerhalb** eines Sektors (z. B. Kauf von Investitionsgütern und Vorleistungen innerhalb des Sektors Unternehmen) nicht mehr sichtbar. Es werden nur noch die Ströme **zwischen** den Sektoren berücksichtigt.

> ! **Unternehmen sind Wirtschaftseinheiten, die auf Beschaffungsmärkten Produktionsfaktoren nachfragen, in einem Produktionsprozess Güter (= Waren und Dienstleistungen) herstellen und diese auf Absatzmärkten zum Verkauf anbieten.**

> ! **Zum Sektor Haushalte gehören alle Wirtschaftseinheiten, die als Anbieter von Produktionsfaktoren (insbesondere Produktionsfaktor Arbeit) und Nachfrager von Konsumgütern auftreten.**

Die Zusammenhänge zwischen diesen beiden Sektoren lassen sich wie folgt darstellen:

- Die **privaten Haushalte** stellen den Unternehmen Arbeitskraft zur Verfügung. Möglicherweise überlassen sie ihnen auch Boden und Kapital. **Arbeit**, **Boden** und **Kapital** sind zur Herstellung von Gütern notwendig und werden daher als **Produktionsfaktoren** bezeichnet. Produktionsfaktoren werden auf **Faktormärkten** (z. B. Arbeitsmarkt) angeboten und nachgefragt.
- Die **Unternehmen erzeugen Güter**, indem sie die Produktionsfaktoren im **Produktionsprozess** einsetzen. Im Rahmen dieses Produktionsprozesses entsteht die **Wertschöpfung** eines Unternehmens. Damit wird der Wert bezeichnet, den ein Unternehmen im Produktionsprozess den von anderen Unternehmen bezogenen Vorleistungen hinzufügt. Die Summe **aller** in einer Volkswirtschaft in einer bestimmten Zeiteinheit (z. B. innerhalb eines Jahres) erzeugten Güter (= **Summe der Wertschöpfung aller Produzenten**), wird als **Inlandsprodukt** bezeichnet.
- Die privaten Haushalte erhalten von den Unternehmen für die geleistete Arbeit und die Zurverfügungstellung der anderen Produktionsfaktoren **Einkommen** in Form von Gehältern, Löhnen, Pacht, Gewinnen und Zinsen. Dieses Entgelt für die zur Verfügung gestellten Produktionsfaktoren wird als **Faktoreinkommen** bezeichnet. Die **Summe aller Faktoreinkommen**, die den Haushalten einer Volkswirtschaft in einer bestimmten Zeiteinheit (z. B. innerhalb eines Jahres) zufließen, wird als **Volkseinkommen** bezeichnet.
- Die privaten Haushalte verwenden das erhaltene Faktoreinkommen großenteils für **Konsumausgaben**, indem sie von den Unternehmen **Konsumgüter** kaufen. Der Markt, auf dem Konsumgüter angeboten und nachgefragt werden, wird als **Konsumgütermarkt** bezeichnet.
- Die Unternehmen erzielen Einnahmen aus dem Verkauf der **Konsumgüter (= Verkaufserlöse)**.

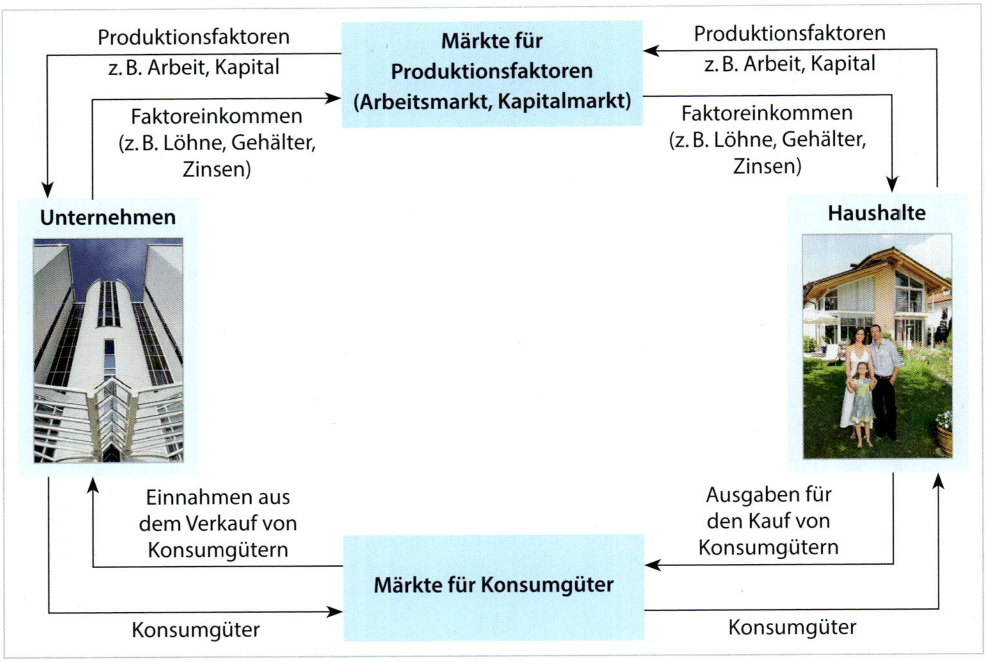

Der **einfache Wirtschaftskreislauf** ist durch zwei Güterströme (Leistungen der Produktionsfaktoren und Konsumgüter) und zwei den Güterströmen entgegen fließende Geldströme (Faktoreinkommen und Konsumausgaben) gekennzeichnet. Es wird der Einfachheit halber zunächst angenommen, dass die privaten Haushalte ihr gesamtes Faktoreinkommen für den Kauf von Konsumgütern ausgeben und keine Ersparnisse bilden. Die Güterströme und die ihnen entgegen fließenden Geldströme sind im vorliegenden Fall wertmäßig gleich groß. Daher kann zur Vereinfachung auf die Darstellung eines der beiden Ströme verzichtet werden. Üblicherweise wird im Rahmen der Analyse des Wirtschaftskreislaufs nur der Geldstrom betrachtet.

! **Der einfache Wirtschaftskreislauf ist eine modellhafte Darstellung der zusammengefassten Wirtschaftsbeziehungen zwischen den beiden Sektoren Unternehmen und Haushalte einer Volkswirtschaft.**

Der einfache Wirtschaftskreislauf kann in vielfältiger Weise ergänzt werden, indem z. B. berücksichtigt wird, dass

- die privaten Haushalte nicht ihr gesamtes Einkommen für Konsumzwecke ausgeben, sondern auch sparen,
- auch wirtschaftliche Beziehungen von Unternehmen und Haushalten zum Staat und zum Ausland bestehen.

Zusammenfassende Übersicht zu 1: Grundlagen des Wirtschaftens

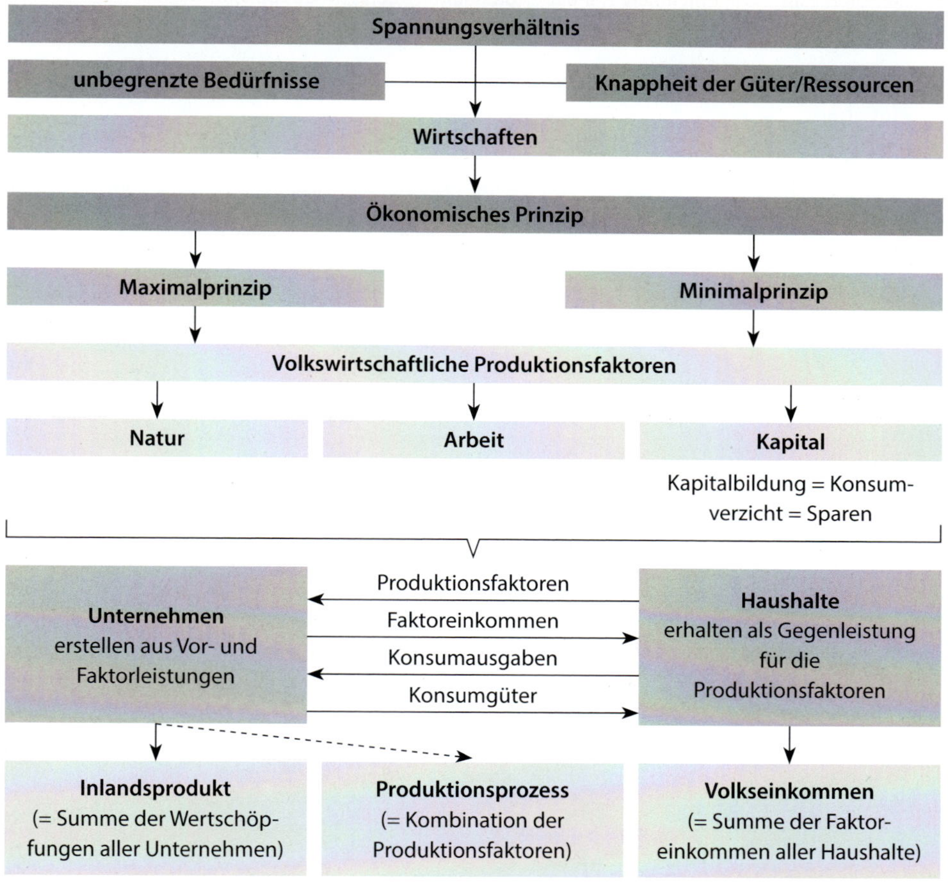

WIEDERHOLUNG DES GRUNDWISSENS

1 Grundlagen des Wirtschaftens

1.1 Bedürfnisse und Güter

1. Erklären Sie, was ist in der Wirtschaftslehre unter Bedürfnissen zu verstehen ist.
2. Nennen Sie Beispiele für Güter und erklären Sie wie diese ein Bedürfnis befriedigen können.
3. Erklären Sie den Begriff Nutzen in der Wirtschaftslehre.
4. Unterscheiden Sie zwischen Bedürfnis, Bedarf und Nachfrage.

1.2 Güterknappheit als wirtschaftliches Grundproblem – Ökonomisches Prinzip

1. Stellen Sie das Grundproblem der Wirtschaftswissenschaft dar.
2. Definieren Sie den Begriff „wirtschaften".

1.3 Produktionsfaktoren

1. Unterscheiden Sie die volkswirtschaftlichen Produktionsfaktoren.
2. Erklären Sie, was in der Volkswirtschaftslehre unter dem Produktionsfaktor Kapital verstanden wird.

3. Kennzeichnen Sie die Unterschiede von ursprünglichen und abgeleiteten Produktionsfaktoren.
4. Erläutern Sie im Zusammenhang mit der Kapitalbildung den „Produktionsumweg“.
5. Belegen Sie die Aussage: „Sparen ist Voraussetzung für Kapitalbildung“.

1.4 Geld- und Güterkreislauf zwischen den Wirtschaftssektoren Unternehmen und Haushalte

1. Kennzeichnen Sie die Beziehungen zwischen den Wirtschaftssektoren Unternehmen und Haushalte.
2. Erläutern Sie die Begriffe Wertschöpfung, Inlandsprodukt, Faktoreinkommen und Volkseinkommen und nennen Sie die Zusammenhänge, die zwischen diesen Größen bestehen.

2 Nachfrage der privaten Haushalte am Gütermarkt

2.1 Grundlagen der Nachfragetheorie der privaten Haushalte

Private Haushalte sind Wirtschaftseinheiten, die einerseits den Unternehmen Produktionsfaktoren (insbesondere den Faktor Arbeit) gegen Entgelt anbieten und andererseits mit dem erzielten Einkommen als Nachfrager von Konsumgütern sowie als Sparer auftreten.

Die Nachfragetheorie untersucht, von welchen Zielsetzungen und Bestimmungsfaktoren das Nachfrageverhalten und die Kaufentscheidungen der privaten Haushalte (= Verbraucher, Konsumenten, Nachfrager) abhängig sind.

Dabei wird von folgenden **Annahmen** ausgegangen:

- Jeder private Haushalt hat das **Ziel**, sein Einkommen so zu verwenden, dass er seine individuellen Bedürfnisse möglichst weitgehend befriedigt und den größtmöglichen individuellen Nutzen erzielt **(Nutzenmaximierung)**. Dieses Verhalten entspricht dem **ökonomischen Prinzip,** nach dem bei rationalem Verhalten versucht wird, mit gegebenen Mitteln einen möglichst hohen Nutzen zu erzielen (= Maximalprinzip).
- Um dieses Ziel zu erreichen, muss ein Haushalt folgende **Entscheidungen** treffen:
  - Welcher Teil des Einkommens soll gespart werden?
  - Wie sollen die für den Konsum vorgesehenen Einkommensteile (= Konsumsumme) möglichst nutzbringend auf die einzelnen Konsumgüterarten aufgeteilt werden (= optimaler Konsumplan)?

2.2 Arten der Nutzenmessung

Der Nutzen ist ein Maß für die Bedürfnisbefriedigung, die ein Verbraucher durch den Konsum eines Gutes erzielt.

Es gibt keine objektive Maßeinheit, um das Ausmaß der Bedürfnisbefriedigung zweier Personen miteinander vergleichen zu können. Kein Konsument kann angeben, wie viele Nutzeneinheiten ihm beispielsweise ein Glas Bier stiftet und um wie viele Einheiten dieser Nutzen für ihn größer oder kleiner als der Nutzen von einem Glas Mineralwasser ist. Da der Nutzen nur subjektiv empfunden und geschätzt werden kann, ist es in der Realität so gut wie unmöglich, den Nutzen in absoluten Zahlen auszudrücken **(kardinale Nutzenmessung)**. Dagegen ist es einem Konsumenten aber in den meisten Fällen durchaus möglich, aus mehreren Gütern oder Güterkombinationen (Güterbündeln) diejenigen auszuwählen, die ihm nach seiner eigenen Einschätzung einen größeren Nutzen stiften als andere. Ist z. B. nach Einschätzung des Konsumenten der Nutzen (U)[1] des Güterbündels 1 (2 kg Äpfel, 2,5 kg Birnen) höher als der des Güterbündels 2 (2 kg Birnen, 2,5 kg Äpfel) und dieser wiederum höher als der des Güterbündels 3 (1 kg Birnen, 3,5 kg Äpfel) so lässt sich zum gegenwärtigen Zeitpunkt für diesen Konsumenten folgende Rangordnung aufstellen: $U_1 > U_2 > U_3$. Aus einem solchen Vergleich kann eine individuelle Rangfolge einzelner Güter oder Güterbündel hinsichtlich des Nutzens, den sie dem Konsumenten stiften, abgeleitet werden **(ordinale Nutzenmessung)**.

1 U steht für Utility = Nutzen

Bei ordinaler Nutzenmessung wird lediglich eine Rangfolge der Güter angegeben, die davon abhängt, welchen Nutzen ein Konsument den Gütern beimisst. Das Ausmaß des Nutzens und der Nutzenunterschiede kann aber nicht in absoluten Maßeinheiten ausgedrückt werden.

Die in Abhängigkeit von der Wertschätzung durch den Konsumenten erstellte Rangfolge verschiedener Güterbündel wird als **Präferenzordnung** bezeichnet.

Trotz der Probleme, die bei einer kardinalen Nutzenmessung auftreten, spielt dieses Nutzenkonzept aber beispielsweise bei der Kosten-Nutzen-Analyse (cost-benefit-analysis) zur Bewertung öffentlicher Projekte (z. B. Straßen- und Staudammprojekte) und bei der Bemessung von Entschädigungszahlungen an Unfallopfer bzw. deren Hinterbliebene eine wesentliche Rolle.

2.3 Bestimmung des Haushaltsoptimums[1] bei kardinaler Nutzenmessung (1. und 2. GOSSENsches Gesetz)

2.3.1 Nutzenmaximum bei nur einem Konsumgut: Erstes GOSSENsches Gesetz

Der Nutzen eines Gutes hängt nicht allein von den Eigenschaften des Gutes ab. Vielmehr kann ein und dasselbe Gut in unterschiedlichen Situationen und zu unterschiedlichen Zeitpunkten unterschiedlichen Nutzen stiften. Der Nutzen, den alle konsumierten Einheiten eines Gutes zusammen in einer bestimmten Zeiteinheit stiften, ist der **Gesamtnutzen**. Der zusätzliche Nutzen, der durch eine fortlaufende Steigerung des Konsums um jeweils eine Einheit entsteht, wird als **Grenznutzen** bezeichnet.

Der Grenznutzen ist diejenige Veränderung des Gesamtnutzens, die eintritt, wenn eine zusätzliche Einheit eines Gutes konsumiert wird.

Es ist eine Erfahrungstatsache, dass Konsumenten bei zunehmendem Verbrauch eines Gutes jeder zusätzlichen Einheit dieses Gutes immer weniger Nutzen beimessen. Der Grenznutzen wird also – sofern sich der Konsum der übrigen Güter nicht ändert – bei zunehmender Verbrauchsmenge eines Gutes immer kleiner. Diese Erkenntnis wird als **Gesetz vom abnehmenden Grenznutzen**, als **Sättigungsgesetz** oder als **erstes GOSSENsches Gesetz**[2] bezeichnet.

„Die Größe eines und desselben Genusses nimmt, wenn wir mit Bereitung des Genusses ununterbrochen fortfahren, fortwährend ab, bis zuletzt Sättigung eintritt."

H. H. Gossen, Entwicklung der Gesetze des menschlichen Verkehrs und der daraus fließenden Regeln für menschliches Handeln, Braunschweig 1854, S. 4

Der Grenznutzen eines Gutes nimmt mit zunehmendem Verbrauch dieses Gutes ab. Eine Bedürfnissättigung tritt ein, wenn der Grenznutzen null wird. (Erstes GOSSENsches Gesetz)

1 Die Begriffe Nutzenmaximum, Haushaltsoptimum und optionaler Verbrauchsplan werden gleichbedeutend verwendet.
2 Nach Hermann Heinrich Gossens (1810–1858), preußischer Beamter und Volkswirt.

Aufg. 2.1
S. 47

Zur **Veranschaulichung** der Entwicklung von Gesamt- und Grenznutzen bei unterschiedlichen Konsummengen wird im folgenden Zahlenbeispiel angenommen, der Nutzen könne **kardinal,** d. h. mit absoluten Zahlen gemessen werden.

Zusammenhang zwischen der Konsummenge und der Entwicklung von Gesamt- und Grenznutzen

Konsumierte Menge des Gutes 1 (z. B. Bier) in einem bestimmten Zeitraum	Gesamtnutzen (U_1) (= Nutzen aller konsumierter Mengeneinheiten zusammen)	Grenznutzen (u'_1) (= Nutzenzuwachs durch die letzte konsumierte Mengeneinheit)
0	0	
1	30	30
2	55	25
3	75	20
4	90	15
5	100	10
6	105	5
7	105	0
8	100	– 5

Gesamtnutzen: Der Gesamtnutzen entspricht der Nutzensumme der insgesamt konsumierten Gütereinheiten. Der Gesamtnutzen nimmt mit zunehmender Bedürfnisbefriedigung zwar zu, aber die Zuwachsraten werden immer kleiner (degressiver Anstieg der Gesamtnutzenkurve). Im vorliegenden Beispiel ist bei 6,5 Konsumeinheiten das Nutzenmaximum erreicht. Ein zusätzlicher Konsum führt zu einer Verringerung des Gesamtnutzens.

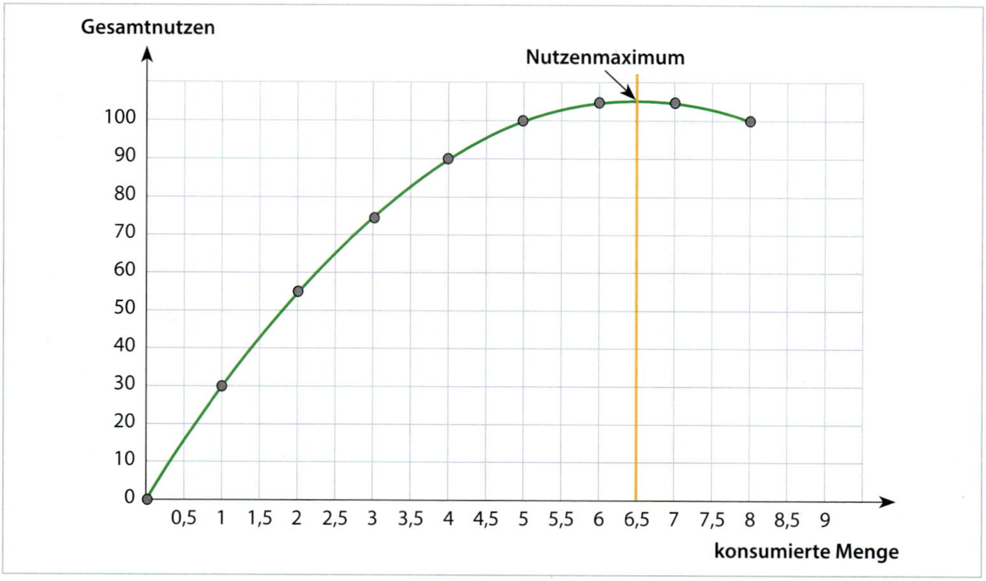

Grenznutzen: Der Nutzen der ersten konsumierten Einheit ist am größten (30). Werden weitere Einheiten konsumiert, ist der Nutzen jeder weiteren Einheit geringer als der Nutzen der vorhergehenden Einheit. Der Grenznutzen nimmt ab. Nach 6,5 Konsumeinheiten ist die Sättigung erreicht. Der Grenznutzen ist gleich null. Ein weiterer Verbrauch ruft Widerwillen hervor. Der Grenznutzen wird negativ.

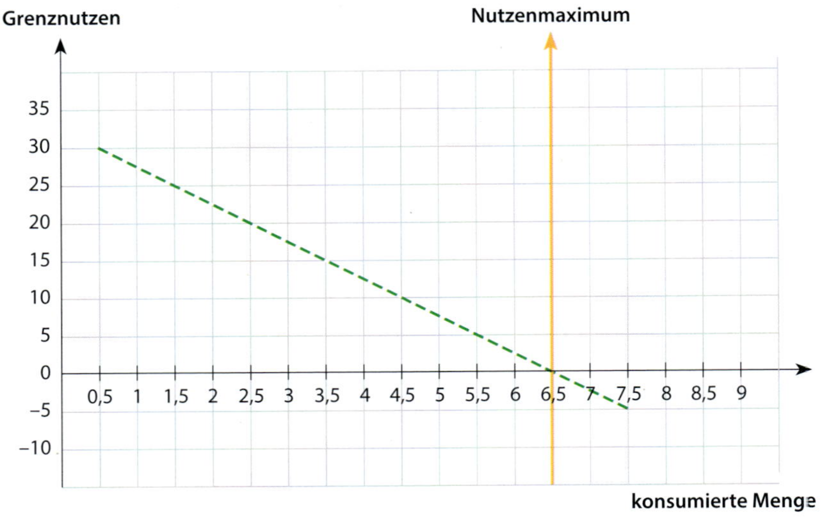

! Aus dem ersten GOSSENschen Gesetz folgt, dass ein nach dem ökonomischen Prinzip handelnder Haushalt so viele Mengeneinheiten eines Gutes konsumiert, bis der Grenznutzen null ist. Dann ist der Gesamtnutzen maximal und die Sättigungsmenge erreicht.

Mit Hilfe des ersten GOSSENschen Gesetzes lässt sich u. a. die Frage klären, warum manche Güter einen hohen Tauschwert (Preis) haben, obwohl ihr Gebrauchswert gering ist und umgekehrt **(Wertparadoxon)**. Es gibt lebensnotwendige Güter, die zwar einen hohen Gesamtnutzen, aber einen niedrigen Grenznutzen haben (z. B. Wasser). Sind solche Güter reichlich vorhanden, ist die Zahlungsbereitschaft der Verbraucher für diese Güter deswegen gering, weil zusätzliche Verbrauchsmengen des Gutes nur wenig zusätzlichen Nutzen schaffen und zu einer Sättigung führen. Weil die Verbraucher nur wenig für solche Güter zu zahlen bereit sind, sind sie billig.

Bei anderen Gütern dagegen, die nur in relativ geringen Mengen vorhanden und somit selten sind (z. B. Diamanten), kann der Gesamtnutzen niedrig, der Grenznutzen aber hoch sein. Selbst wenn solche Güter in zunehmendem Maße zur Verfügung stehen, wird auch der letzten Einheit noch ein hoher subjektiver Wert (Nutzen) beigemessen. Es tritt keine Sättigung ein.

„Der Platz des Wassers auf unserer Werteskala wird nicht durch den unendlich großen Nutzen eines Glases Wasser bestimmt, das uns vor dem Verdursten retten würde, wenn uns nur dieses eine Glas zur Verfügung stünde, sondern durch den Nutzen der letzten Dosis, die wir zum Baden oder Blumengießen benutzen."

W. Röpke, Die Lehre von der Wirtschaft, Bern, Stuttgart, 13. Aufl., 1994, S. 23

fakultativ

2.3.2 Nutzenmaximum bei mehreren Konsumgütern: Zweites GOSSENsches Gesetz

Da ein Haushalt die Konsumsumme in der Regel nicht nur für ein Gut, sondern für mehrere Güter verwendet, stellt sich die Frage, wie die Konsumsumme auf die verschiedenen Güter aufzuteilen ist, um den Gesamtnutzen aus allen Gütern zu maximieren. Oder: Mit welcher Güterkombination erreicht der Haushalt sein Haushaltsoptimum?

! **Das Haushaltsoptimum ist die Güterkombination, die ein Haushalt bei gegebener Konsumsumme und gegebenen Güterpreisen kauft, um das Nutzenmaximum zu erreichen.**

Zur **Veranschaulichung** des Haushaltsoptimismus wird im folgenden **Modell** wieder angenommen, der Nutzen könne **kardinal**, d. h. mit absoluten Zahlen gemessen werden.

Nutzenmaximum bei Gütern mit gleichen Preisen

Wenn alle Güter gleich teuer sind, können die Preise bei der Ermittlung des Haushaltsoptimums vernachlässigt werden. In diesem unrealistischen Fall kann sich die Analyse der Haushaltsentscheidungen auf die konsumierten Gütermengen beschränken.

Aufg. 2.2 S. 47

Beispiel 1** (Ausgangsfall): **Nutzenmaximum eines privaten Haushalts bei gleichem Preis für alle Güter

Einem Haushalt steht für einen bestimmten Zeitraum eine Konsumsumme in Höhe von 90 EUR zur Verfügung, die er für den Kauf der Güterbündel A (z. B. Grundnahrungsmittel), B (z. B. Freizeitgestaltung) und C (z. B. Genussmittel) ausgeben kann. Jede Einheit eines jeden Güterbündels kostet 10 EUR. Die Nutzeneinschätzungen des Haushalts im Hinblick auf diese drei Güterbündel gehen aus der folgenden Tabelle hervor.

Konsumierte Mengeneinheiten	Güterbündel A Grenznutzen	Güterbündel B Grenznutzen	Güterbündel C Grenznutzen
erste	**130 Nutzeneinheiten**	**90 Nutzeneinheiten**	**80 Nutzeneinheiten**
zweite	**110 Nutzeneinheiten**	**60 Nutzeneinheiten**	**40 Nutzeneinheiten**
dritte	**80 Nutzeneinheiten**	**40 Nutzeneinheiten**	0 Nutzeneinheiten
vierte	**40 Nutzeneinheiten**	30 Nutzeneinheiten	0 Nutzeneinheiten
fünfte	10 Nutzeneinheiten	5 Nutzeneinheiten	0 Nutzeneinheiten
sechste	0 Nutzeneinheiten	0 Nutzeneinheiten	0 Nutzeneinheiten

Um bei gleichem Preis für jede Einheit der einzelnen Güterbündel die Kombination der Güterbündel zu bestimmen, bei der der Haushalt den höchsten Gesamtnutzen erreicht, muss die Konsumsumme von 90 EUR so auf die verschiedenen Güterbündel verteilt werden, dass die Summe der durch den Güterkonsum gestifteten Grenznutzen möglichst groß ist. Daher wird zunächst eine Einheit des Güterbündels A nachgefragt ($u'(A_1) = 130$). Da der Grenznutzen der zweiten Einheit von A ($u'(A_2) = 110$) größer ist als derjenige der ersten Einheiten von B oder C, wird eine weitere Einheit von A nachgefragt. Würde danach jedoch der Konsum von A fortgesetzt, würde der Gesamtnutzen zwar noch steigen ($u'(A_3) = 80$). Die Nutzensteigerung wäre aber geringer, als wenn stattdessen die erste Einheit von B konsumiert würde ($u'(B_1) = 90$). Daher wird der Haushalt als nächstes die erste Einheit von B, dann die dritte Einheit von A ($u'(A_3) = 80$) oder die erste Einheit von C ($u'(C_1) = 80$) usw. nachfragen. Diese Vorgehensweise führt dazu, dass bei vollständig verausgabter Konsumsumme die Grenznutzen der zuletzt gekauften Einheiten von A, B und C gleich sind ($u'(A_4) = u'(B_3) = u'(C_1) = 40$). Folgende Verteilung der Konsumsumme von 90 EUR stiftet den größten Nutzen:

fakultativ

Güterbündel	Mengeneinheiten	Grenznutzen der letzten Einheit	Gesamtpreis (EUR)	Gesamtnutzen (= Summe der Grenznutzen)
A	4	$u'(A_4) = 40$	40	360
B	3	$u'(B_3) = 40$	30	190
C	2	$u'(C_2) = 40$	20	120
Summe			**90**	**670**

Um den Gesamtnutzen zu maximieren, muss die Konsumsumme so auf die verschiedenen Güterbündel verteilt werden, dass die **Summe** der durch den Güterkonsum gestifteten **Grenznutzen** möglichst groß ist. Der Haushalt wird daher zunächst eine Einheit des Güterbündels mit dem höchsten Grenznutzen konsumieren wollen und danach so lange weitere Einheiten dieses Güterbündels nachfragen, bis der Grenznutzen der letzten Einheit dieses Güterbündels so groß ist wie der Grenznutzen der ersten Einheit eines anderen Güterbündels.

„Nun, ohne Zweifel lassen wir uns davon leiten, dass das Grenznutzenniveau bei allen Arten der Befriedigung möglichst gleich hoch sein soll. Auch das ist nur die abstrakte Formulierung von etwas sehr Simplem, das wir täglich und stündlich praktizieren, ohne gleich die Formel dafür zu haben. Wir sehen den Vorgang in voller Deutlichkeit bei einem so trivialen Anlass wie dem des Kofferpackens für eine Reise. Da wir nicht unsere ganze Habe mitnehmen können, überlegen wir zunächst, welche Dinge wir am dringendsten brauchen (Auswahl); zugleich aber wägen wir ein Mehr an Hemden gegen ein Weniger an Schuhen, ein Mehr an Büchern gegen ein Weniger an Anzügen so gegeneinander ab, dass alles in einem vernünftigen Verhältnis zueinander steht (Begrenzung). Es klingt ein wenig komisch, aber es ist tatsächlich so, dass der Koffer dann ideal gepackt ist, wenn das Niveau des Grenznutzens für Anzüge, Hemden, Socken, Taschentücher, Schuhe und Bücher gleich hoch und höher als der Nutzen der zurückgelassenen Gegenstände ist.“

W. Röpke, Die Lehre von der Wirtschaft, Bern, Stuttgart (13. Aufl.) 1994, S. 29

Diese Erkenntnis, dass der Konsum der einzelnen Güter so lange ausgedehnt wird, bis sich die Grenznutzen der jeweils letzten Einheit dieser Güter entsprechen, wird als **Gesetz vom Ausgleich der Grenznutzen** oder als **zweites GOSSENsches Gesetz** bezeichnet. Wenn die Preise aller Güter gleich sind, gilt:

! **Das Maximum an Bedürfnisbefriedigung (= Nutzenmaximum) ist dann erreicht, wenn die Konsumsumme so für den Kauf der verschiedenen Güter verwendet wird, dass die Grenznutzen der zuletzt beschafften Mengeneinheiten der konsumierten Güter gleich sind (Zweites GOSSENsches Gesetz).**

Nutzenmaximum bei Gütern mit verschiedenen Preisen

Die Analyse der Haushaltsentscheidungen im Rahmen der Nutzenmaximierung wird schwieriger, wenn die Preise der Güter nicht gleich sind. In diesem Fall hängt der mit einer bestimmten Konsumsumme erzielbare Nutzen nicht nur von der Gütermenge, sondern auch von den Güterpreisen ab. Um eine Vergleichbarkeit der Grenznutzen der verschieden teuren Güter herbeizuführen, müssen die Grenznutzen der verschiedenen Güter auf eine Geldeinheit bezogen werden, indem die Grenznutzen eines jeden Gutes durch den jeweiligen Preis des Gutes dividiert werden.

Beispiel 2** (Fortsetzung)**: Nutzenmaximum eines privaten Haushalts bei unterschiedlichen Güterpreisen

Einem Haushalt steht – entsprechend dem Ausgangfall – nach wie vor für einen bestimmten Zeitraum eine Konsumsumme in Höhe von 90 EUR zur Verfügung, die er für den Kauf der Güterbündel A (z. B. Grundnahrungsmittel), B (z. B. Freizeitgestaltung) und C (z. B. Genussmittel) ausgeben kann. Die Nutzeneinschätzungen des Haushalts im Hinblick auf diese drei Güterbündel ist unverändert *(siehe Ausgangsfall)*. Während eine Einheit des Güterbündels A weiterhin 10 EUR kostet, haben sich jedoch die Preise der anderen Güterbündel wie folgt verändert: Eine Einheit des Güterbündels B kostet jetzt nur noch 7,50 EUR, während eine Einheit des Güterbündels C jetzt 20 EUR kostet.

Um bei unterschiedlichen Preisen der Güter die Kombination der Güterbündel zu bestimmen, bei der der Haushalt den höchsten Gesamtnutzen erreicht, müssen die Grenznutzen der verschiedenen Güter auf eine Geldeinheit bezogen werden (= Grenznutzen des Geldes). Für die erste Einheit des Güterbündels A ergibt das beispielsweise den Wert 130/10 = 13. Die übrigen Werte gehen aus der folgenden Tabelle hervor:

Konsumierte Mengeneinheiten	Güterbündel A Grenznutzen je Geldeinheit bei einem Preis von 10,00 EUR je Mengeneinheit $\frac{u'(A)}{p_A}$	Güterbündel B Grenznutzen je Geldeinheit bei einem Preis von 7,50 EUR je Mengeneinheit $\frac{u'(A)}{p_B}$	Güterbündel C Grenznutzen je Geldeinheit bei einem Preis von 20,00 EUR je Mengeneinheit $\frac{u'(C)}{p_C}$
erste	**130/10 = 13**	**90/7,50 = 12,0**	**80/20 = 4**
zweite	**110/10 = 11**	**60/7,50 = 8,0**	40/20 = 2
dritte	**80/10 = 8**	**40/7,50 = 5,3**	0/20 = 0
vierte	**40/10 = 4**	**30/7,50 = 4,0**	0/20 = 0
fünfte	10/10 = 1	5/7,50 = 0,6	0/20 = 0
sechste	0/10 = 0	0/7,50 = 0,0	0/20 = 0

Im vorliegenden Fall wird der Haushalt zunächst eine Einheit des Güterbündels A nachfragen, da damit der höchste Nutzen je Geldeinheit erzielt wird ($u'(A_1)/p_A = 13$). Als nächstes wird die erste Einheit von B nachgefragt, da deren Grenznutzen je Geldeinheit ($u'(B_1)/p_B = 12$) größer ist als derjenige der zweiten Einheiten von A oder der ersten Einheit von C. Wird dieses Vorgehensweise weiter fortgesetzt, teilt der Haushalte die Konsumsumme von 90,00 EUR wie folgt auf die drei Güterbündel auf:

Güterbündel	Mengeneinheiten	Grenznutzen des Geldes der letzten Einheit	Gesamtpreis (EUR)	Gesamtnutzen (= Summe der Grenznutzen des Geldes)
A	4	$u'(A_4)/p_A = 4$	40	36,0
B	4	$u'(B_4)/p_B = 4$	30	29,3
C	1	$u'(C_1)/p_C = 4$	20	4,0
Summe			**90**	**69,3**

Das Beispiel zeigt, dass neben dem Grenznutzen auch das Preisverhältnis der Güter Einfluss auf die Güterkombination hat, mit der das Haushaltsoptimum erreicht wird. Ein rational handelnder Haushalt wird eine gegebene Konsumsumme so verausgaben, dass die mit einer Geldeinheit erzielten Grenznutzen bei allen Gütern gleich hoch sind. Anders ausgedrückt:

fakultativ

Das Nutzenmaximum ist dann erreicht, wenn die Konsumsumme so für den Kauf der verschiedenen Güter verwendet wird, dass sich die Grenznutzen des Geldes (= Grenznutzen je Geldeinheit) bei allen Gütern ausgleichen (= Gesetz vom Ausgleich der mit den Preisen gewogenen Grenznutzen).

Wenn die Preise der Güter unterschiedlich sind, gilt also für das **Nutzenmaximum** folgende **Bedingung**:

$$\frac{\text{Grenznutzen des Gutes A}}{\text{Preis des Gutes A}} = \frac{\text{Grenznutzen des Gutes B}}{\text{Preis des Gutes B}} = \frac{\text{Grenznutzen des Gutes C}}{\text{Preis des Gutes C}} \text{ usw.}$$

oder

$$\frac{u'(A)}{p_A} = \frac{u'(B)}{p_B} = \frac{u'(C)}{p_C} = \dots$$

Der Vergleich von Beispiel 1 und Beispiel 2 zeigt, welche Auswirkungen die Güterpreise auf den optimalen Konsumplan haben:

- Von Güterbündel A, dessen Preis gleich geblieben ist, plant der Haushalt in beiden Fällen einen gleich hohen Konsum (4 Einheiten).
- Von Güterbündel B plant der Haushalt nach der Preissenkung einen höheren Konsum (4 statt 3 Einheiten).
- Von Güterbündel C plant der Haushalt nach der Preiserhöhung einen geringeren Konsum (1 statt 2 Einheiten).

Daraus lässt sich das auf Grenznutzenüberlegungen beruhende Nachfrageverhalten der Haushalte wie folgt ableiten:

Ändert sich der Preis eines Gutes, das einem bestimmten Haushalt zur Bedürfnisbefriedigung dient, so ändert der Haushalt seinen Konsumplan. Bei einer Preissenkung erhöht sich normalerweise die geplante Nachfragemenge, bei einer Preiserhöhung vermindert sie sich.

Nachfragekurve eines Haushalts für Gut 1

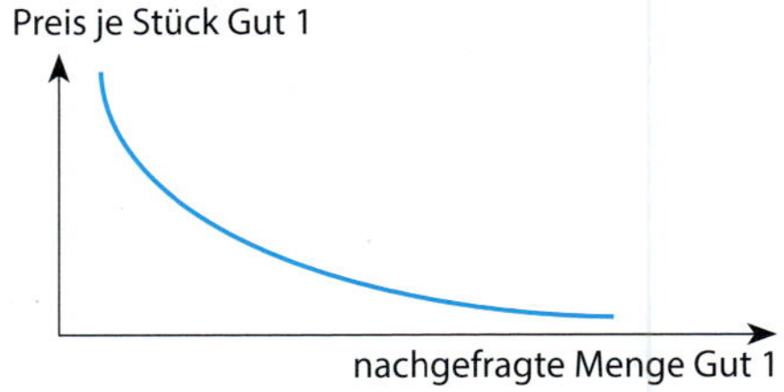

Dieses Nachfrageverhalten lässt sich mit Hilfe des zweiten GOSSENschen Gesetzes auch wie folgt erklären: Wenn ein Haushalt sein Haushaltsoptimum erreicht hat und dann beispielsweise der Preis von Gut A sinkt, steigt der Grenznutzen je Geldeinheit (u' $(A)/p_A$). Die Bedingung vom Ausgleich der mit den Preisen gewogenen Grenznutzen ist nicht mehr erfüllt. Um das ursprüngliche Haushaltsoptimum wieder herzustellen, muss der Grenznutzen des Gutes A (u' (A)) sinken. Dies geschieht, wenn von Gut A mehr konsumiert wird (Gesetz vom abnehmenden Grenznutzen). Eine Preissenkung von Gut A zieht also eine Erhöhung der nachgefragten Menge dieses Gutes nach sich. Bei einer Preiserhöhung ist der Zusammenhang umgekehrt. Wenn beispielsweise der Preis von Gut B steigt, sinkt der Grenznutzen je Geldeinheit (u' $(B)/p_B$). Indem von Gut B weniger konsumiert wird, steigt sein Grenznutzen (u' (B)) und damit der Grenznutzen je Geldeinheit (u' $(B)/p_B$) bis das ursprüngliche Haushaltsoptimum wieder erreicht ist. Die durch eine Preiserhöhung ausgelöste Abweichung vom Haushaltsoptimum führt also zu einem Sinken der nachgefragten Menge bei dem entsprechenden Gut, wenn der Haushalt das Nutzenmaximum anstrebt.

Hauptkritikpunkt an der Ableitung des Haushaltsoptimums und des entsprechenden Nachfrageverhaltens der Haushalte mit Hilfe der GOSSENschen Gesetze ist die dabei getroffene **Annahme**, dass der **Nutzen kardinal messbar** sei. Aus dem Bemühen, dieses Problem auszuklammern, ist die **Indifferenzkurven-Analyse** zur Bestimmung des Haushaltsoptimums und des Nachfrageverhaltens entstanden. Statt von der kardinalen Messbarkeit des Nutzens wird dabei von einer **ordinalen Messbarkeit** ausgegangen.

2.4 Bestimmung des Haushaltsoptimums bei ordinaler Nutzenmessung (Indifferenzkurven)

2.4.1 Eigenschaften von Indifferenzkurven

Auch wenn die unrealistische Annahme, dass der Nutzen kardinal messbar sei aufgegeben wird, lässt sich das Haushaltsoptimum (Nutzenmaximum bei mehreren Gütern) in einem Modell mit Hilfe sog. **Indifferenzkurven**[1] ableiten. Voraussetzung dafür ist, dass ein Haushalt eine Rangordnung erstellen kann, ob eine bestimmte Güterkombination (= Güterbündel) ihm mehr, weniger oder gleich viel Nutzen stiftet als eine andere Güterkombination **(= ordinale Nutzenmessung)**. Eine solche Rangordnung wird auch als **Präferenzordnung** bezeichnet.

Präferenzordnung eines Haushalts hinsichtlich unterschiedlicher Mengen der Güter Fleisch und Fisch:

Güterbündel 1	Vergleich	Güterbündel 2
6 ME Fleisch und 1 ME Fisch	>	4 ME Fleisch und 1 ME Fisch
6 ME Fleisch und 1 ME Fisch	<	6 ME Fleisch und 2 ME Fisch
6 ME Fleisch und 1 ME Fisch	≈	2 ME Fleisch und 3 ME Fisch

Der Einfachheit halber wird unterstellt, dass einem Haushalt lediglich zwei verschiedene Güter zur Verfügung stehen, die beliebig teilbar sind und sich gegenseitig ersetzen können **(Substitutionsgüter)**. Die unterschiedlichen Mengenkombinationen dieser beiden Güter lassen sich in einem Koordinatensystem darstellen. Bestimmte Mengenkombinationen dieser beiden Güter stiften dem Haushalt den gleichen Gesamtnutzen. M. a. W.: Der Haushalt kann ein bestimmtes Nutzenniveau (U_1) durch verschiedene Mengenkombinationen dieser beiden Güter erreichen. Im vorliegenden Fall weisen die Güterkombinationen A, B, C und D hinsichtlich des Nutzens, den sie dem Haushalt stiften, keinen Unterschied auf. Der Nutzen dieser jeweiligen Kombinationen ist **indifferent**. Indem diese Güterkombinationen, die den gleichen Nutzen stiften, in ein Koordinatensystem eingetragen werden, lässt sich durch Verbindung der Punkte eine **Indifferenzkurve** mit dem einheitlichen Nutzenniveau U_1 ableiten.

Mengenkombinationen der Güter Fleisch und Fisch mit gleichem Nutzenniveau

Güterkombinationen	A	B	C	D
Menge Fleisch (ME)	6	3	2	1,5
Menge Fisch (ME)	1	2	3	4
Nutzenniveau	U_1	U_1	U_1	U_1

Indifferenzkurve mit dem Nutzenniveau U_1

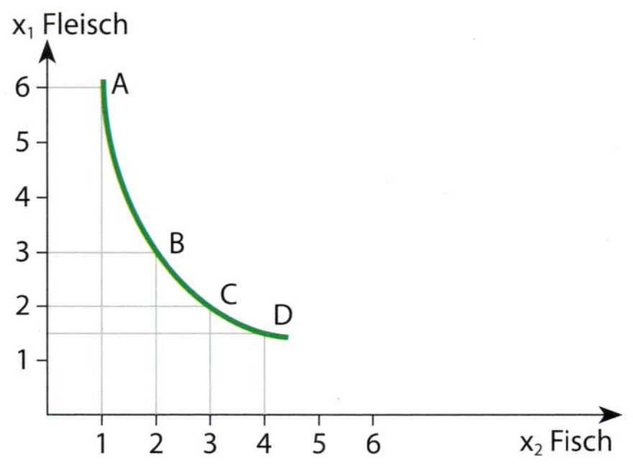

1 Indifferenz *(lat.)*: ohne Unterschied, Unterschiedslosigkeit

fakultativ

Eine Indifferenzkurve ist der geometrische Ort aller Mengenkombinationen zweier Güterarten, die einem Haushalt Nutzen in gleicher Höhe stiften.

Die Indifferenzkurve zeigt, dass im vorliegenden Fall ein Gut durch ein anderes ersetzt (= substituiert) werden kann, ohne dass sich das Nutzenniveau ändert. Je mehr Gut1 (Fleisch) durch Gut2 (Fisch) ersetzt wird, umso geringer wird die Steigung der Indifferenzkurve. Das zeigt die nebenstehende Abbildung durch die abnehmende Höhe der Stufen: Die Menge Fleisch, die durch eine zusätzliche Mengeneinheit Fisch ersetzt werden kann, nimmt laufend ab. Die jeweils zu ersetzende Menge wird als **Grenzrate der Substitution** bezeichnet.

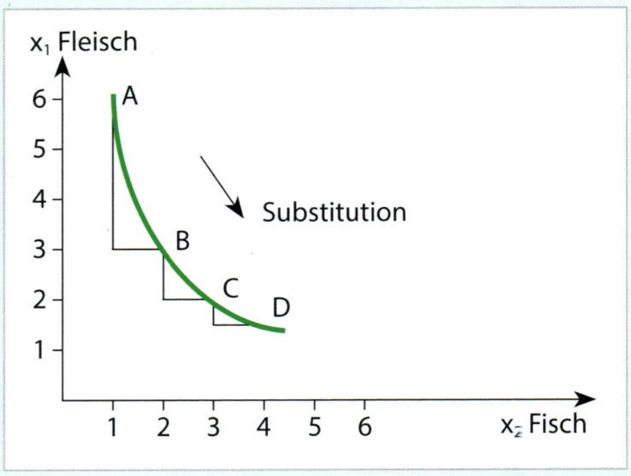

Die Grenzrate der Substitution des Gutes x_1 durch das Gut x_2 ist die Menge des Gutes x_1, deren Verringerung durch die Zunahme von Gut x_2 um eine Einheit ausgeglichen werden kann, ohne dass sich das Nutzenniveau ändert.

$$\text{Grenzrate der Substitution}^{1} = \frac{\text{Abnahme des zu ersetzenden Gutes } x_1}{\text{Zunahme des ersetzenden Gutes } x_2} = \frac{\Delta x_1}{\Delta x_2}$$

Die Grenzrate der Substitution gibt die Steigung der Indifferenzkurve (ohne Beachtung des Vorzeichens) an.

Wird die Menge mindestens eines der beiden Güter erhöht und die Menge des anderen Gutes nicht gesenkt, ergibt sich eine Güterkombination, die einen **höheren Nutzen** stiftet als die vorherige (8 ME Fleisch und 2 ME Fisch > 6 ME Fleisch und 1 ME Fisch). Diese neue Güterkombination kann daher nicht auf der Indifferenzkurve mit dem Nutzenniveau U_1 liegen. Sie gehört vielmehr zu einer Indifferenzkurve mit einem höheren Nutzenniveau (z. B. U_2) und muss sich rechts von der ursprünglichen Indifferenzkurve befinden. Entsprechend existieren Indifferenzkurven mit einem niedrigeren Nutzenniveau, die links von der Indifferenzkurve mit dem Nutzenniveau U_1 liegen. Für einen Haushalt ist somit entsprechend den unendlich vielen Kombinationsmöglichkeiten der beiden Güter eine **Schar von Indifferenzkurven** vorstellbar, die sich alle durch die Höhe des Nutzenniveaus unterscheiden.

Je weiter eine Indifferenzkurve vom Ursprung entfernt ist, umso höher ist das Nutzenniveau.

Da jede Indifferenzkurve in der Kurvenschar ein anderes Nutzenniveau repräsentiert als eine andere Indifferenzkurve, können sich Indifferenzkurven nicht schneiden.

1 Die Grenzrate der Substitution wird – obwohl es sich eigentlich wegen der negativen Steigung der Indifferenzkurve um eine negative Zahl handelt – üblicherweise ohne Vorzeichen angegeben.

Aufg. 2.3
S. 48

fakultativ

Indifferenzkurven können sich nicht schneiden.

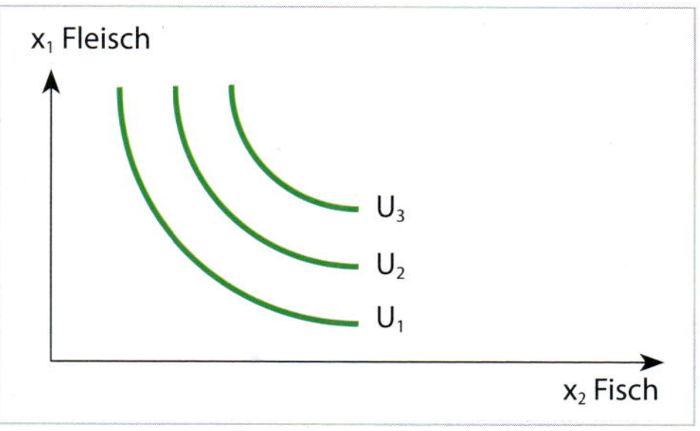

2.4.2 Bestimmung des Haushaltsoptimums

Ziel eines Haushalts ist es, mit den Ausgaben für Konsumzwecke ein möglichst hohes Nutzenniveau, d. h. eine Indifferenzkurve, die möglichst weit rechts vom Ursprung liegt, zu erreichen. Inwieweit dieses Ziel realisiert werden kann, hängt ab von

- den für Konsumzwecke verfügbaren finanziellen Mitteln (C)
- den Güterpreisen p_1 und p_2.

Die Summe aller Konsumausgaben (C) ist genauso groß wie die Summe, die für den Kauf der beiden Güter x_1 und x_2 ausgegeben wird. Werden die Preise der beiden Güter mit p_1 und p_2 bezeichnet, ergibt sich folgende Gleichung:

$$(1)\ C = p_1 \cdot x_1 + p_2 \cdot x_2$$

Durch Auflösung nach x_1 ergibt sich folgenden Geradengleichung:

$$(2)\ x_1 = -\frac{p_2}{p_1} \cdot x_2 + \frac{C}{p_1}$$

Die Gerade hat eine negative Steigung ($-p_2/p_1$) und einen Y-Achsenabschnitt C/p_1. Diese Gerade wird als **Budgetgerade des Haushalts**[1] bezeichnet.

Die Budgetgerade eines Haushalts ist der geometrische Ort aller Mengenkombinationen zweier Güterarten x_1 und x_2, die ein Haushalt bei einer gegebenen Konsumsumme C und gegebenen Güterpreisen p_1 und p_2 maximal erwerben kann.

Ausnahmen:

1. Ein Haushalt kann täglich 6,00 EUR für Fleisch (x_1) und Fisch (x_2)ausgeben.
2. Der Preis für Fleisch (p_1) beträgt 1,00 EUR je ME, der Preis für Fisch (p_2) beträgt 1,50 EUR je ME.

Fall	Fleisch ME	Fisch ME	Konsumsumme (EUR)
A	6,0	0	6 · 1,00 = 6,00
B	4,5	1	4,5 · 1,00 + 1 · 1,50 = 6,00
C	3,0	2	3 · 1,00 + 2 · 1,50 = 6,00
D	1,5	3	1,5 · 1,00 + 3 · 1,50 = 6,00
E	0,0	4	4 · 1,50 = 6,00

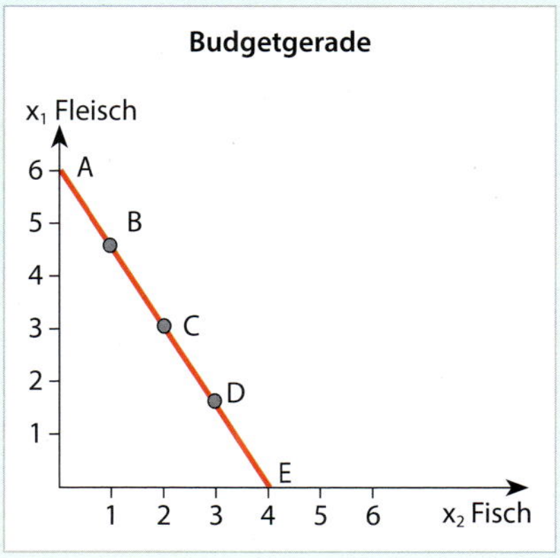

1 Andere gleichbedeutende Bezeichnungen sind Bilanzierungsgrade oder Haushaltsgerade.

fakultativ

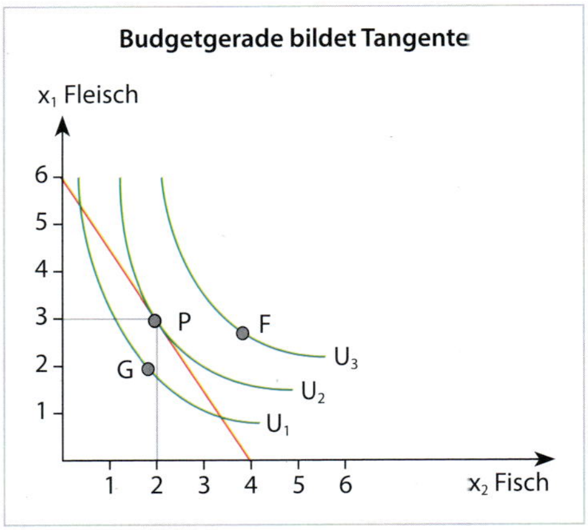

Der Haushalt hat unter den gegebenen Bedingungen sein Nutzenmaximum dann erreicht, wenn er mit seiner Konsumsumme (C), deren unterschiedliche Aufteilungsmöglichkeiten auf die Güter x_1 und x_2 durch die Budgetgerade ausgedrückt wird, die höchstmögliche Indifferenzkurve erreicht. Die höchstens erreichbare Indifferenzkurve ist diejenige, an die die **Budgetgerade** eine **Tangente** bildet (Tangentialpunkt P in der nebenstehenden Abb.). Alle rechts davon liegenden Güterkombinationen (z. B. Punkt F) sind mit der vorgegebenen Konsumsumme nicht erreichbar. Alle links davon liegenden Güterkombinationen (z. B. Punkt G) stiften einen geringeren Nutzen.

> **!** **Das Haushaltsoptimum (optimaler Verbrauchsplan) ist bei der Güterkombination erreicht, bei der Budgetgerade die Tangente an eine Indifferenzkurve bildet.**

Im Haushaltsoptimum sind die Steigung der Budgetgeraden und der entsprechenden Indifferenzkurve gleich groß. Da die Steigung der Indifferenzkurve der Grenzrate der Substitution ($\Delta x_1/\Delta_2$) und die Steigung der Budgetgeraden dem Preisverhältnis (p_2/p_1) entspricht, ist im Haushaltsoptimum die Grenzrate der Substitution gleich dem umgekehrten Verhältnis der Güterpreise.

> **!** **Bedingung für das Haushaltsoptimum** $= \dfrac{\Delta x_1}{\Delta x_2} = \dfrac{p_2}{p_1}$

Ändert sich die Konsumsumme, während die Preise gleich bleiben, verschiebt sich die Budgetgerade. Bei einer Erhöhung der Konsumsumme kommt es zu einer Parallelverschiebung nach rechts, bei einer Verringerung zu einer Parallelverschiebung nach links. Das neue Haushaltsoptimum ergibt sich jeweils wieder bei der Güterkombination, bei der die neue Budgetgerade die Tangente an eine der unendlich vielen Indifferenzkurven bildet.

2.4.3 Ableitung der individuellen Nachfragekurve

Aufg. 2.4 S. 49

Ändert sich der Preis eines Gutes, dreht sich die Budgetgerade um den Schnittpunkt mit der Achse des anderen Gutes. Indem ein Zusammenhang zwischen der Preisänderung eines Gutes und der dadurch ausgelösten Mengenänderung dieses Gutes hergestellt wird, lässt sich mit Hilfe der Indifferenzkurven eine **Nachfragekurve** ableiten, die zeigt, dass bei steigendem Preis eines Gutes die nachgefragte Menge dieses Gutes abnimmt und umgekehrt.

Annahmen:

1. Die Konsumsumme für Fleisch und/oder Fisch beträgt nach wie vor 6,00 EUR pro Tag.
2. Der Preis für Fleisch (Gut x_1) in Höhe von 1,00 EUR bleibt unverändert. Der Preis für Fisch (Gut x_2) steigt dagegen von bisher 1,50 EUR je Mengeneinheit auf 3,00 EUR je Mengeneinheit.

Ergebnis: Der Y-Achsenabschnitt $C/p_1 = 6/1 = 6$ bleibt unverändert. Die Gerade dreht sich um diesen Schnittpunkt mit der Y-Achse nach links. Der neue Schnittpunkt mit der X-Achse liegt bei $C/p_2 = 2$. Das neue Haushaltsoptimum liegt bei der Güterkombination, bei der die nach links gedrehte Gerade die Tangente an eine der unendlich vielen Indifferenzkurven bildet. Während beim Haushaltsoptimum vor der Fischpreiserhöhung (O_1) 2 Mengeneinheiten Fisch konsumiert wurden, hat sich der Fischkonsum beim neuen Haushaltsoptimum (O_2) wegen der Preissteigerung auf 1 ME verringert. Wird die Preis- und Mengenänderung für Fisch in ein Preis-Mengen-Diagramm übertragen, ergibt sich eine von links oben nach rechts unten verlaufende Nachfragekurve des Haushalts für Fisch (= individuelle Nachfragekurve). Sie gibt die nachgefragte Menge nach Fisch in Abhängigkeit vom Preis für Fisch an.

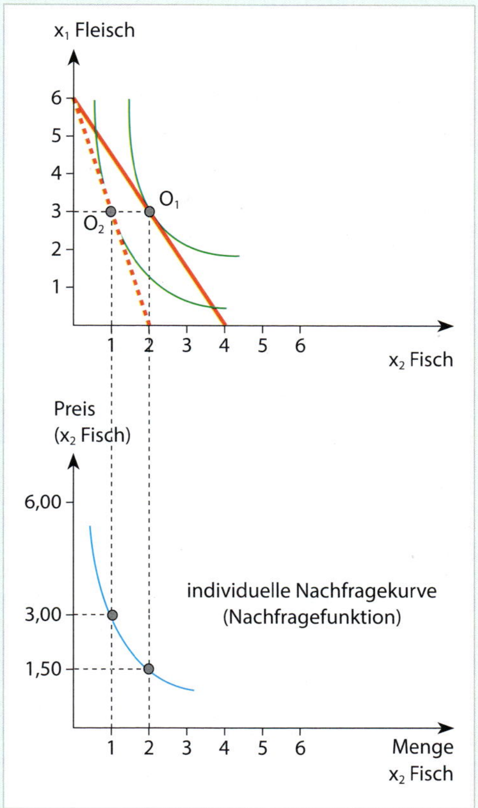

2.5 Bestimmungsfaktoren des Nachfrageverhaltens privater Haushalte: Nachfragekurve und ihre Veränderung

2.5.1 Allgemeine und spezielle Nachfragefunktion eines Haushalts

Am Beispiel des Nachfrageverhaltens der Schülerin Manuela in Bezug auf Speiseeis (nachgefragte Menge nach Gut 1: x_1^N) lassen sich u. a. folgende Bestimmungsfaktoren der Nachfrage ableiten. Davon haben Preis und Einkommen bereits bei der Bestimmung des Haushaltsoptimums eine Rolle gespielt.

- **Preis des Gutes (p_1):** Wenn der Preis von Speiseeis auf 1,00 EUR je Kugel steigt, würde Schülerin Manuela weniger Eis kaufen wollen. Fiele der Preis dagegen auf 0,20 EUR je Kugel, würde sie mehr kaufen wollen. Normalerweise steigt die geplante Nachfragemenge mit sinkendem Preis und sinkt mit steigendem Preis.
- **Einkommen:** Die Nachfrage der Schülerin Manuela nach Speiseeis hängt möglicherweise auch von der Höhe ihres Taschengeldes und ihrer sonstigen Einkünfte ab.
- **Preise anderer Güter ($p_2 \dots p_n$):** Sinkt beispielsweise der Preis für Schokolade, würde die Schülerin Manuela möglicherweise statt Eis Schokolade kaufen. Ihre Nachfrage nach Eis nimmt dann ab.

- **Bedürfnisstruktur und Nutzeneinschätzung:** Eine Gesundheitskampagne, die vor dem Verzehr von zu viel Süßigkeiten warnt, könnte bei Schülerin Manuela zu einem erhöhten Gesundheitsbewusstsein und damit zu einer Abnahme der Nachfrage nach Eis führen. Denselben Effekt könnte es haben, wenn Manuela aufgrund ihres Verzehrs von Süßigkeiten Gewichtsprobleme hat und verstärkt auf die „schlanke Linie" achten will.

Der Zusammenhang, dass die von einem Haushalt nachgefragte Menge (x^N) eines Gutes 1 im Wesentlichen abhängig ist

- vom Preis dieses Gutes (p_1),
- von den Preisen anderer Güter ($p_2, \ldots, p_n$),
- vom Einkommen (y)[1],
- von der Bedürfnisstruktur und der Nutzeneinschätzung (u)[2] des Haushalts.

lässt sich als **allgemeine individuelle Nachfragefunktion** folgendermaßen darstellen:

$$x^N_1 = f(p_1, p_2, \ldots, p_n, y, u, \ldots)$$

Die Zusammenhänge des Nachfrageverhaltens sind jedoch sehr schwer zu erkennen, wenn sich **mehrere Bestimmungsfaktoren gleichzeitig ändern**. Deshalb werden in der Volkswirtschaftslehre nacheinander jeweils nur die isolierten Wirkungen **eines** dieser Bestimmungsfaktoren untersucht. Alle anderen Faktoren werden dabei als unverändert (konstant) angenommen. Auf diese Weise lassen sich aus der allgemeinen Nachfragefunktion **spezielle Nachfragefunktionen** und **Nachfragekurven** für jeden einzelnen Bestimmungsfaktor ableiten.

Wird in der Volkswirtschaftslehre vom Nachfrageverhalten (Nachfragekurve) eines Konsumenten gesprochen, so ist damit üblicherweise die Wirkung der Preisänderung eines Gutes (p_1) auf die nachgefragte Menge dieses Gutes (x_1) gemeint. Der Preis wird dabei als **einzige** Ursache für die Änderung der nachgefragten Menge angesehen. Für alle übrigen Einflussgrößen (z. B. Einkommen, Preise anderer Güter, Nutzeneinschätzung) wird angenommen, dass sie unverändert bleiben. Mathematisch lässt sich dieser Zusammenhang als **spezielle Nachfragefunktion** (Preis-Konsum-Funktion) ausdrücken:

$$x^N_1 = f(p_1)$$

2.5.2 Abhängigkeit der Nachfrage vom Preis des nachgefragten Gutes: Preis-Konsum-Kurve

Individuelle Nachfrage

Das Nachfrageverhalten für einen **einzelnen Konsumenten** wird auch als **individuelle Nachfrage** bezeichnet.

1 y steht hier für *yield* (Einkommen, Ertrag)
2 u steht hier für *utility* (Nutzen)

Aufg. 2.5 S. 49

Bei einer Umfrage über das Konsumverhalten von Jugendlichen hat die Schülerin Manuela auf die Frage „Wie viele Kugeln Eis zum Mitnehmen würdest du nachfragen, wenn der Preis soundso viel Euro betragen würde?“ für unterschiedliche Preise die in der nebenstehenden Tabelle angegebenen Mengen genannt. Die Tabelle spiegelt Manuelas Verbrauchsplan für Eiskugeln für einen bestimmten Zeitraum (z. B. an einem heißen Sommertag im Juli) wider. Sie stellt den funktionalen Zusammenhang zwischen der geplanten Nachfragemenge an Eiskugeln (= abhängige Größe) und dem Preis für Eiskugeln (= unabhängige Größe) dar. Zu einem anderen Zeitpunkt könnte aber Manuelas Nachfrageverhalten völlig anders aussehen, weil sich beispielsweise ihre Einkommensverhältnisse oder die Preise für andere Süßigkeiten geändert haben oder weil sich an kalten und regnerischen Tagen ihre Bedürfnisse und Nutzeneinschätzungen hinsichtlich des Konsums von Eiskugeln ändern.

Manuelas Nachfragetabelle für Eiskugeln zum Mitnehmen	
Preis (EUR) je Kugel	Menge (Stück)
0,00	12
0,20	10
0,40	8
0,60	6
0,80	4
1,00	2
1,20	0

Die von einem Konsumenten bei unterschiedlichen Preisen jeweils geplanten Nachfragemengen ergeben die Preis-Mengen-Kombinationen, bei denen er unter den vorliegenden Bedingungen seinen größtmöglichen Nutzen erzielt (= Haushaltsoptimum, optimaler Verbrauchsplan).

Werden die Preis-Mengen-Kombinationen der Tabelle in ein Koordinatensystem übertragen[1] und die einzelnen Punkte miteinander verbunden[2], ergibt sich eine von links oben nach rechts unten fallende Nachfragekurve. Diese spezielle Nachfragekurve spiegelt die Abhängigkeit der nachgefragten Menge vom Preis wider und wird daher auch als Preis-Konsum-Kurve bezeichnet. Da diese Kurve nur für einen bestimmten Konsumenten gilt, handelt es sich gleichzeitig um eine **individuelle Nachfragekurve**.

Manuelas Nachfragekurve für Eiskugeln zum Mitnehmen

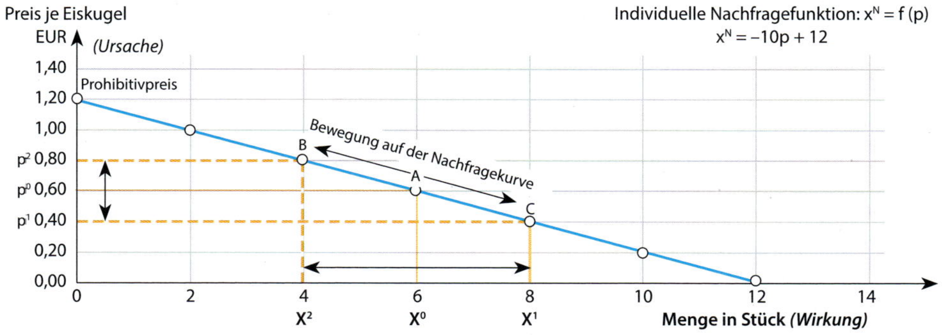

1 Die Zuordnung der abhängigen Größe (Menge = Wirkung) und der unabhängigen Größe (Preis = Ursache) zu den Koordinatenachsen erfolgt in der Volkswirtschaftslehre anders als in der Mathematik üblich. An der Y-Achse steht der Preis, obwohl es sich dabei immer um die unabhängige Größe (= Ursache) handelt. An der x-Achse steht als abhängige Größe (= Wirkung) die Menge.

2 Eigentlich kann die Tabelle in einem Koordinatensystem nur durch einzelne Punkte, die bestimmte Preis-Mengen-Kombinationen wiedergeben, abgebildet werden. Der Einfachheit halber wird aber trotzdem unterstellt, dass sich aus der Verbindung dieser Punkte eine Kurve mit konstanter Steigung (= linearer Verlauf) konstruieren lässt.

Die individuelle Nachfragekurve zeigt, wie viele Mengeneinheiten eines Gutes ein Konsument jeweils bei unterschiedlichen Preisen dieses Gutes in einer bestimmten Zeiteinheit nachzufragen plant.

Ob der Konsument allerdings seinen Verbrauchsplan verwirklichen und die geplanten Mengen tatsächlich **kaufen** kann, hängt u. a. davon ab, ob zu dem jeweiligen Preis überhaupt entsprechende Mengen angeboten werden.

Bei **normalem Verhalten** der Konsumenten hat die **Nachfragekurve eine negative Steigung**. In diesem Kurvenverlauf kommt das Gesetz vom abnehmenden Nutzenzuwachs zum Ausdruck. Da jede zusätzlich konsumierte Einheit eines Gutes einem Konsumenten im Normalfall einen geringeren Nutzenzuwachs stiftet, fragt der Konsument nur dann mehr von diesem Gut nach, wenn der Preis dieses Gutes sinkt.

Die normale Nachfragekurve hat eine negative Steigung („Gesetz der Nachfrage"), d. h.,

- **je höher der Preis ist, umso geringer ist die geplante Nachfragemenge,**
- **je niedriger der Preis ist, umso höher ist die geplante Nachfragemenge.**

Ändert sich der Preis des Gutes und bleiben alle anderen Bestimmungsfaktoren der Nachfrage gleich, so ergibt sich eine neue Preis-Mengen-Kombination für dieses Gut. Dies löst eine Bewegung auf der Kurve aus.

In **Grenzfällen** können sich auch Schnittpunkte der Kurve mit den Achsen ergeben, die sich folgendermaßen erklären lassen: Beim Schnittpunkt mit der Mengenachse liegt die **Sättigungsmenge**. Dieser nachgefragten Menge entspricht ein Preis von null, d. h., der Konsument möchte keine zusätzliche Mengeneinheit dieses Gutes konsumieren, selbst wenn er das Gut kostenlos erhält. Beim Schnittpunkt mit der Preisachse, dem eine nachgefragte Menge von null entspricht, ist ein Preis erreicht, zu dem der Konsument nicht mehr bereit oder in der Lage ist, auch nur eine einzige Mengeneinheit des Gutes nachzufragen (**Prohibitivpreis**).[1]

Gesamtnachfrage (Marktnachfrage)

Aufg. 2.6 S. 50

Werden die bei unterschiedlichen Preisen von den Konsumenten gewünschten individuellen Nachfragemengen für ein bestimmtes Gut zusammengefasst, ergibt sich die Gesamtnachfrage (Marktnachfrage) für dieses Gut.

Angenommen, ein Marktforschungsinstitut hat in Abhängigkeit vom Preis einer Eiskugel für die (insbesondere auf die zahlreichen Schülerinnen und Schüler) einer baden-württembergischen Kleinstadt entfallende Gesamtnachfrage für Eiskugeln den in der folgenden Tabelle dargestellten Zusammenhang festgestellt. Die Preis-Mengen-Kombinationen wurden in ein Koordinatensystem übertragen und zu einer Kurve verbunden.

1 prohibitiv *(lat.)*: verhindernd

Gesamtnachfragetabelle für Eiskugeln zum Mitnehmen	
Preis (EUR) je Kugel	Menge (Stück)
0,00	10 000
0,30	9 000
0,60	8 000
0,90	7 000
1,20	6 000
1,50	5 000
1,80	4 000
2,10	3 000
2,40	2 000
2,70	1 000
3,00	0

Gesamtnachfragekurve für Eiskugeln zum Mitnehmen

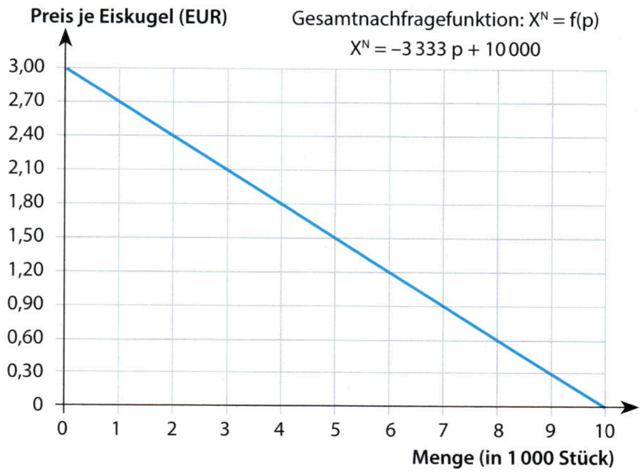

Die Gesamtnachfrage (Marktnachfrage) nach einem bestimmten Gut ergibt sich durch Zusammenfassung der nach diesem Gut bestehenden individuellen Nachfrage der einzelnen Konsumenten.

Während die Nachfrage eines einzelnen Konsumenten (= individuelle Nachfrage) nach einem Gut u. a. vom Preis des Gutes, von den Preisen anderer Güter, vom Einkommen sowie von der Bedürfnisstruktur und der Nutzeneinschätzung abhängig ist, sind für die Höhe der **Gesamtnachfrage** nach einem Gut noch zusätzliche Einflussfaktoren von Bedeutung. Dazu gehört u. a. die Zahl der Konsumenten, die dieses Gut nachfragen. Wird beispielsweise in einer Stadt eine neue Schule gebaut, die auch von auswärtigen Schülerinnen und Schülern besucht wird, steigt dadurch möglicherweise die Nachfrage nach Speiseeis in dieser Stadt. Auch die Einkommens- und Vermögensverteilung in der Bevölkerung beeinflusst die Nachfrage nach bestimmten Gütern.

Bestimmungsfaktoren der Gesamtnachfrage (Marktnachfrage)					
Preis des Gutes (p_1)	Preise anderer Güter ($p_2, \ldots, p_n$)	Gesamteinkommen aller Haushalte (Y)	Bedürfnisstruktur der einzelnen Haushalte (U)	Einkommens- und Vermögensverteilung auf die einzelnen Haushalte (D)[1]	Zahl der nachfragenden Haushalte (Z)

2.5.3 Verschiebung der Nachfragekurve

Wenn sich einzelne Einflussfaktoren der Nachfrage ändern, muss deutlich unterschieden werden, ob durch diese Änderung im Preis-Mengen-Diagramm eine **Bewegung auf einer**

1 D steht für *Distribution* = Verteilung

gegebenen Nachfragekurve (= Steigen oder Sinken der nachgefragten Menge) oder eine **Verschiebung der Nachfragekurve** (= Zunahme oder Abnahme der Nachfrage) ausgelöst wird. Dabei lassen sich folgende vier Fälle unterscheiden:

Aufg. 2.7 S. 50

Ändert sich der Preis des Gutes, während alle anderen Einflussfaktoren unverändert bleiben, bewirkt das im Preis-Mengen-Diagramm eine **Bewegung auf der Nachfragekurve**.

- Eine **Preiserhöhung** bewirkt eine **Bewegung auf der Nachfragekurve nach oben links**, weil die nachgefragte Menge sinkt (z. B. sinkt als Folge einer Preiserhöhung für Eis die nachgefragte Menge).
- Eine **Preissenkung** bewirkt eine **Bewegung auf der Nachfragekurve nach unten rechts**, weil die nachgefragte Menge steigt (z. B. steigt als Folge einer Preissenkung für Eis die nachgefragte Menge).

Ändert sich dagegen **eine der anderen Einflussgrößen**, drückt sich das im Preis-Mengen-Diagramm in einer **Verschiebung der Nachfragekurve** aus. Eine Verschiebung der Nachfragekurve bedeutet, dass sich bei **unverändertem Preis** des Gutes die **Nachfrage** nach diesem Gut **geändert** hat.

- Zu einer **Linksverschiebung der Nachfragekurve** kommt es dann, wenn nach dem auslösenden Ereignis zu jedem Preis weniger nachgefragt wird. Die Nachfrage nimmt ab (z. B. Werbeverbot für alkoholhaltige Limonade: Bei jedem denkbaren Preis werden weniger Alcopops nachgefragt als vorher).
- Zu einer **Rechtsverschiebung der Nachfragekurve** kommt es dann, wenn nach dem auslösenden Ereignis zu jedem Preis mehr nachgefragt wird als vorher. Die Nachfrage nimmt zu (z. B. Gesundheitskampagne für den Verzehr von Obst: Bei jedem denkbaren Preis wird mehr Obst nachgefragt als vorher).

Eine Verschiebung der Nachfragekurve nach rechts bedeutet, dass die Marktnachfrage bei jedem Preis größer ist als vorher. Eine Verschiebung der Nachfragekurve nach links bedeutet, dass die Marktnachfrage bei jedem Preis kleiner ist als vorher.

Beispiele für eine Verschiebung der Nachfragekurve

Einkommen der Nachfrager ändert sich: Einkommenserhöhung der Bevölkerung → Rechtsverschiebung der Nachfragekurve für Autos

Preise verwandter Güter ändern sich:

1. **Komplementärgüter** (z. B. Benzin und Autos ergänzen sich = Komplementärgüter): Preiserhöhung für Benzin → Linksverschiebung der Nachfragekurve für Autos
2. **Substitutionsgüter**: (z. B. Butter und Margarine können sich gegenseitig ersetzen = Substitutionsgüter): Preiserhöhung für Butter → Rechtsverschiebung der Nachfragekurve für Margarine

Nutzeneinschätzung, Vorlieben, Geschmack, Mode: Kampagne des Gesundheitsministeriums für gesündere Ernährung → Rechtsverschiebung der Nachfragekurve für Obst

Zahl der Nachfrager ändert sich: Sinkende Geburtenrate in Deutschland → Linksverschiebung der Nachfragekurve für Babykleidung

Änderung der nachgefragten Menge (Bewegung auf der Nachfragekurve)

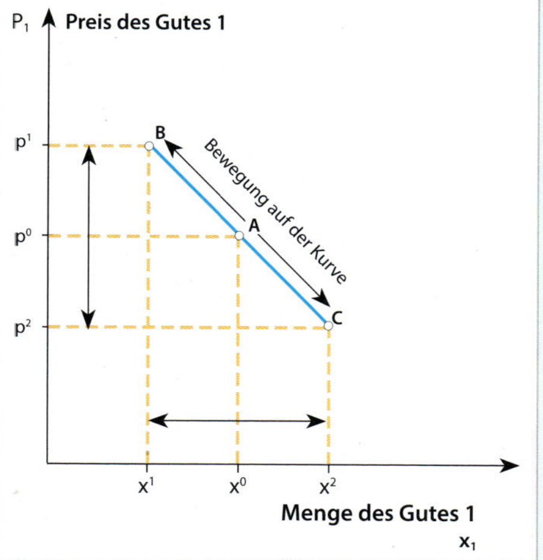

Änderung (Verschiebung) der Nachfragekurve

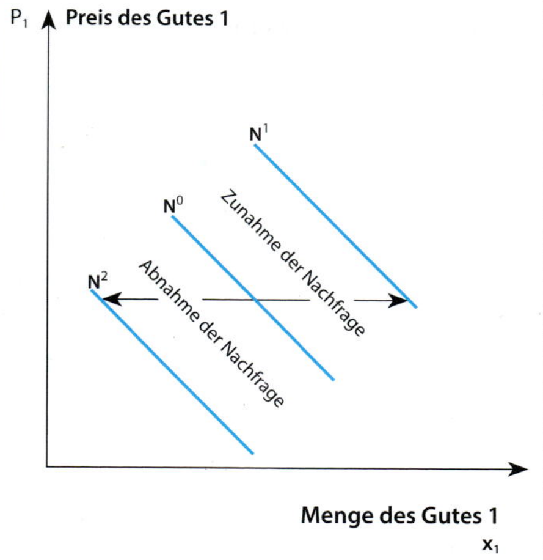

! Eine Bewegung auf der Nachfragekurve eines Gutes ergibt sich nur dann, wenn sich der Preis dieses Gutes ändert.

! Eine Verschiebung der Nachfragekurve eines Gutes ergibt sich, wenn sich nicht der Preis des Gutes, sondern einer oder mehrere andere Bestimmungsfaktoren ändern.

2.6 Ungewöhnliches (nicht-rationales) Nachfrageverhalten privater Haushalte

fakultativ

Das tatsächliche Verbraucherverhalten ist großenteils durch Gewohnheiten, Nachahmung, Bequemlichkeit, Modetrends, soziales Ansehen u. a. bestimmt. Zudem kann es noch durch Einflüsse der Werbung manipuliert sein. Im Sinne der Wirtschaftslehre handelt es sich dabei nicht um vernünftige (rationale) Kaufmotive. Trotzdem kann es sein, dass einzelne Konsumenten durch ein Kaufverhalten, das allgemein als unnormal empfunden wird, einen höheren Nutzen erzielen. Das kann sich beispielsweise bei Gütern, die ein Bedürfnis nach Geltung und Ansehen befriedigen, zeigen. Ein Verbraucherverhalten, das maßgeblich durch soziale Einflussfaktoren bestimmt wird (z. B. bei Modeerscheinungen), zeigt ebenso wie das impulsive Verhalten bei Spontankäufen oder das zufällige Verhalten bei Bagatellkäufen, dass bei Konsumentenentscheidungen nicht nur wirtschaftliche, sondern auch soziologische und psychologische Faktoren eine bedeutende Rolle spielen. Dabei sind folgende Verhaltensweisen besonders häufig zu beobachten:

fakultativ

Prestige-Effekt „Jetzt-erst-recht-Effekt"[1]	Mitläufer-Effekt	Snob-Effekt[2]
Trotz höherer Preise steigt bei bestimmten Konsumenten die Nachfrage nach solchen Gütern, mit denen Wohlhabenheit demonstriert werden kann. Solchen Gütern wird ein umso höherer Nutzen beigemessen, je höher der **Preis** des Gutes ist, den die Nicht-Käufer vermuten (z. B. Rolex-Armbanduhr, Ferrari-Sportwagen).	Konsumenten fragen von einem Gut bei gegebenem Preis umso **mehr** nach, je **mehr** dieses Gut auch von anderen Konsumenten gekauft wird. Die individuelle Nachfrage ist also umso größer, je **größer** die **Gesamtnachfrage** ist. Darin kommt z. B. bei Modeerscheinungen der Wunsch zum Ausdruck, die Gruppe von Konsumenten nachzuahmen, zu der man gehören möchte (z. B. Markenklamotten, Handys, ...).	Konsumenten fragen von einem Gut bei gegebenem Preis umso **mehr** nach, je weniger dieses Gut von anderen Konsumenten gekauft wird. Die individuelle Nachfrage ist also umso größer, je **geringer** die **Gesamtnachfrage** ist. Darin kommt der Wunsch nach Exklusivität und Abhebung von der großen Masse zum Ausdruck (z. B. Konsum eines direkt vom Winzer in der Toskana bezogenen italienischen Rotweins, Mitgliedschaft in einem exklusiven Golfclub).

2.7 Elastizität der Nachfrage

2.7.1 Begriff der Elastizität

Sowohl für wirtschaftspolitische Entscheidungen des Staates, die eine Beeinflussung der Gesamtnachfrage darstellen (z. B. Veränderungen bei der Umsatz- oder Einkommensteuer), als auch für preispolitische Maßnahmen von Unternehmen genügt es oft nicht zu wissen, dass die nachgefragte Menge eines Gutes grundsätzlich von der Höhe des Preises, vom Einkommen der Haushalte und anderen Faktoren abhängt. Als Entscheidungsgrundlage sind vielmehr oft Informationen darüber wichtig, im welchem **Ausmaß** sich die Gesamtnachfrage nach einem Gut ändert, wenn sich beispielsweise der Preis oder das Einkommen ändern. Eine Maßzahl für das Ausmaß einer solchen Änderung ist die **Elastizität**. Die Elastizität gibt an, um wie viel Prozent sich eine abhängige (= reagierende Größe) ändert, wenn sich die unabhängige (= verursachende) Größe um ein Prozent ändert.

2.7.2 Direkte Preiselastizität der Nachfrage

Eine Preiserhöhung für einen bestimmten Autotyp von 15 000 EUR um 75 EUR auf 15 075 EUR, wird die nachgefragte Menge kaum beeinflussen. Wird dagegen der Preis einer Musikanlage ebenfalls um 75 EUR von bisher 150 EUR auf jetzt 225 EUR erhöht, wird die nachgefragte Menge spürbar sinken. Es wäre aber sinnlos, aus dieser Beobachtung den Schluss zu ziehen, dass die Nachfrager nach Autos weniger stark auf Preisänderungen reagieren als die Nachfrager nach Radiorecordern. Der Preis für das Auto wurde nur um 0,5 %, der Preis für die Musikanlage dagegen um 50 % erhöht. Bei einer Erhöhung des Autopreises um 50 % würde die nachgefragte Menge bei Autos ebenfalls stark zurückgehen.

1 Dieses Verhalten wird auch als Veblen-Effekt bezeichnet nach der Untersuchung von Th. Veblen, Theorie der feinen Leute, Köln-Berlin o. J.

2 Dieser Effekt beschreibt das umgekehrte Verhalten wie beim Mitläufer-Effekt und hat Ähnlichkeit mit dem Prestige-Effekt.

Vergleichbar sind Aussagen über Nachfragereaktionen bei verschiedenen Gütern und verschiedenem Ausgangsniveau der Preise nur dann, wenn sie die durch eine **prozentuale** Preisänderung ausgelöste **prozentuale** Änderung der nachgefragten Menge berücksichtigen. Dieser Zusammenhang kommt in der **direkten Preiselastizität der Nachfrage** zum Ausdruck.

Die direkte Preiselastizität der Nachfrage ist das Verhältnis zwischen der prozentualen Änderung der nachgefragten Menge eines Gutes zur prozentualen Preisänderung dieses Gutes. Sie gibt an, um wie viel Prozent sich die nachgefragte Menge eines Gutes ändert, wenn sich der Preis dieses Gutes um 1 % ändert.

Beispiel zur Elastizitätsberechnung:

Angenommen, ein Lebensmittelmarkt hat für eine bestimmte Sorte Frischmilch einen Zusammenhang zwischen der täglichen Absatzmenge und dem Preis festgestellt, wie er in der folgenden linearen Nachfragekurve zum Ausdruck kommt.

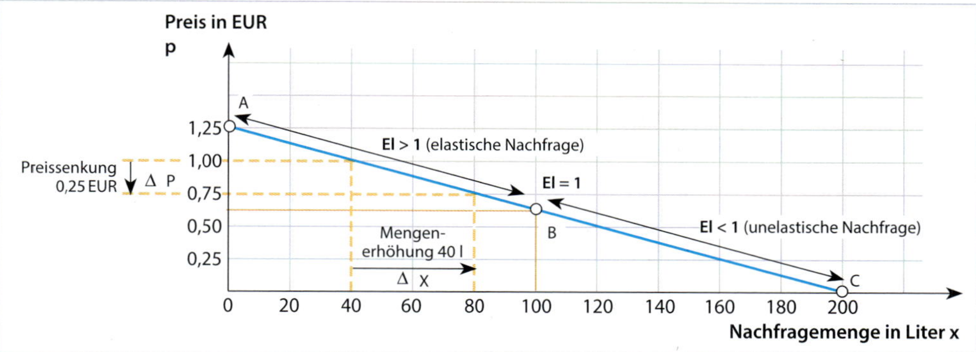

$$El_{dir} = \frac{\text{prozentuale Änderung der Nachfragemenge}}{\text{prozentuale Preisänderung}} = \frac{\frac{\Delta x \cdot 100}{x_1}}{\frac{\Delta p \cdot 100}{p}} = \frac{\Delta x}{\Delta p} \cdot \frac{p}{x}$$

Dabei bedeuten: El_{dir} = direkte Preiselastizität der Nachfrage, p = ursprünglicher Preis, Δp = Veränderung des Preises in EUR, x = ursprüngliche Nachfragemenge, Δx = Veränderung der Nachfragemenge in Stück o. ä.

Berechnung der direkten Preiselastizität der Nachfrage bei einer Preissenkung von 1,00 EUR auf 0,75 EUR.

	Preis	Menge
vorher	1,00 EUR	40 l
nachher	0,75 EUR	80 l
Änderung (absolut)	− 0,25 EUR	+ 40 l
Änderung in Prozent	− 25 %	+ 100 %

$$El_{dir} = \left| \frac{+100}{-25} \right| = 4$$

Berechnung der direkten Preiselastizität der Nachfrage bei einer Preissenkung von 0,50 EUR auf 0,25 EUR.

	Preis	Menge
vorher	0,50 EUR	120 l
nachher	0,25 EUR	160 l
Änderung (absolut)	− 0,25 EUR	+ 40 l
Änderung in Prozent	− 50 %	+ 33,3 %

$$El_{dir} = \left| \frac{+33,3}{-50} \right| = 0,66$$

Das rechnerische Ergebnis der direkten Preiselastizität der Nachfrage ist im Normalfall negativ, weil bei normaler Nachfrageaktion eine ***Erhöhung*** *des Preises zu einer* ***Verringerung*** *der nachgefragten Menge führt (= negative Steigung der Nachfragekurve). Trotzdem wird die direkte Preiselastizität der Nachfrage üblicherweise ohne Vorzeichen als absoluter Betrag* $|El_{dir}|$ *angegeben.*

Das Zahlenbeispiel zeigt, dass die direkte Preiselastizität der Nachfrage trotz gleicher absoluter Preis- und Mengenänderungen in beiden Fällen verschieden ist. Wegen der unterschiedlichen Ausgangspreise und -mengen unterscheiden sich die relativen (prozentualen) Preis- und Mengenänderungen. Daraus ergibt sich, dass die direkte Preiselastizität der Nachfrage in jedem Punkt der linearen Nachfragekurve unterschiedlich ist (*vgl. Abb. S. 37*). Entlang dieser Nachfragekurve nimmt die Elastizität alle Werte zwischen unendlich und null an. Im Schnittpunkt mit der Preisachse (*Punkt A*) ist die Preiselastizität unendlich groß, im Halbierungspunkt (*Punkt B*) ist sie gleich eins und im Schnittpunkt mit der Mengenachse (*Punkt C*) ist sie gleich null.

Ist die prozentuale Änderung der nachgefragten Menge größer als die prozentuale Preisänderung, so ergibt sich für die Elastizität ein Wert, der größer als 1 ist. In diesen Fällen wird von einer **elastischen Nachfrage** gesprochen. Dies trifft hier für alle Punkte der oberen Hälfte der Nachfragekurve zu (Strecke AB, *vgl. Abb. S. 37*). Ist die prozentuale Änderung der nachgefragten Menge genau so hoch wie die prozentuale Preisänderung, so hat die Elastizität den Wert 1. Das trifft hier für den Halbierungspunkt der Nachfragekurve zu (*Punkt B*). Ist die prozentuale Änderung der nachgefragten Menge kleiner als die prozentuale Preisänderung, so ergibt sich für die Elastizität ein Wert, der kleiner als 1 ist. In diesen Fällen wird von einer **unelastischen Nachfrage** gesprochen. Das trifft hier für alle Punkte der unteren Hälfte der Nachfragekurve zu (Strecke BC, *vgl. Abb. S. 37*).

! Ist die prozentuale Mengenänderung größer als die prozentuale Preisänderung, liegt eine elastische Nachfrage vor ($El_{dir} > 1$). Ist die prozentuale Mengenänderung kleiner als die prozentuale Preisänderung, liegt eine unelastische Nachfrage vor ($El_{dir} < 1$).

Die folgenden Abbildungen zeigen Abschnitte von zwei Nachfragekurven, in denen gleiche absolute Preisänderungen unterschiedliche Mengenänderungen nach sich ziehen.

Aufg. 2.8
S. 51

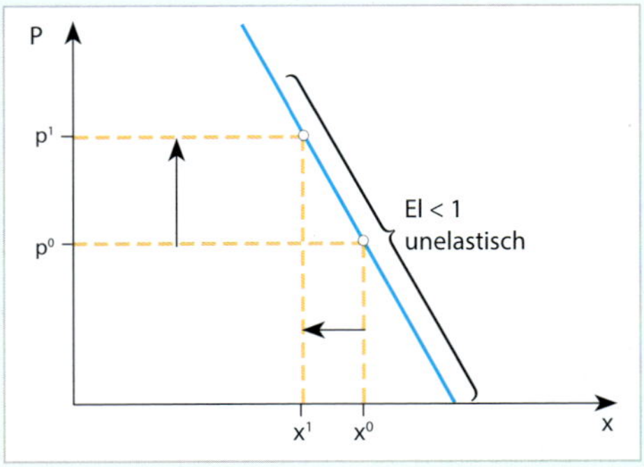

! ***Unelastische Reaktion.*** **Bei Preisänderungen verändert sich die nachgefragte Menge verhältnismäßig wenig (z. B. lebensnotwendige Güter).**

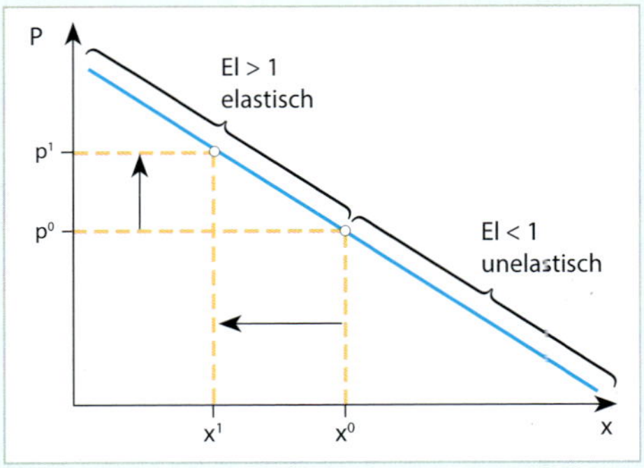

! ***Elastische Reaktion.*** **Bei Preisänderungen verändert sich die nachgefragte Menge verhältnismäßig stark (z. B. Luxusgüter).**

Die gleiche Preiserhöhung führt bei einem steileren Verlauf des Kurvenabschnitts zu einem geringeren Rückgang der nachgefragten Menge als bei einem flacheren Verlauf. Die Nachfrage ist in dem hier betrachteten Abschnitt der linken Nachfragekurve unelastisch, während die Nachfrage in dem hier betrachteten Abschnitt der rechten Nachfragekurve elastisch ist.

Bei einer linearen Nachfragekurve mit normalem Verlauf ist zwar die Steigung konstant, die Preiselastizität aber in jedem Punkt unterschiedlich. Deshalb kann aus der Steigung einer derartigen Nachfragekurve nicht direkt auf die Höhe der Preiselastizität geschlossen werden. Es gibt aber Nachfragekurven, die im gesamten Verlauf eine konstante Preiselastizität aufweisen.

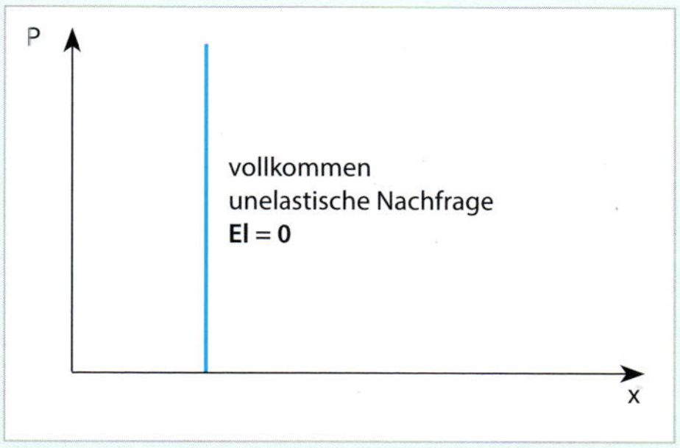

Eine Nachfragekurve, die parallel zur Preisachse (Ordinate) verläuft, hat an jeder Stelle eine Elastizität von 0. Die Nachfrage ist in diesem Fall vollkommen unelastisch. Trotz Preisänderungen bleibt die nachgefragte Menge konstant. Ein solches Nachfrageverhalten ist nur unterhalb einer bestimmten (einkommensabhängigen) Preisobergrenze z. B. bei lebensnotwendigen Medikamenten oder bei sehr billigen Gütern (z. B. Streichhölzern) denkbar.

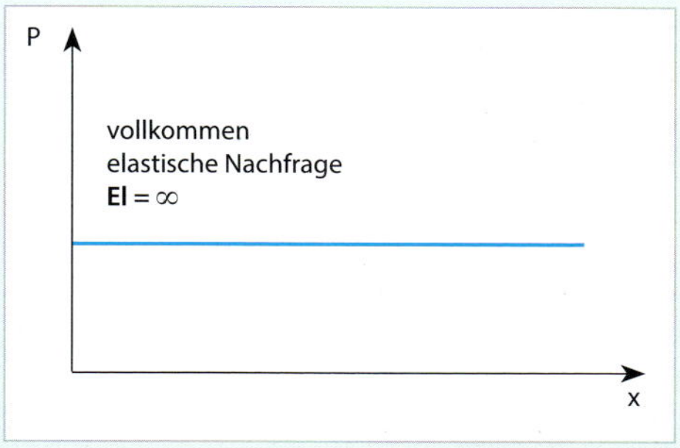

Eine Nachfragekurve, die parallel zur Mengenachse (Abszisse) verläuft, hat an jeder Stelle eine Elastizität von unendlich. Die Nachfrage ist in diesem Fall vollkommen elastisch. Es handelt sich dabei um einen theoretischen Grenzfall. Zum gegebenen und jedem niedrigeren Preis würde eine unendliche Menge nachgefragt. Jede Preiserhöhung würde dagegen die nachgefragte Menge auf null sinken lassen.

Ausgewählte Preiselastizitäten der Nachfrage aufgrund empirischer Untersuchungen

Aufg. 2.9
S. 51

Lebensmittel (allgemein)	– 0,7 (unelastisch)
Fleischwaren	– 1,3 (elastisch)
Bildung und Unterhaltung	– 2,9 (elastisch)
Kfz-Benutzung	– 0,36 (unelastisch)
Körper-und Gesundheitspflege	+ 0,3 (anormal)
Tabakwaren	
– Erwachsene	– 0,4 (unelastisch)
– Jugendliche	– 1,2 (elastisch)

Quellen: A. Woll, Allgemeine Volkswirtschaftslehre, 10. Aufl., München 1990, S. 114; N.G. Mankiw, Grundzüge der Volkswirtschaftslehre, Stuttgart 1998, S. 78

Die praktische Bedeutung der direkten Preiselastizität der Nachfrage liegt u. a. darin, dass sie Aussagen darüber zulässt, wie sich beispielsweise eine von mehreren Mineralölunternehmen gleichzeitig vorgenommene Benzinpreisänderung voraussichtlich auf den Erlös der Unternehmen auswirken wird. Die mit dem Preis multiplizierte Nachfragemenge stellt nämlich einerseits die Ausgaben der Nachfrager und andererseits den Erlös (= Umsatz) der Anbieter dar.

> **!** **Ausgaben der Nachfrager = Erlös der Anbieter = Preis (p) · Menge (x)**

Ob als Folge einer bestimmten Preisänderung für Benzin die Ausgaben der Nachfrager und damit die Erlöse der Mineralölunternehmen steigen, sinken oder gleich bleiben, hängt vom Ausmaß der durch die Preisänderung ausgelösten Nachfrageänderung und somit von der direkten Preiselastizität der Nachfrage ab. Dieser Zusammenhang zwischen der Preiselastizität der Nachfrage und den Ausgaben der Konsumenten wird im Folgenden anhand des Beispiels von S. 37 und der dort abgeleiteten Formel

$El_{dir} = \frac{\Delta x}{\Delta p} \cdot \frac{p}{x}$ aufgezeigt.

Bisheriger Preis	Bisherige Menge	Neuer Preis	Neue Menge	El_{dir}	Bisherige Ausgaben	Neue Ausgaben	Zusammenhang zwischen Elastizität und Konsumausgaben
1,00	40	0,75	80	$\frac{+40}{-0{,}25} \cdot \frac{1}{40} = 4$	40,00	60,00	$El_{dir} > 1$ Konsumausgaben steigen
0,50	120	0,25	160	$\frac{+40}{-0{,}25} \cdot \frac{0{,}50}{120} = 0{,}66$	60,00	40,00	$El_{dir} < 1$ Konsumausgaben sinken

> **!** **Ist die Nachfrage elastisch ($El_{dir} > 1$), führt eine Preiserhöhung zu einer Verringerung der Konsumausgaben und eine Preissenkung zu einer Erhöhung der Konsumausgaben. Bei unelastischer Nachfrage ($El_{dir} < 1$) gilt der umgekehrte Zusammenhang.**

Aufg. 2.10
S. 51

Zusammenhang zwischen Preiselastizität der Nachfrage, Ausgaben der Nachfrager und Erlöse der Anbieter			
	Unelastische Nachfrage $El_{dir} < 1$	$El_{dir} = 1$	Elastische Nachfrage $El_{dir} > 1$
Preissenkung	Konsumausgaben und Erlöse sinken	Konsumausgaben und Erlöse konstant	Konsumausgaben und Erlöse steigen
Preiserhöhung	Konsumausgaben und Erlöse steigen	Konsumausgaben und Erlöse konstant	Konsumausgaben und Erlöse sinken

Für die Anbieter ist eine Preiserhöhung mit dem Ziel einer Erlössteigerung also nur dann sinnvoll, wenn die Nachfrage unelastisch ist. Um Preiserhöhungen besser durchsetzen zu können, versuchen die Unternehmen daher, durch absatzpolitische Maßnahmen (z. B. Werbung, Service) die Nachfrageelastizität für die von ihnen angebotenen Produkte zu verringern, indem sie dem Verbraucher das Gefühl der Unentbehrlichkeit dieser Produkte vermitteln. Andererseits lässt sich für die Anbieter eine Ausdehnung der Absatzmenge bei gleichzeitiger Erlössteigerung nur dann erreichen, wenn die Nachfrage auf eine Preissenkung elastisch reagiert.

2.7.3 Indirekte Preiselastizität der Nachfrage (Kreuzpreiselastizität)

Aufg. 2.11
S. 52

Die Nachfrage nach einem Gut hängt u. a. auch von den Preisen anderer Güter ab. Für die Anbieter von Autos ist es beispielsweise von Interesse, wie sich die Nachfrage nach Autos ändert, wenn der Benzinpreis z. B. durch eine Erhöhung der Mineralölsteuer auf Dauer steigt. Das Ausmaß der Nachfrageänderung nach einem Gut als Reaktion auf die Preisänderung eines anderen Gutes lässt sich mit der indirekten Preiselastizität der Nachfrage (Kreuzpreiselastizität) messen.

! Die indirekte Preiselastizität der Nachfrage (Kreuzpreiselastizität) ist das Verhältnis zwischen der prozentualen Änderung der nachgefragten Menge eines Gutes zur prozentualen Preisänderung eines anderen Gutes. Sie gibt an, um wie viel Prozent sich die nachgefragte Menge eines Gutes ändert, wenn sich der Preis eines anderen Gutes um 1 % ändert.

$$El_{Indir} = \frac{\text{prozentuale Änderung der Nachfragemenge für Gut 1}}{\text{prozentuale Preisänderung für Gut 2}} = \frac{\frac{\Delta x_1 \cdot 100}{x_1}}{\frac{\Delta p_2 \cdot 100}{p}} = \frac{\Delta x_1}{\Delta p_2} \cdot \frac{p_2}{x_1}$$

Dabei bedeuten:
El_{indir} = indirekte Preiselastizität der Nachfrage,
p_2 = ursprünglicher Preis des Gutes 2,
Δp_2 = Veränderung des Preises p_2 in EUR,
x_1 = ursprüngliche Nachfragemenge des Gutes 1,
Δx_1 = Veränderung der Nachfragemenge von x_1 in Stück o. Ä.

Indirekte Preiselastizität bei Komplementärgütern:

Autos und Autoreifen **ergänzen** sich gegenseitig. Es handelt sich um **Komplementärgüter. Sinkt der Preis** für Autos, so nimmt die Nachfrage bei Autoreifen zu. Preisänderung und Mengenänderung entwickeln sich entgegengesetzt. Die EL_{indir} hat ein negatives Vorzeichen.

! Bei Komplementärgütern hat die indirekte Preiselastizität der Nachfrage einen negativen Wert.

Indirekte Preiselastizität bei Substitutionsgütern:

Butter und Margarine können sich gegenseitig ersetzen. Es handelt sich um **Substitutionsgüter. Steigt der Preis** für Butter, so nimmt die Nachfrage bei Margarine zu. Preisänderung und Mengenänderung entwickeln sich gleichgerichtet. Die EL_{indir} hat ein positives Vorzeichen.

! Bei Substitutionsgütern hat die indirekte Preiselastizität der Nachfrage einen positiven Wert. Je größer der Wert für El_{indir}, umso stärker ist die Konkurrenz zwischen den beiden Substitutionsgütern.

2.7.4 Einkommenselastizität

Die Nachfrage nach einem Gut hängt u. a. auch von der Einkommenshöhe der Haushalte (Y) ab. Das Ausmaß der Nachfrageänderung nach einem Gut als Reaktion auf eine Einkommensänderung lässt sich mit der Einkommenselastizität messen.

Die Einkommenselastizität ist das Verhältnis zwischen der prozentualen Änderung der nachgefragten Menge eines Gutes zur prozentualen Änderung des Einkommens. Sie gibt an, um wie viel Prozent sich die nachgefragte Menge eines Gutes ändert, wenn sich das Einkommen um 1 % ändert.

$$El_{Indir} = \frac{\text{prozentuale Änderung der Nachfragemenge für Gut 1}}{\text{prozentuale Einkommensänderung}} = \frac{\frac{\Delta x \cdot 100}{x}}{\frac{\Delta Y \cdot 100}{Y}} = \frac{\Delta x}{\Delta Y} \cdot \frac{Y}{x}$$

Dabei bedeuten:
El_y = Einkommenselastizität,
Y = ursprüngliches Einkommen,
ΔY = Veränderung des Einkommens in EUR,
x = ursprüngliche Nachfragemenge,
Δx = Veränderung der Nachfragemenge in Stück o. Ä.

Einkommenselastizität bei superioren Gütern:

Steigt das Einkommen der Bevölkerung, so steigt die Nachfrage nach Luxusgütern (z. B. Sekt, Kaviar). Solche Güter werden als **superiore** Güter bezeichnet. Einkommensänderung und Änderung der nachgefragten Menge entwickeln sich gleichgerichtet. Die Einkommenselastizität hat ein positives Vorzeichen.

Bei superioren Gütern hat die Einkommenselastizität einen positiven Wert.

Einkommenselastizität bei inferioren Gütern:

Güter, die bei steigendem Einkommen der Bevölkerung durch höherwertige Güter ersetzt werden (z. B. Margarine durch Butter), werden als inferiore Güter bezeichnet. Einkommensänderung und Änderung der nachgefragten Menge entwickeln sich entgegengesetzt. Die Einkommenselastizität hat ein negatives Vorzeichen.

Bei inferioren Gütern hat die Einkommenselastizität einen negativen Wert.

Die beiden preußischen Statistiker Ernst ENGEL (1821–1896) und Hermann SCHWABE (1830–1874) haben im 19. Jahrhundert empirisch nachgewiesen, dass mit steigendem Einkommen die Nachfrage nach Nahrungsmitteln (ENGEL) bzw. Wohnraum (SCHWABE) zunimmt, während der prozentuale Anteil der Ausgaben für Nahrungsmittel und Wohnraum an den Gesamtausgaben abnimmt (**ENGEL-SCHWABEsches Gesetz**). Das bedeutet, dass die Einkommenselastizitäten für Nahrungsmittel und Wohnraum zwar positiv, aber < 1 sind.

2.7.5 Anwendungsfälle der Nachfrageelastizitäten im Überblick

Elastizität	Definition und Wertbereiche	Anwendung
Direkte Preiselastizität der Nachfrage	$El_{dir} = \frac{\Delta x}{\Delta p} \cdot \frac{p}{x}$	$< 0 \rightarrow$ Regelfall (normales Gut) $> 0 \rightarrow$ VEBLEN-Effekt
	Elastizitätsbereiche und Extremfälle	
	$El_{dir} > \lvert 1 \rvert$	$\rightarrow$ elastische Nachfrage; Erlösminderung bei Preiserhöhung und umgekehrt
	$El_{dir} < \lvert 1 \rvert$	$\rightarrow$ unelastische Nachfrage; Erlössteigerung bei Preiserhöhung und umgekehrt
	$El_{dir} = \lvert 1 \rvert$	$\rightarrow$ isoelastische Nachfrage; Erlös bleibt konstant bei Preisveränderung
	$El_{dir} = 0$	$\rightarrow$ vollkommen starre Nachfrage
	$El_{dir} = \infty$	$\rightarrow$ vollkommen elastische Nachfrage
Indirekt Preiselastizität der Nachfrage (Kreuzpreiselastizität)	$El_{indir} = \frac{\Delta x_1}{\Delta p_2} \cdot \frac{p_2}{x_1}$	$> 0 \rightarrow$ Substitutionsgüter $< 0 \rightarrow$ Komplementärgüter $= 0 \rightarrow$ indifferente Güter
Einkommenselastizität	$El_Y = \frac{\Delta x}{\Delta Y} \cdot \frac{Y}{X}$	$> 0 \rightarrow$ superiore Güter (Nichtsättigungsgüter) $< 0 \rightarrow$ inferiore Güter $= 0 \rightarrow$ Sättigungsgüter
Einkommenselastizität bei Nahrungsmitteln und Wohnraum	Wertebereich: $0 < El_Y < 1$	$\rightarrow$ ENGEL-SCHWABEsches Gesetz

Zusammenfassende Übersicht zu 2: Nachfrage privater Haushalte am Gütermarkt

Private Haushalte

Ziel: Nutzenmaximierung (= Haushaltsoptimum = optimaler Verbrauchsplan)

Kardinale Nutzenmessung

Nutzenmaximum bei Konsum eines Gutes:

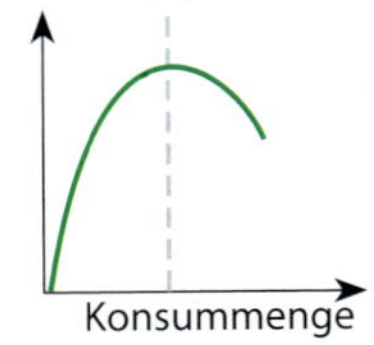

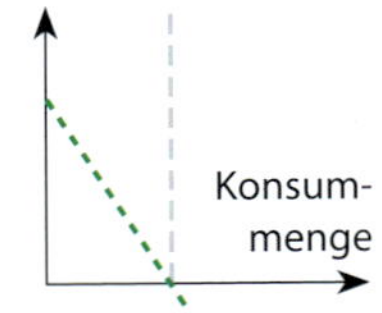

U max → u' = 0

1. Gossen'sches Gesetz: Grenznutzen nimmt bei zunehmendem Konsum eines Gutes ab.

Nutzenmaximum bei Konsum mehrerer Güter:

2. Gossen'sches Gesetz: U max → Grenznutzen (u') der jeweils letzten Einheit aller konsumierten Güter (A, B, C, ...) muss gleich sein.

↓

Gesetz vom Ausgleich der mit den Preisen gewogenen Grenznutzen

$$\frac{u'(A)}{p_A} = \frac{u'(B)}{p_B} = \frac{u'(C)}{p_C}$$

Ordinale Nutzenmessung

Indifferenzkurven
= geometrischer Ort aller Mengenkombinationen zweier Güter, die den gleichen Nutzen stiften

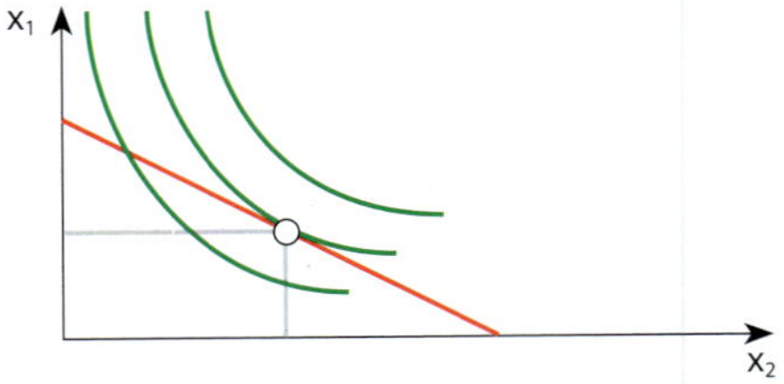

Bedingung für das Haushaltsoptimum:
Budgetgerade bildet Tangente an Indifferenzkurve
Steigung der Budgetgeraden = Steigung der Indifferenzkurve
Grenzrate der Substitution =

$$\frac{\Delta x_1}{\Delta x_2} = \frac{p_2}{p_1}$$

Preisveränderung x_1
↓
Mengenveränderung x_1
↓
Nachfragekurve

Ergebnis: Bei steigendem Preis nimmt die konsumierte Menge ab.

↓

Nachfrageverhalten der privaten Haushalte

↓

Allgemeine individuelle Nachfragefunktion

$$x^N_1 = f(p_1, p_2, ..., p_n, y, u, ...)$$

Bestimmungsfaktoren der nachgefragten (= nutzenmaximalen) Menge von Gut 1:
Preis des Gutes 1, Preise anderer Güter, Einkommen, Bedürfnisstruktur/Nutzeneinschätzung, …

↓

Spezielle Nachfragefunktion: $x^N_1 = f(p_1)$

normaler Verlauf (Gesetz der Nachfrage)

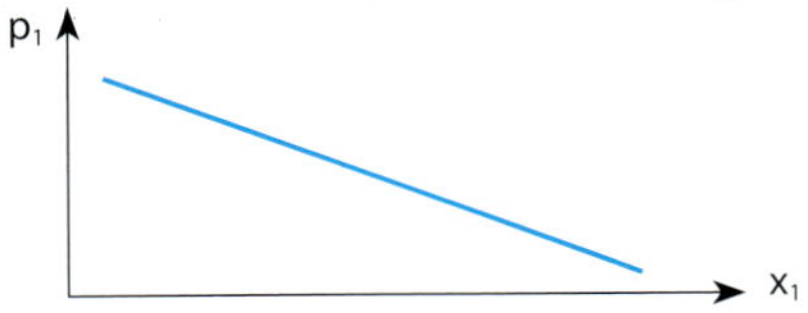

anomaler Verlauf (z. B. Prestige-Effekt)

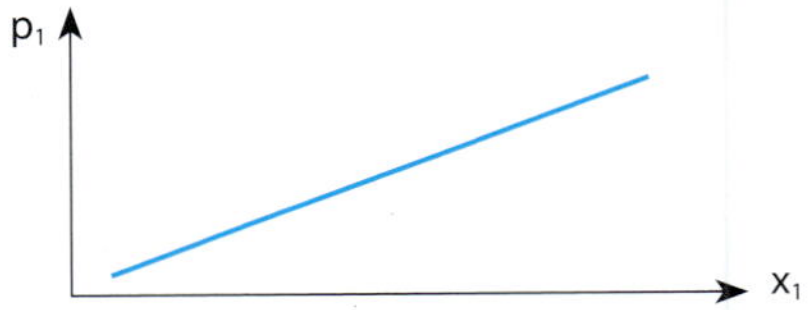

↓

Zusammenfassung (Aggregation) der individuellen Nachfrage = Gesamtnachfrage (Marktnachfrage)

Änderung des Preises (p_1) des Gutes (x_1) = Bewegung auf der Kurve = Änderung der nachgefragten Menge	**Änderung anderer Bestimmungsfaktoren (z. B. Einkommen) = Verschiebung der Kurve = Änderung der Nachfrage**
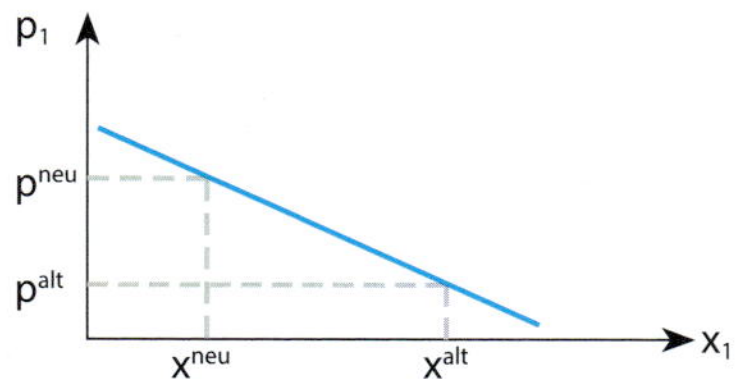	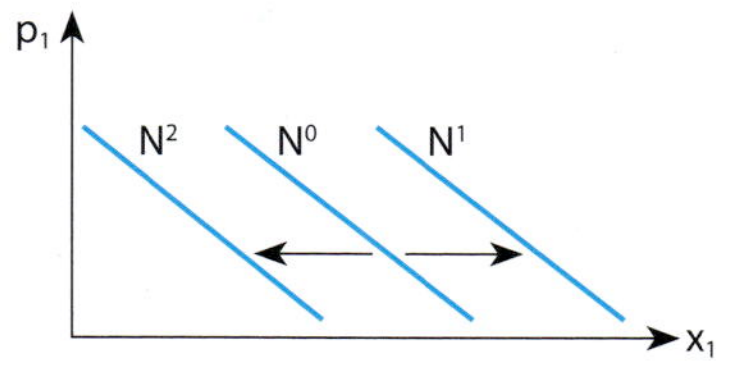

Nachfrageelastizität = prozentuale Änderung der nachgefragten Menge bei Änderung der unabhängigen Variablen um 1 %

Kreuzpreiselastizität

$$El_{indir} = \frac{\Delta x_1 \cdot p_2}{\Delta p_2 \cdot x_1}$$

(indirekte Preiselastizität der Nachfrage)

- EL > 0 → Substitutionsgüter
- EL < 0 → Komplementärgüter
- EL = 0 → indifferente Güter

Direkte Preiselastizität der Nachfrage

$$El_{dir} = \frac{\Delta x_1 \cdot p_1}{\Delta p_1 \cdot x_1}$$

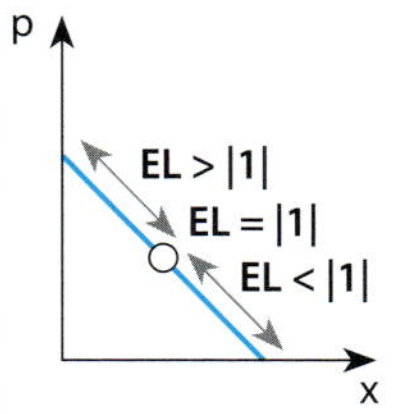

- EL < 0 → Normales Gut
- EL > 0 → Veblen-Effekt
- EL > |1| → elastisch
- EL < |1| → unelastisch

Extremfälle: Konst. EL

EL = 0, EL = 1, EL = ∞

Einkommenselastizität

$$El_y = \frac{\Delta x_1 \cdot y}{\Delta y \cdot x_1}$$

(indirekte Preiselastizität der Nachfrage)

- EL > 0 → superiore Güter
- EL < 0 → inferiore Güter
- EL = 0 → Sättigungsgüter

WIEDERHOLUNG DES GRUNDWISSENS

2 Nachfrage der privaten Haushalte am Gütermarkt

2.1 Grundlagen der Nachfragetheorie der privaten Haushalte

1. Erläutern Sie die Funktionen der privaten Haushalte im Wirtschaftsprozess.
2. Nennen Sie die Annahmen, die der Nachfragetheorie zugrunde liegen.
3. Definieren Sie das ökonomische Prinzip im Zusammenhang mit der Nachfragetheorie.

2.2 Arten der Nutzenmessung

1. Erläutern Sie den Begriff „Nutzen“ im Zusammenhang mit der Bedürfnisbefriedigung in privaten Haushalten.
2. Unterscheiden Sie kardinale und ordinale Nutzenmessung.
3. Erläutern Sie, was unter einer Präferenzordnung zu verstehen ist.
4. Nennen Sie Beispiele, bei denen die kardinale Nutzenmessung in der Praxis Anwendung findet.

2.3 Bestimmung des Haushaltsoptimums bei kardinaler Nutzenmessung (1. und 2. GOSSENsches Gesetz)

1. Definieren Sie die Begriffe Gesamtnutzen und Grenznutzen.
2. Kennzeichnen Sie den Zusammenhang zwischen dem Gesamtnutzen und dem Grenznutzen.
3. Definieren Sie das erste GOSSENsche Gesetz.
4. Erklären Sie mit Hilfe des ersten GOSSENschen Gesetzes, dass manche Güter einen hohen Preis haben, obwohl ihr Gebrauchswert gering ist (Wertparadoxon).
5. Erläutern Sie das Haushaltsoptimum (optimaler Verbrauchsplan.
6. Definieren Sie lautet das zweite GOSSENsche Gesetz.
7. Nennen Sie die Bedingung, die Gütern mit unterschiedlichen Preisen erfüllen müssen, damit ein Haushalt das Haushaltsoptimum erreicht.
8. Erläutern Sie das Nachfrageverhalten der Haushalte, das sich aus den GOSSENschen Gesetzen ableiten lässt.

2.4 Bestimmung des Haushaltsoptimums bei ordinaler Nutzenmessung (Indifferenzkurven)

1. Erklären Sie, was ist eine Indifferenzkurve.
2. Erklären Sie die Grenzrate der Substitution.
3. Nennen Sie die Eigenschaften, die eine Indifferenzkurvenschar aufweist.
4. Erklären Sie die Budgetgerade eines Haushalts.
5. Nennen Sie die Bedingung für das Haushaltsoptimum.
6. Erläutern Sie, welche Veränderung sich für das Haushaltsoptimum ergibt, wenn das Einkommen steigt.
7. Erläutern Sie, welche Veränderung sich für das Haushaltsoptimum ergibt, wenn der Preis des Gutes x2 steigt.
8. Beschreiben Sie, wie sich mit Hilfe von Indifferenzkurven und Budgetgeraden eine Nachfragekurve ableiten lässt.

2.5 Bestimmungsfaktoren des Nachfrageverhaltens privater Haushalte: Nachfragekurve und ihre Veränderung

1. Nennen Sie die für die allgemeine individuelle Nachfragefunktion wesentlichen Bestimmungsfaktoren der Nachfrage.
2. Erklären Sie, was ist eine individuelle Nachfragekurve ist.
3. Skizzieren Sie den Verlauf einer normalen individuellen Nachfragekurve (Preis-Konsum-Kurve).
4. Skizzieren Sie die Änderung, die sich bei normalem Verlauf der individuellen Nachfragekurve (Preis-Konsum-Kurve) ergibt, wenn der Preis des Gutes sinkt.
5. Erklären Sie, was die Gesamtnachfrage (Marktnachfrage) ist.
6. Nennen Sie Bestimmungsfaktoren der Gesamtnachfrage.
7. Nennen Sie Gründe einer Bewegung auf der Gesamtnachfragekurve.
8. Nennen Sie Gründe für eine Rechtsverschiebung der Gesamtnachfragekurve.
9. Nennen Sie Gründe für eine Linksverschiebung der Gesamtnachfragekurve.
10. Erläutern Sie die, wie sich Änderungen der Bedürfnisstruktur und der Zukunftserwartungen auf die individuelle Nachfragekurve auswirken.

2.6 Ungewöhnliches (nicht-rationales) Nachfrageverhalten privater Haushalte

1. Nennen Sie Faktoren, die das tatsächliche Nachfrageverhalten der Haushalte beeinflussen.
2. Erläutern Sie den Prestige-Effekt, den Mitläufer-Effekt und den Snob-Effekt.
3. Erläutern Sie, wann sich ein anomaler Verlauf der Nachfragekurve (Preis-Konsum-Kurve) ergibt

2.7 Elastizität der Nachfrage

1. Erklären Sie, was die direkte Preiselastizität der Nachfrage angibt und erklären Sie, wie diese berechnet wird.

2. Erläutern Sie die elastische, vollkommen elastische, unelastische und vollkommen unelastische Nachfrage.
3. Beschreiben Sie, wie sich bei elastischer Nachfrage eine Preiserhöhung auf den Erlös auswirkt.
4. Erklären Sie, was die indirekte Preiselastizität der Nachfrage (Kreuzpreiselastizität) angibt und erklären Sie, wie diese berechnet wird.
5. Unterscheiden Sie zwischen Komplementär- und Substitutionsgütern und nennen Sie Beispiele.
6. Unterscheiden Sie Komplementärgüter und Substitutionsgüter hinsichtlich der indirekten Preiselastizität der Nachfrage (Kreuzpreiselastizität).
7. Unterscheiden Sie zwischen superioren und inferioren Gütern und nennen Sie Beispiele.
8. Grenzen Sie superiore und inferiore Güter hinsichtlich der Einkommenselastizität voneinander ab

AUFGABEN ZUM ERWERB UND ZUR ANWENDUNG VON KOMPETENZEN

2 Nachfrage der privaten Haushalte am Gütermarkt

2.1 Gesamtnutzen – Grenznutzen

PDF

Bei einem Fußballspiel um den Europapokal steht es nach Ablauf der regulären Spielzeit unentschieden, so dass es zu einer Verlängerung kommt. Während der kurzen Spielunterbrechung werden den Spielern von den Mannschaftsbetreuern Plastikflaschen mit Mineralwasser zur Erfrischung zugeworfen. Einige Spieler trinken gierig mit mehreren kräftigen Schlucken die Flaschen leer und lassen sich eine zweite Flasche zuwerfen. Andere Spieler trinken nur wenig, spülen dann mit dem Mineralwasser den Mund aus, spucken das restliche Wasser aus und gießen sich danach Mineralwasser zur Abkühlung über den Kopf. Den restlichen Flascheninhalt kippen sie weg.

1. Erklären Sie das unterschiedliche Verhalten der Spieler.
2. Prüfen Sie, ob in einer der beschriebenen Situationen der Grenznutzen den Wert 0 annimmt.
3. Angenommen, einem Spieler stiftet das Mineralwassers für jeden Schluck folgenden Gesamtnutzen:

Zahl der Schlucke	0	1	2	3	4	5	6	7	8	9	10
Gesamtnutzen	0	6	11	15	18	20	21	21	20	18	15

   a) Stellen Sie die Entwicklung des Gesamtnutzens tabellarisch dar.
   b) Stellen Sie den Verlauf von Gesamtnutzen und Grenznutzen in zwei untereinander liegenden Koordinatensystemen grafisch dar.
4. Erläutern Sie anhand der Grafiken das erste GOSSENsche Gesetz.

2.2 Nutzenmaximum (Haushaltsoptimum) bei mehreren Gütern – Zweites GOSSENsches Gesetz

fakultativ

PDF

Die Nutzeneinschätzung des Studenten Beyer bezüglich einiger für ihn wichtiger Konsumgüter geht aus den in der folgenden Tabelle dargestellten Grenznutzen hervor. Für diese fünf Konsumgüter stehen dem Studenten wöchentlich 65,00 EUR zur Verfügung.

Mengeneinheiten	Grundnahrungsmittel (u')	Wein (u')	Zigaretten (u')	Körperpflegemittel (u')	Eintritt für Veranstaltung (u')
erste	100	80	80	64	40
zweite	80	77	40	40	0
dritte	60	72	15	13	0
vierte	40	40	2	0	0
fünfte	20	5	0	0	0
sechste	0	0	0	0	0

fakultativ

1. Ermitteln Sie wieviel Einheiten der fünf Konsumgüter Herr Beyer wöchentlich kaufen wird,, wenn jede Einheit eines der Konsumgüter 5,00 EUR kostet und Herr Beyer seinen Nutzen durch die Verausgabung der 65,00 EUR maximieren will.
2. Leiten Sie aus dem Zahlenbeispiel die allgemeine Regel zur Nutzenmaximierung bei mehreren Gütern ab.
3. Ermitteln Sie, wie viele Einheiten der fünf Konsumgüter Herr Beyer pro Woche kaufen würde, wenn er nach wie vor seinen Nutzen durch wöchentliche Konsumausgaben in Höhe von 65,00 EUR maximieren möchte und sich die Preise wie folgt verändert haben.

Güter	Grund-nahrungsmittel	Wein	Zigaretten	Körper-pflegemittel	Eintritt für Veranstaltung
Preis (EUR) je Einheit	5,00	9,00	10,00	8,00	8,00

4. Leiten Sie aus dem Zahlenbeispiel die allgemeine Regel zur Nutzenmaximierung bei mehreren Gütern mit unterschiedlichen Preisen ab.
5. Erläutern Sie mit Hilfe der Regel zur Nutzenmaximierung (vgl. 4.) das Nachfrageverhalten eines Haushalts, wenn sich die Güterpreise ändern.
6. Ermitteln Sie anhand der Ausgangssituation die Grenznutzen des Studenten Beyer für Grundnahrungsmittel, Wein und Zigaretten und tragen Sie die Grenznutzenkurven in ein Koordinatensystem ein. Begründen Sie den unterschiedlichen Verlauf der Grenznutzenkurven.

2.3 Indifferenzkurven – Haushaltsoptimum

PDF

Dem Studenten Feierling stehen für die beiden Güterarten Nahrung (x_1) und Freizeitgestaltung (x_2) wöchentlich 100 EUR zur Verfügung. Es gelten folgende Preise:

1 Einheit Nahrungsmitteln(x_1) = 10 EUR

1 Einheit Freizeitgestaltung (x_2) = 4 EUR

1. Ermitteln Sie, wie viele Einheiten Nahrungsmittel (Gut x_1) der Student Feierling wöchentlich kaufen könnte, wenn er die gesamte Konsumsumme für dieses Gut ausgeben würde.
2. Ermitteln Sie, wie viele Einheiten Freizeitgestaltung (Gut x_2) der Student Feierling wöchentlich kaufen könnte, wenn er die gesamte Konsumsumme für dieses Gut ausgeben würde.
3. Tragen Sie die Budgetgerade für alle Kombinationen der beiden Güter Nahrung (x_1) und Freizeitgestaltung (x_2), die der Student Feierling mit der Konsumsumme von 100 EUR wöchentlich erwerben kann, in ein Koordinatensystem ein.

   Y-Achse: Gut x1, Länge 10 cm, 1 cm = 1 ME; X-Achse: Länge 15 cm, 1 cm = 2 ME
4. a) Stellen Sie die Funktion zu der unter 3. eingetragenen Geraden auf.

   b) Weisen Sie nach, dass es sich bei der grafischen Darstellung aller Güterkombinationen der beiden Güter x_1 und x_2, die ein Haushalt für eine bestimmte Konsumsumme bei konstanten Güterpreisen kaufen kann, immer um eine Gerade handeln muss.

   c) Ermitteln Sie die Steigung der Geradem im vorliegenden Fall.
5. Dem Studenten Feierling stiften die folgenden Mengenkombinationen der Güter Nahrungsmittel (x_1) und Freizeitgestaltung (x_2) den gleichen nutzen.

Nahrung (x_1)	10	7	4	3	2
Freizeitgestaltung (x_1)	9	11	15	20	29

   a) Zeichnen Sie die entsprechende Indifferenzkurve in das unter 3. erstellte Koordinatensystem ein und ermitteln Sie das Haushaltsoptimum.

   b) Weisen Sie rechnerisch nach, dass die dem Studenten Feierling wöchentlich verfügbare Konsumsumme von 100 EUR ausreicht, um die für die Erreichung des Haushaltsoptimums nötigen Gütermengen zu kaufen.

2.4 Indifferenzkurven – Ableitung der Nachfragekurve

1. Erläutern Sie die Ursache der Veränderung der Budgetgeraden von B1 bis B3 in der Abbildung, wenn die Konsumsumme unverändert geblieben ist.
2. Im Ausgangsfall (B1) betrug der Preis für das Gut x1 4 EUR je ME. Ermitteln Sie, wie hoch die dem Haushalt zur Verfügung stehende Konsumsumme ist
3. Ermitteln Sie den Preis für das Gut x2 in der Ausgangssituation.
4. Erläutern Sie, welche Güterkombination dem Haushaltsoptimum in der Ausgangssituation entspricht.
5. Ermitteln Sie für die veränderten Budgetgeraden B2 und B3
   - die Preise der beiden Güter
   - die dem jeweiligen Haushaltsoptimum entsprechenden Gütermengen.
6. Tragen Sie in ein Preis-Mengen-Diagramm die individuelle Nachfragekurve des Haushalts für das Gut x1 ein.

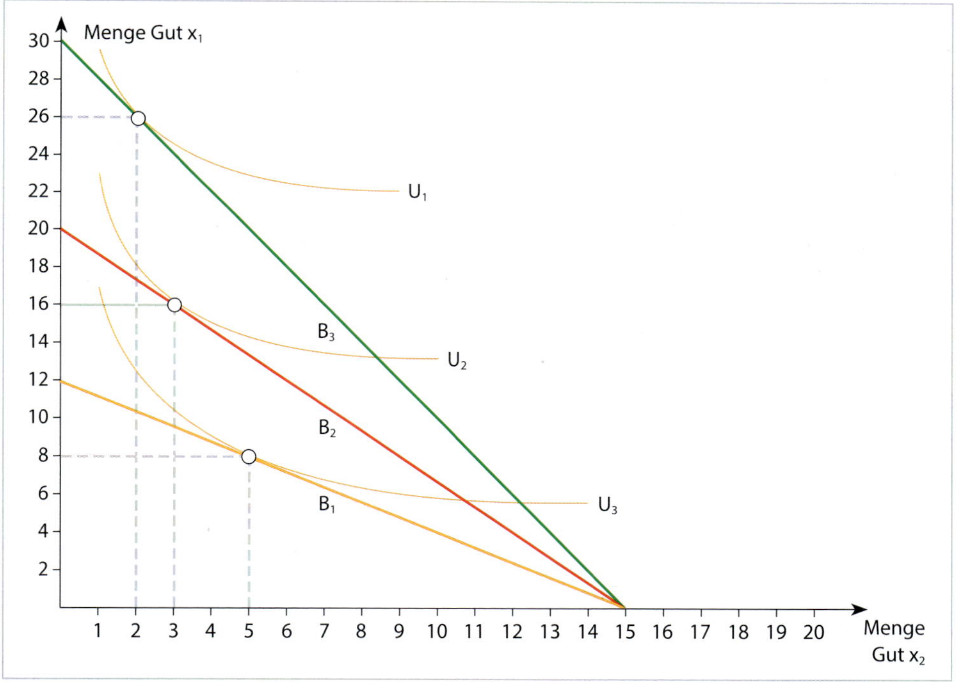

2.5 Individuelle Nachfrage

Ein Haushalt wird im Rahmen einer Marktanalyse über den geplanten Verbrauch von Erfrischungsgetränken in Abhängigkeit vom Preis der Getränke befragt. Die Befragung ergibt folgendes Ergebnis:

Preis je Einheit (p)	10	9	8	7	6	5	4	3	2	1	0
geplante Verbrauchsmengen in einem bestimmten Zeitraum (x^N)	0	1	2	3	4	5	6	7	8	9	10

1. Zeichnen Sie die durch die Befragung ermittelten Preis-Mengen-Kombinationen als Punkte in ein Koordinatensystem ein und verbinden Sie diese zu einer Nachfragekurve (Preis-Konsum-Kurve).
2. Ermitteln Sie im vorliegenden Fall die Sättigungsmenge.
3. Ermitteln Sie im vorliegenden Fall den Prohibitivpreis.
4. Als Nachfragefunktion lässt sich der Zusammenhang zwischen Preis und Menge für den vorliegenden Fall wie folgt darstellen: $x^N = 10 - p$
   Nennen Sie Anhaltspunkte dafür, dass bei dieser Nachfragefunktion ein normales Nachfrageverhalten zugrunde liegt.

2.6 Gesamtnachfrage (Marktnachfrage)

PDF

Es gelten folgende individuelle Nachfragefunktionen der Haushalte A und B:

Haushalt A: $x_A = 12 - 10\,p$

Haushalt B: $x_B = 18 - 15\,p$

1. Ermitteln Sie nach folgendem Muster aus den individuellen Nachfragefunktionen der beiden Haushalte die entsprechenden Preis-Mengen-Kombinationen und berechnen Sie die Gesamtnachfrage X^N.

Preis	1,20	1,00	0,80	0,60	0,40	0,20	0
x_A							
x_B							
X^N							

2. Stellen Sie die beiden individuellen Nachfragekurven in zwei nebeneinander liegenden Koordinatensystememen dar und leiten Sie in einem weiteren Koordinatensystem die Gesamtnachfragekurve ab.

2.7 Veränderung der Gesamtnachfrage (Marktnachfrage)-Substitutions- und Komplementärgüter

Die nebenstehende Darstellung zeigt, dass sich die Gesamtnachfragekurve für das Gut 1 im Zeitablauf von N^1 nach N^2 verschoben hat.

Wählen Sie aus den nachfolgenden Aussagen die Gründe aus, die die Verschiebung verursacht haben könnten und begründen Ihre Entscheidung.

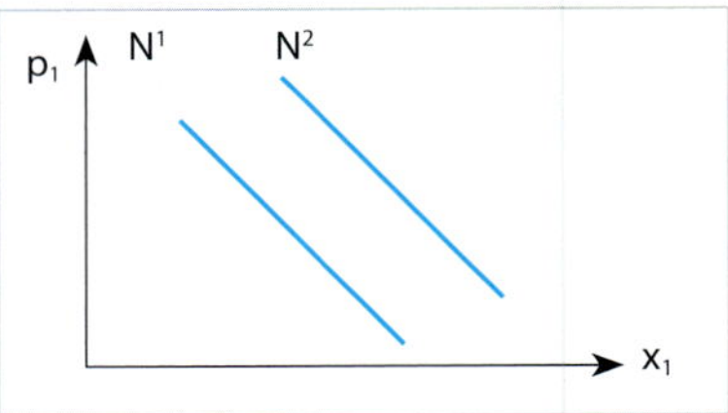

1. Der Preis des Gutes 1 hat sich verringert.
2. Die Anbieter des Gutes 1 haben einen erfolgreichen Werbefeldzug durchgeführt.
3. Die Einkommen der Verbraucher haben sich erhöht.
4. Der Preis eines Substitutionsgutes wurde gesenkt.
5. Der Preis eines Koplementärgutes wurde gesenkt.
6. Die Anzahl der Verbraucher hat zugenommen.
7. Die Nutzeneinschätzung des Gutes durch die Haushalte hat sich verringert.

2.8 Direkte Preiselastizität der Nachfrage

Angenommen, die Regierung möchte die Landwirtschaft durch einen staatlich garantierten Mindestpreis ($p^m = 8$ GE) für Milchprodukte subventionieren, der über dem bisherigen Marktpreis ($p^0 = 6$ GE) liegt. Zum Marktpreis p^0 wurden bisher 100 Mio. ME Milchprodukte angeboten und nachgefragt. Durch die Preiserhöhung werden die Verbraucher veranlasst, ihre Nachfrage einzuschränken. Trotzdem soll für die Landwirte der Absatz (100 Mio. ME) gleich hoch bleiben, da der Staat in Höhe der verringerten Verbrauchernachfrage Milchprodukte aufkaufen und einlagern will.

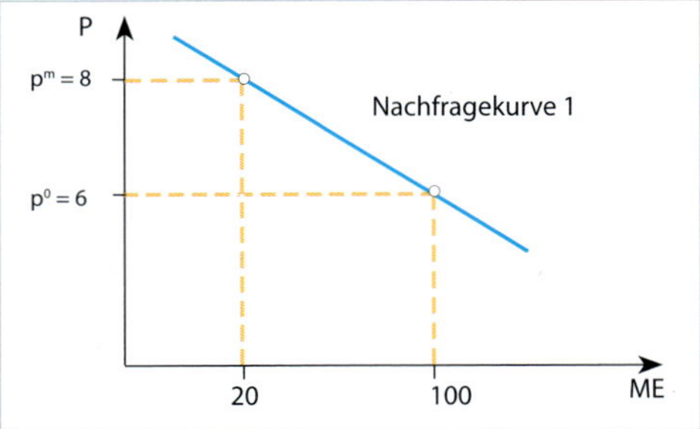

Abb. 1

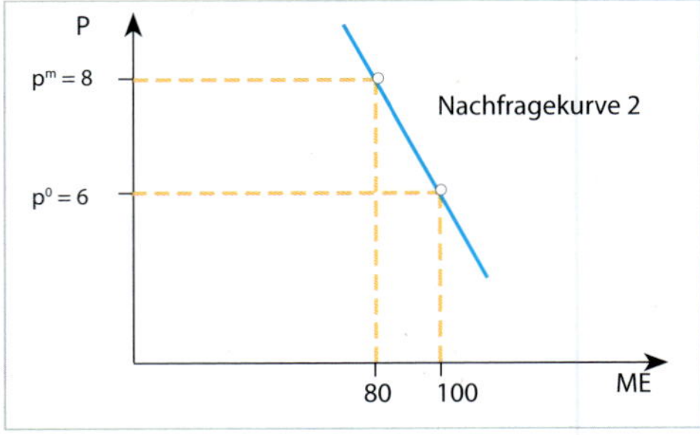

Abb. 2

1. Ermitteln Sie, in welchem Umfang (Mio. GE) Regierung zur Stützung des Preises p^m jeweils Finanzmittel für den Aufkauf von Milchprodukten bereitstellen muss, wenn für die Milchprodukte die Gesamtnachfragekurve 1 (Abb. 1) bzw. 2 (Abb. 2) gilt?

2. Begründen Sie, worauf die unterschiedliche Belastung des Staatshaushalts durch die Stützungskäufe in den Fällen 1 und 2 zurückzuführen ist.
3. Berechnen Sie für beide Fälle die Preiselastizität der Nachfrage.
4. Erläutern Sie, welche Aussagen sich über die Höhe der Nachfrageelastizität in den Punkten A bis E der nebenstehenden Nachfragekurve (Abb. 3) machen lassen.

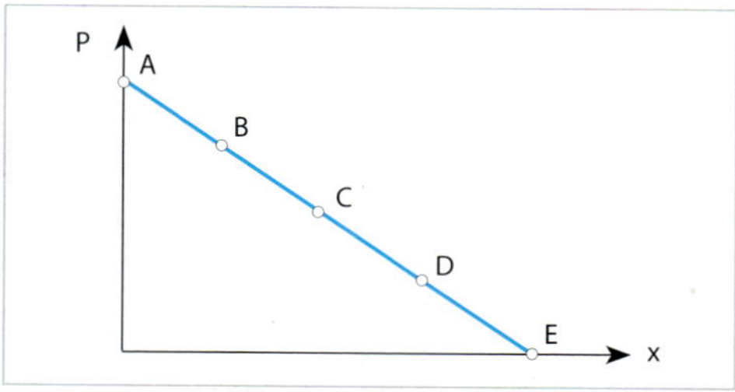

Abb. 3

2.9 Verbrauchssteuern und Preiselastizität der Nachfrage

„Die Finanzminister wissen schon seit langer Zeit, dass Zigaretten, alkoholische Getränke und Benzin sehr nützlich sind, um die Steuereinnahmen zu mehren. Die Einführung oder Erhöhung spezieller Verbrauchssteuern auf die verbrauchten Mengeneinheiten dieser Güter erhöht zwar deren Preis, verringert aber kaum die nachgefragte Menge. Für die Finanzminister ist diese Situation angenehm. Sie füllen ihre Kassen, ohne ‚die Gans, die goldene Eier legt, zu schlachten'."[1]

1. Welche Aussage lässt sich hinsichtlich der Preiselastizität der Nachfrage bei den genannten Gütern treffen?
2. Begründen Sie warum die Preiselastizität der Nachfrage bei den genannten Gütern ähnlich hoch ist.
3. Beurteilen Sie, ob
   a) aus gesundheitspolitischer Sicht eine Erhöhung der Tabaksteuer
   b) aus umweltpolitischer Sicht eine Erhöhung der Mineralölsteuer

   erfolgversprechend ist.
4. Zur Senkung der mit dem Rauchen verbundenen hohen Krankheitskosten, möchte die Regierung eine Tabaksteuererhöhung für Zigaretten vornehmen, die zu einer Preiserhöhung für Zigaretten von 10 % führt. Dadurch soll die Zahl nachgefragter Zigaretten um mindestens 20 % zurück gehen.
   a) Ermitteln Sie wie hoch die direkte Preiselastizität der Nachfrage mindestens sein muss, um dieses Ziel mit der vorgenommenen Tabaksteuererhöhung zu erreichen.
   b) Marktforschungsergebnisse zeigen, dass die direkte Preiselastizität der Nachfrage nach Zigaretten in Wirklichkeit 0,8 beträgt. Berechnen Sie, um wie viel Prozent der Preis für Zigaretten steigen müsste, damit das Ziel, den Zigarettenkonsum um 20 % zu senken, erreicht wird.
   c) Die Steuer für Tabakverschnitt zum Selbstdrehen von Zigaretten wird nicht erhöht. Aufgrund der 10 %igen Preiserhöhung für Zigaretten nimmt die Nachfrage nach diesem Tabak um 20 % zu. Ermitteln Sie, wie hoch die indirekte Preiselastizität der Nachfrage für Tabakverschnitt ist. Erläutern Sie die Rückschlüsse, die sich aus dem Vorzeichen der indirekten Preiselastizität ziehen lassen.

2.10 Direkte Preiselastizität und Erlösentwicklung

1. Der Fußballverein SCF und der Eishockey-Club EHC haben die Preise für Stehplatzkarten um 2,00 EUR erhöht. Der SCF verlangt jetzt 10,00 EUR und die EHC 7,00 EUR für eine Stehplatzkarte. Daraufhin sind beim SCF die Gesamteinnahmen erheblich gestiegen. Bei der EHC sind die Gesamteinnahmen dagegen zurückgegangen. PDF
   a) Erklären Sie diese unterschiedliche Entwicklung mithilfe der direkten Preiselastizität der Nachfrage.
   b) Skizzieren Sie für jeden der beiden Fälle eine lineare Nachfragekurve (Preis-Konsum-Kurve), die den jeweiligen Zusammenhang zwischen Zuschauerzahl und Stehplatzkartenpreis widerspiegelt. Kennzeichnen Sie dabei die Bereiche der Nachfragekurven, in denen die oben beschriebenen Preisveränderungen jeweils stattgefunden haben.
2. Beschreiben Sie, wie sich die Ausgabensummen der Nachfrager und damit der Erlös der Anbieter in den Fällen ❶ bis ❷ der folgenden Tabelle verändern.

1 H.D. Hardes, J. Mertes, Grundzüge der Volkswirtschaftslehre, 4. Aufl., München 1994, S. 132

Fall	Direkte Preiselastizität der Nachfrage	Veränderung des Preises
❶	0,6	steigt
❷	1,8	fällt
❸	1,2	steigt
❹	0,8	fällt

2.11 Elastizitätsberechnungen

1. Ehepaar A ging bisher zweimal monatlich ins Theater. Als aber die Preise für die Theaterkarten von 25 EUR auf 30 EUR erhöht wurden, schränkte Familie A den Theaterbesuch auf eine Vorstellung im Monat ein.

   Berechnen Sie die direkte Preiselastizität der Nachfrage.
2. Bisher ist Ehepaar A zweimal monatlich ins Kino gegangen. Wegen der Erhöhung der Theaterpreise von 25 EUR auf 30 EUR hat das Ehepaar den Theaterbesuch eingeschränkt und geht stattdessen jetzt dreimal monatlich ins Kino.

   Berechnen Sie die indirekte Preiselastizität der Nachfrage (Kreuzpreiselastizität).
3. Nachdem Herr A eine Einkommenserhöhung von 10 % erhalten hat, geht das Ehepaar jetzt wieder je zweimal monatlich ins Theater und ins Kino.

   Berechnen Sie die Einkommenselastizität in Bezug auf Theater- und Kinobesuch.
4. Erläutern Sie die Aussagen, die sich über die Höhe der Einkommenselastizität der Nachfrage im Falle des ENGEL-SCHWABEschen Gesetzes machen lassen, welches besagt, dass mit steigendem Einkommen die Nachfrage nach Nahrungsmitteln bzw. Wohnraum zwar zunimmt, der prozentuale Anteil der Ausgaben für diese beiden Güter an den Gesamtausgaben aber abnimmt.

3 Angebot privater Unternehmen am Gütermarkt

3.1 Bestimmungsfaktoren des Angebotsverhaltens privater Unternehmen: Angebotskurve und ihre Veränderung

3.1.1 Allgemeine und spezielle Angebotsfunktion eines Unternehmens

! Unternehmen sind Wirtschaftseinheiten, die Güter produzieren und diese an andere Unternehmen oder private Haushalte verkaufen.

Bei der Untersuchung, von welchen Zielsetzungen und Bestimmungsfaktoren das **Angebotsverhalten** der **privaten Unternehmen** abhängig ist, wird von folgenden **Annahmen** ausgegangen:

- Jedes private Unternehmen hat das Ziel, einen größtmöglichen Gewinn zu erzielen **(Gewinnmaximierung)**.
- Der Marktanteil jedes einzelnen Unternehmens ist so gering, dass es keinen Einfluss auf den Güterpreis (p) hat, der sich am Markt ergibt. Dies entspricht einem Markt mit vollständiger Konkurrenz (= Polypol auf dem vollkommenen Markt) Der Marktpreis ist in diesem Fall für jedes Unternehmen eine unveränderbare Größe. Das Unternehmen kann seine Erlöse und Kosten (und damit seinen Gewinn) **nur** durch eine Veränderung der Angebotsmenge beeinflussen.
- Jedes Unternehmen stellt nur ein bestimmtes Gut her (Einproduktunternehmen) und bietet davon diejenige Menge an, bei der es seinen Gewinn maximiert. Die insgesamt am Markt **angebotene Menge** eines Gutes 1 (X^A_1) wird maßgeblich von folgenden Faktoren bestimmt:
  - **Preis des Gutes (p_1):** Wenn der Preis für ein Gut langfristig unter die einem Hersteller entstehenden Stückkosten sinkt, wird er diesen Verlust nicht auf Dauer tragen können und daher die Produktion dieses Gutes einstellen. Die Angebotsmenge dieses Unternehmens beträgt dann null. Bei jedem Preis, der über den Stückkosten liegt, würde das Unternehmen dagegen die Menge anbieten, bei der sich der größtmögliche Gewinn ergibt. Gleichzeitig können bei steigendem Preis auch immer mehr andere Anbieter ihre Kosten decken. Die von den Unternehmen einer Branche insgesamt geplante Angebotsmenge steigt daher mit steigendem Preis und umgekehrt.
  - **Preise anderer Güter (p_2 ... p_n):** Steigen die Preise anderer Güter, während der Preis des Gutes 1 unverändert bleibt, erbringt die Produktion des bisher angebotenen Gutes 1 im Vergleich zu den anderen Gütern möglicherweise einen geringeren Gewinn als vorher. Sofern die produktionstechnischen Voraussetzungen gegeben sind, kann es aufgrund der veränderten Gewinnerwartungen zu einer Produktionsverlagerung zugunsten der anderen Güter kommen. Dies würde zu einer Abnahme des Angebots bei Gut 1, dessen Preis nicht gestiegen ist, führen.
  - **Kosten der Produktionsfaktoren und Vorprodukte:** Wenn die Preise der für die Produktion benötigten Roh-, Hilfs- und Betriebsstoffe steigen oder sich andere Kosten der Produktionsfaktoren (z. B. Löhne) erhöhen, führt das bei gleich bleibendem Verkaufspreis zu einer Gewinnminderung. Kostenerhöhungen können somit dieselbe

Wirkung haben wie sinkende Verkaufspreise. Liegen die Stückkosten über dem Verkaufspreis, entsteht ein Verlust. Bei steigenden Kosten und unverändertem Verkaufspreis können immer weniger Unternehmen ihre Kosten decken. Sie stellen daher langfristig ihre Produktion ein. Die von den Unternehmen einer Branche insgesamt geplante Angebotsmenge sinkt daher mit steigenden Produktionskosten und umgekehrt.

- **Technologie:** Der Einsatz neuer Technologien (z. B. moderne Maschinen) senkt die Produktionskosten, sodass bei unverändertem Preis mehr Unternehmen ihre Kosten decken können. Die von den Unternehmen einer Branche insgesamt geplante Angebotsmenge steigt daher in diesem Fall.
- **Erwartungen:** Sind die Absatz- und Gewinnerwartungen in einer Branche positiv, werden mehr Unternehmen ihre Produktion in diese Branche verlagern und/oder ihre Kapazitäten erhöhen. Die insgesamt angebotene Menge steigt daher in diesem Fall.

Der Zusammenhang, dass die von einem Unternehmen angebotene Menge (x^A) eines Gutes 1 im Wesentlichen abhängig ist

- vom Preis dieses Gutes (p_1),
- von den Preisen anderer Güter ($p_2 \ldots p_n$),
- von den Preisen der Produktionsfaktoren (= Kosten) ($k_1, \ldots, k_n$),
- vom technischen Wissen (T),
- von den Gewinnerwartungen (G)

läßt sich als **allgemeine Angebotsfunktion** folgendermaßen darstellen:

! $$x^A_1 = f(p_1, p_2 \ldots p_n, k_1, \ldots, k_n, T, G, \ldots)$$

Ähnlich wie beim Nachfrageverhalten sind auch beim Angebotsverhalten die Zusammenhänge sehr schwer zu erkennen, wenn sich **mehrere Bestimmungsfaktoren gleichzeitig ändern**. Deshalb werden in der Volkswirtschaftslehre nacheinander jeweils nur die isolierten Wirkungen **eines** dieser Bestimmungsfaktoren untersucht. Alle anderen Faktoren werden dabei als unverändert (konstant) angenommen. Auf diese Weise lassen sich aus der allgemeinen Angebotsfunktion **spezielle Angebotsfunktionen** und **Angebotskurven** für jeden einzelnen Bestimmungsfaktor ableiten.

Wird in der Volkswirtschaftslehre vom Angebotsverhalten (Angebotskurve) eines Produzenten gesprochen, so ist damit üblicherweise die Wirkung der Preisänderung eines Gutes (p_1) auf die angebotene Menge dieses Gutes (x_1) gemeint. Der Preis wird dabei als **einzige** Ursache für die Änderung der angebotenen Menge angesehen. Für alle übrigen Einflussgrößen (z. B. Kosten, Technologie) wird angenommen, dass sie unverändert bleiben. Mathematisch lässt sich dieser Zusammenhang als **spezielle Angebotsfunktion** ausdrücken:

! $$x^A_1 = f(p_1)$$

3.1.2 Abhängigkeit des Angebots vom Preis des angebotenen Gutes (Angebotskurve)

Gewinnmaximum und Angebotsmenge

Der **Gewinn** ergibt sich aus Differenz zwischen den **Erlösen** (E) und den bei der Produktion entstehenden **Kosten** (K).

> **!** **Gewinn = Erlös = Kosten**
> **G = E = K**

Der Erlös ergibt sich aus der Multiplikation des für eine Einheit des produzierten Gutes erzielbaren Preises (p) mit der abgesetzten Menge (x).

> **!** **Erlös = Absatzpreis je Stück · Absatzmenge**
> **E = p · x**

Bleibt der vom Markt vorgegebene Absatzpreis (p) bei jeder Absatzmenge (x) unverändert, so hat die auf der **Erlösfunktion E = p · x** beruhende **Gesamterlöskurve** einen linearen Verlauf *(vgl. Abb. S. 56).*

Die **Kosten** (K) setzen sich aus fixen und variablen Kosten zusammen. Fixe Kosten (K_f) ändern sich bei einer Änderung der Produktionsmenge nicht (z. B. Miete für Betriebsgebäude, Abschreibung auf Maschinen). Variable Kosten ändern sich dagegen mit einer Änderung der Produktionsmenge (z. B. Energieverbrauch einer Maschine, Materialverbrauch). Die gesamten variablen Kosten (K_v) ergeben sich aus der Multiplikation der variablen Kosten je Stück (k_v) mit der Produktionsmenge (x).

> **!** **Gesamtkosten = fixe Kosten + variable Kosten je Stück · Produktionsmenge**
> $K = K_f + k_v \cdot x$

Bleiben die variablen Kosten je Stück bei jeder Produktionsmenge unverändert, so hat die auf der Kostenfunktion **$K = K_f + k_v \cdot x$** beruhende Gesamtkostenkurve einen linearen Verlauf *(vgl. Abb. S. 56).*

> **!** **Die Produktionsmenge, bei der Erlös und Kosten gleich groß sind und der Gewinn demzufolge null ist, wird als Gewinnschwelle *(Break-Even-Point)* bezeichnet.**

Je weiter die Produktionsmenge über die Gewinnschwelle hinaus ausgedehnt wird, desto mehr steigt der Gewinn, da die Differenz aus Erlösen und Kosten immer größer wird.

Berechnung der Gewinnschwelle

Die Gewinnschwelle liegt bei derjenigen Produktionsmenge, bei der sich Erlöskurve und Kostenkurve schneiden (E = K). Rechnerisch lässt sich diese Menge wie folgt ermitteln:

$$E = K$$
$$p \cdot x = K_f + k_v \cdot x$$
$$x \cdot (p - k_v) = K_f$$
$$x = \frac{K_f}{p - k_v}$$

Für einen landwirtschaftlichen Betrieb gelten folgende Daten:

Preis	Maximale Produktionsmenge	Fixkosten (K_f)	variable Stückkosten (k_v)
60 EUR	100 t	1 500 EUR	15 EUR

Daraus ergeben sich die in den folgenden Abbildungen dargestellten Zusammenhänge. Im vorliegenden Fall liegt die Kapazitätsgrenze bei 100 Stück. Für diese Produktionsmenge lassen sich folgende Größen ermitteln:

Gesamtgrößen	Stückgrößen
$E = p \cdot x$ $E = 60\ EUR \cdot 100\ t = 6\,000\ EUR$	$p = 60\ EUR$
$K = K_f + k_v \cdot x$ $K = 1\,500\ EUR + 15\ EUR \cdot 100\ t = 3\,000\ EUR$	$k = K_f/x + k_v$ $k = 1\,500\ EUR/100\ t + 15\ EUR = 30\ EUR$
$G = E - K$ $G = 6\,000\ EUR - 3\,000\ EUR = 3\,000\ EUR$	$g = p - k$ $g = 60\ EUR - 30\ EUR = 30\ EUR$

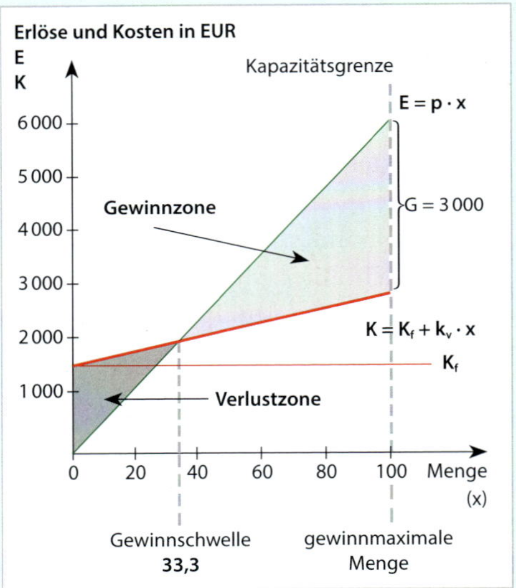

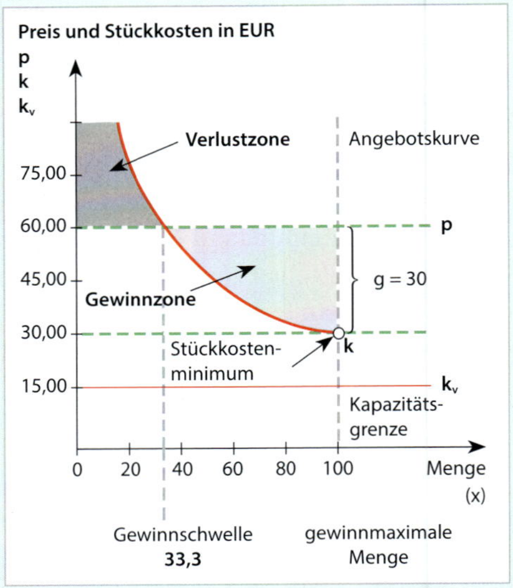

Bei linearem Verlauf der Gesamterlös- und der Gesamtkostenkurve liegt das Gewinnmaximum immer bei der größtmöglichen Produktionsmenge (Kapazitätsgrenze).

Diese Zusammenhänge lassen sich auch anhand von **Stückerlös** und **Stückkosten** verdeutlichen. Dazu müssen Gesamterlös (E) und Gesamtkosten (K) durch die Produktions- und Absatzmenge (x) dividiert werden. Der Erlös je Stück (e) ist identisch mit dem Preis (p).

$$\text{Stückerlös} = \frac{\text{Gesamterlös (E)}}{\text{Absatzmenge (x)}} = \frac{\text{Stückpreis (p)} \cdot \text{Absatzmenge (x)}}{\text{Absatzmenge (x)}} = \text{Stückerlös (p)}$$

Grafisch dargestellt entspricht das einer Parallelen zur Mengenachse im Abstand p *(vgl. Abb. oben)*. Die Gesamtkosten je Stück (k) sind die auf eine Produktionseinheit entfallenden Kosten (Stückkosten). Sie setzen sich zusammen aus den fixen Kosten je Stück ($k_f = K_f/x$) und den variablen Kosten je Stück (k_v).

! **Gesamtkosten je Stück (Stückkosten) k** $= \frac{\text{Gesamtkosten (K)}}{\text{Produktionsmenge (x)}} = \frac{K_f + k_v \cdot x}{(x)} = \frac{\text{fixe Kosten } (K_f)}{\text{Produktionsmenge (x)}} +$ **variable Stückkosten (k_v)**

Die fixen Kosten je Stück sinken mit zunehmender Produktionsmenge (x), da der Anteil der fixen Kosten, der auf eine Mengeneinheit entfällt, bei Ausdehnung der Produktionsmenge immer kleiner wird **(Fixkostendegression)**. Wenn die variablen Kosten je Stück (k_v) unverändert bleiben, hat die Stückkostenkurve (k) einen stetig fallenden Verlauf *(vgl. Abb. oben)*. Da langfristig sowohl die fixen als auch die variablen Kosten gedeckt sein müssen, stellen die **Gesamtkosten je Stück die langfristige Preisuntergrenze** dar. Für ein Unternehmen lohnt sich langfristig die Produktion nur dann, wenn der Verkaufspreis je Stück (p) mindestens so hoch wie die Gesamtkosten je Stück (k) ist. Nur bei einem Preis über den Stückkosten entsteht ein Gewinn je Stück (g). Es gilt: **g = p – k**. Das Unternehmen wird in diesem Fall bei jedem Preis, der über den Stückkosten liegt, die Produktion bis zur **Kapazitätsgrenze** ausdehnen, weil bei dieser Produktionsmenge der höchstmögliche Gewinn erzielt wird (**Gewinnmaximum**). Bei der Kapazitätsgrenze erreichen die **Stückkosten** ihr **Minimum**.

! **Bei linearem Verlauf der Erlös- und Kostenkurve gilt: Ist der Preis niedriger als die Stückkosten an der Kapazitätsgrenze, stellt das Unternehmen langfristig die Produktion ein. Die Angebotsmenge beträgt dann null.**

! **Die individuelle Angebotskurve eines Unternehmens zeigt, wie viele Mengeneinheiten eines Gutes dieses Unternehmen jeweils bei unterschiedlichen Preisen anzubieten plant.**

! **Bei linearem Verlauf der Erlös- und Kostenkurve beginnt die individuelle Angebotskurve in Höhe der Stückkosten an der Kapazitätsgrenze (= Minimum der Stückkosten) und verläuft von dort aus senkrecht nach oben. Das Angebot ist also vollkommen unelastisch.**

Ob das Unternehmen allerdings seinen Produktionsplan verwirklichen und die geplanten Mengen tatsächlich absetzen kann, hängt u. a. davon ab, ob zu dem jeweiligen Preis überhaupt entsprechende Mengen nachgefragt werden.

Gesamtangebot (Marktangebot)

Werden die sich bei unterschiedlichen Preisen von einzelne Produzenten angebotenen Mengen für ein Gut addiert, ergibt sich das **Gesamtangebot** (Marktangebot).

! **Das Gesamtangebot (Marktangebot) für ein bestimmtes Gut ergibt sich durch Zusammenfassung der für dieses Gut bestehenden individuellen Angebotsmengen der einzelnen Produzenten.**

Aufg. 3.1 S. 64

Bei einem Preis von 60 EUR bieten langfristig nur die Betriebe 1, 2, 3 und 4 an. Bei diesen Betrieben sind die Stückkosten nicht höher als der Preis. Betrieb 5 scheidet dagegen aus dem Markt aus, weil er einen Verlust erwirtschaftet. Die Angebotsmenge beträgt insgesamt 400 t (jeweils 100 t von den Betrieben 1, 2, 3 und 4). Betrieb 1 hat mit 30 EUR die geringsten Stückkosten. Wenn der Preis unter 30 EUR sinkt, wird das Produkt langfristig von keinem der fünf Betriebe angeboten.

Für fünf landwirtschaftliche Betriebe liegen folgende Daten vor:

Betrieb	1	2	3	4	4
	100	100	100	100	100
Kosten bei der Kapazitätsgrenze (EUR)					
Fixkosten (K_f)	1 500	2 000	3 000	2 500	2 000
Fixkosten je Stück (k_f)	15	20	30	25	20
variable Kosten je Stück (k_v)	15	20	20	35	50
Gesamtkosten je Stück (Stückkosten k)	30	40	50	60	70

Die Angebotsfunktion beschreibt den funktionalen Zusammenhang zwischen der Angebotsmenge und dem Preis eines Gutes. Die folgende Tabelle gibt die individuellen Angebotsfunktionen der Betriebe 1, 2, 3, 4 und 5 sowie die Gesamtangebotsfunktion wieder:

Angebotsmenge (in t)						
Preis (EUR)	**Betrieb 1**	**Betrieb 2**	**Betrieb 3**	**Betrieb 4**	**Betrieb 5**	**Insgesamt**
20	0	0	0	0	0	0
30	100	0	0	0	0	100
40	100	100	0	0	0	200
50	100	100	100	0	0	300
60	100	100	100	100	0	400
70	100	100	100	100	100	500

Die Angebotsfunktion lässt sich grafisch als Angebotskurve darstellen. Im vorliegenden Fall kann das Angebotsverhalten der fünf Betriebe im Koordinatensystem eigentlich nur als Punkte, die eine bestimmte Preis-Mengen-Kombination wiedergeben, abgebildet werden. Wird aber davon ausgegangen, dass nicht nur das Angebotsverhalten von fünf, sondern von unendlich vielen Betrieben untersucht und im Koordinatensystem als Punkte dargestellt wird, lässt sich durch Verbindung dieser vielen Punkte eine Angebotskurve konstruieren, die keine Sprünge aufweist, sondern stetig verläuft.

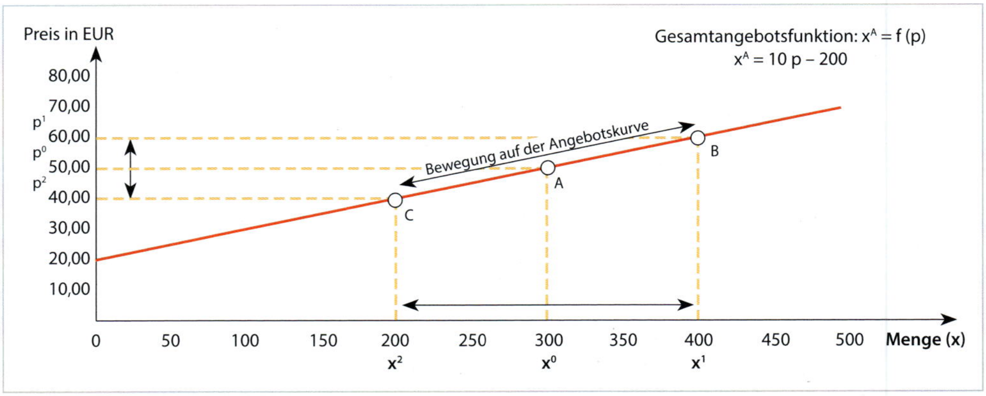

Die Gesamtangebotskurve zeigt, wie viel Mengeneinheiten eines Gutes die Unternehmen insgesamt jeweils bei unterschiedlichen Preisen dieses Gutes in einer bestimmten Zeiteinheit anzubieten bereit sind.

Die Angebotskurve sagt nichts darüber aus, wie viele Mengeneinheiten tatsächlich abgesetzt werden. Die Absatzmenge hängt davon ab, wie groß bei dem jeweiligen Preis die nachgefragte Menge ist.

Die normale Angebotskurve hat eine positive Steigung („Gesetz des Angebots"), d. h.
- **je höher der Preis ist, umso höher ist die geplante Angebotsmenge,**
- **je niedriger der Preis ist, umso geringer ist die geplante Angebotsmenge.**

Ändert sich der Preis eines Gutes und bleiben alle anderen Bestimmungsfaktoren des Angebots unverändert, so ergibt sich auf der Angebotskurve eine neue Preis-Mengen-Kombination für dieses Gut.

Während das Angebot eines einzelnen Unternehmens (= individuelles Angebot) für ein Gut u. a. vom Preis des Gutes, von den Preisen der Produktionsfaktoren (= Kosten), vom technischen Wissen sowie den Absatz- und Gewinnerwartungen abhängig ist, ist für die Höhe des **Gesamtangebots** für ein Gut noch zusätzlich die Zahl der Anbieter, die dieses Gut anbieten, von Bedeutung.

Bestimmungsfaktoren des Gesamtangebots (Marktangebot)					
Preis des Gutes (p_1)	Preise anderer Güter ($p_2, ..., p_n$)	Preise der Produktionsfaktoren ($k_1, ..., k_n$)	Stand des technischen Wissens (T)	Absatz- und Gewinnerwartungen (G)	Zahl der anbietenden Unternehmen (Z)

3.1.3 Verschiebung der Angebotskurve

Wenn sich einzelne Einflussfaktoren des Angebots ändern, muss deutlich unterschieden werden, ob durch diese Änderung im Preis-Mengen-Diagramm eine **Bewegung auf einer gegebenen Angebotskurve** (= Steigen oder Sinken der angebotenen Menge) oder eine **Verschiebung der Angebotskurve** (= Zunahme oder Abnahme des Angebots) ausgelöst wird. Dabei lassen sich folgende vier Fälle unterscheiden: Aufg. 3.2 S. 65

Ändert sich der Preis des Gutes, während alle anderen Einflussfaktoren unverändert bleiben, bewirkt das im Preis-Mengen-Diagramm eine Bewegung auf der Angebotskurve.

- Eine **Preiserhöhung** bewirkt eine **Bewegung auf der Angebotskurve nach oben rechts**, weil die angebotene Menge steigt (z. B. steigt als Folge einer Preiserhöhung die angebotene Menge, weil neue Anbieter auf den Markt drängen, die bei dem gestiegenen Preis ihre Kosten decken können).
- Eine **Preissenkung** bewirkt eine **Bewegung auf der Angebotskurve nach unten links**, weil die angebotene Menge sinkt (z. B. sinkt als Folge einer Preissenkung die angebotene Menge, weil Anbieter aus dem Markt ausscheiden, die zu dem niedrigeren Preis ihre Kosten nicht mehr decken können).

Ändert sich dagegen **eine der anderen Einflussgrößen**, drückt sich das im Preis-Mengen-Diagramm in einer **Verschiebung der Angebotskurve** aus.

- Zu einer Linksverschiebung der Angebotskurve kommt es dann, wenn nach dem auslösenden Ereignis zu jedem Preis weniger angeboten wird. Das Angebot nimmt ab (z. B. Kostenerhöhung für Rohstoffe: Bei jedem denkbaren Preis wird weniger angeboten als vorher, weil einige Anbieter wegen der gestiegenen Kosten aus dem Markt ausscheiden).
- Zu einer Rechtsverschiebung der Angebotskurve kommt es dann, wenn nach dem auslösenden Ereignis zu jedem Preis mehr angeboten wird als vorher. Das Angebot nimmt zu (z. B. positive Gewinn- und Absatzerwartungen: Bei jedem denkbaren Preis wird mehr angeboten, weil aufgrund der günstigen Erwartungen neue Anbieter auf den Markt drängen, die vorher möglicherweise andere Produkte hergestellt haben).

> **!** **Eine Verschiebung der Angebotskurve nach rechts bedeutet, dass das Marktangebot bei jedem Preis größer ist als vorher. Eine Verschiebung der Angebotskurve nach links bedeutet, dass das Marktangebot bei jedem Preis kleiner ist als vorher.**

Beispiele für eine Verschiebung der Angebotskurve

Preise anderer Güter ändern sich: Aufgrund steigender Preise anderer Güter werden diese Güter wegen der besseren Gewinnaussichten zulasten des bisherigen Gutes 1 vermehrt hergestellt → Linksverschiebung der Angebotskurve für Gut 1

Produktionskosten ändern sich: Kostenerhöhung → Linksverschiebung der Angebotskurve für Gut 1

technischer Fortschritt: Einsatz kostensenkender Technologie → Rechtsverschiebung der Angebotskurve für Gut 1

Absatz- und Gewinnerwartungen ändern sich: Steigende Absatz- und Gewinnerwartungen → Rechtsverschiebung der Angebotskurve für Gut 1

Zahl der Anbieter ändert sich: Zunahme der Zahl der Anbieter → Rechtsverschiebung der Angebotskurve für Gut 1

Änderung der angebotenen Menge (Bewegung auf der Angebotskurve)

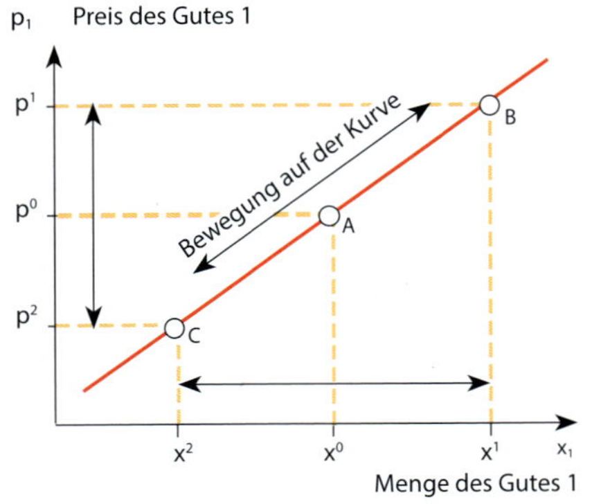

> **!** **Eine Bewegung auf der Angebotskurve eines Gutes ergibt sich nur dann, wenn sich der Preis dieses Gutes ändert.**

Änderung (Verschiebung) der Angebotskurve

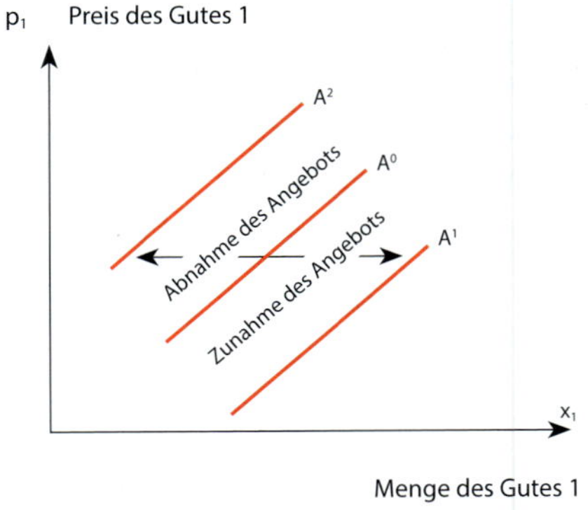

> **!** **Eine Verschiebung der Angebotskurve eines Gutes ergibt sich, wenn sich nicht der Preis des Gutes, sondern einer oder mehrere andere Bestimmungsfaktoren ändern.**

3.2 Elastizität des Angebots

Bei normalem Angebotsverhalten der Produzenten führen höhere Preise zu einem Anstieg der Angebotsmenge. Die **Preiselastizität des Angebots** ist eine Maßzahl für das **Ausmaß**, mit dem die angebotene Menge auf eine Preisänderung reagiert.

Die Preiselastizität des Angebots ist das Verhältnis zwischen der prozentualen Änderung der angebotenen Menge eines Gutes zur prozentualen Preisänderung dieses Gutes. Sie gibt an, um wie viel Prozent sich die angebotene Menge eines Gutes ändert, wenn sich der Preis dieses Gutes um 1 % ändert.

Aufg. 3.3 S. 65

Am Beispiel der nebenstehenden Angebotskurve lassen sich folgende Angebotselastizitäten ermitteln: Bei einer Preissteigerung von 3,00 EUR auf 4,00 EUR (= Steigerung um 33 1/3 %) steigt die angebotene Menge von 100 Stück auf 200 Stück zu (= Erhöhung um 100 %). Die Elastizität ist größer als 1 (= elastisch), da die prozentuale Mengenerhöhung größer ist als die prozentuale Preiserhöhung ist. Bei einer Preissteigerung von 12,00 EUR auf 15,00 EUR (= Steigerung um 25 %) steigt dagegen die angebotene Menge lediglich von 500 Stück auf 525 Stück (= Erhöhung um 5 %). Die Elastizität ist kleiner als 1 (= unelastisch), da die prozentuale Mengenerhöhung kleiner als die prozentuale Preiserhöhung ist.

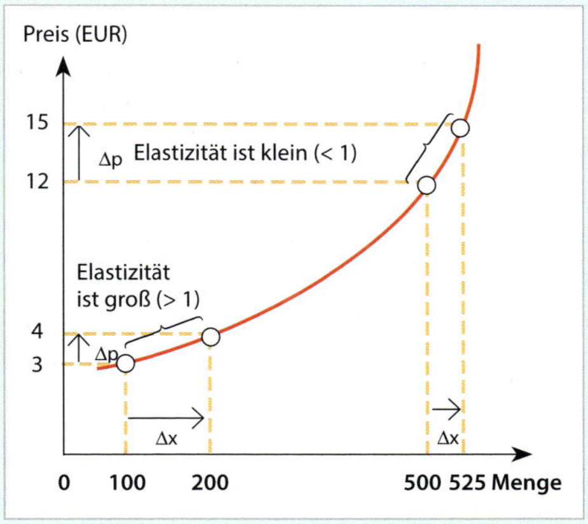

$$\text{Preiselastizität des Angebots} = \frac{\text{prozentuale Änderung der Angebotsmenge}}{\text{prozentuale Preisänderung}} = \frac{\frac{\Delta x \cdot 100}{x}}{\frac{\Delta p \cdot 100}{p}} = \frac{\Delta x}{\Delta p} \cdot \frac{p}{x}$$

Berechnung der Angebotselastizität bei einer Preiserhöhung von 3,00 EUR auf 4,00 EUR

	Preis	Menge
vorher	3,00 EUR	100 Stück
nachher	4,00 EUR	200 Stück
Änderung (absolut)	+ 1,00 EUR	+ 100 Stück
Änderung in %	+ 33 $^1/_3$ %	+ 100 %

$$\text{Angebotselastizität} = \frac{+100}{+33\,^1/_3} = 3$$

Berechnung der Preiselastizität bei einer Preiserhöhung von 12,00 EUR auf 15,00 EUR

	Preis	Menge
vorher	12,00 EUR	500 Stück
nachher	15,00 EUR	525 Stück
Änderung (absolut)	+ 3,00 EUR	+ 25 Stück
Änderung in %	+ 25 %	+ 5 %

$$\text{Angebotselastizität} = \frac{+5}{+25} = 0{,}2$$

Ist die prozentuale Mengenänderung größer als die prozentuale Preisänderung, liegt ein elastisches Angebot vor (Angebotselastizität > 1). Ist die prozentuale Mengenänderung kleiner als die prozentuale Preisänderung, liegt ein unelastisches Angebot vor (Angebotselastizität < 1).

Die Höhe der Angebotselastizität hängt entscheidend von der Möglichkeit der Unternehmen ab, bei Preissteigerungen die Produktionsmenge zu erhöhen.

Bei nicht erneuerbaren Rohstoffen wie z. B. Erdöl und Erdgas sowie bei Baugrundstücken in bevorzugten Lagen ist die Angebotselastizität sehr gering. Demgegenüber ist bei Gütern, bei denen die Unternehmen die Produktionsmenge durch Erhöhung der Maschinenlaufzeiten, Zusatzschichten und Kapazitätserweiterungen flexibel steigern können (z. B. Autos, Bücher, Fernsehgeräte) die Angebotselastizität hoch.

Die Angebotselastizität eines Unternehmens ist umso geringer, je näher das Unternehmen an der Kapazitätsgrenze produziert. Im Extremfall ist das Angebot völlig unelastisch (Angebotselastizität = 0). Das trifft beispielsweise dann zu, wenn lineare Erlös- und Kostenverläufe unterstellt werden, so dass das Gewinnmaximum der entsprechenden Unternehmen an der Kapazitätsgrenze liegt. Für ein solches Unternehmen verläuft die individuelle Angebotskurve – beginnend im Minimum der Stückkosten – parallel zur Preisachse.

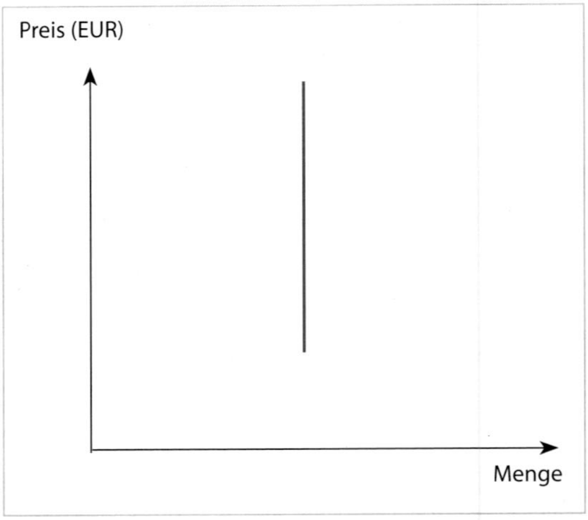

Zusammenfassende Übersicht zu 3: Angebot privater Unternehmen am Gütermarkt

Allgemeine individuelle Angebotsfunktion: $x^A_1 = f(p_1, p_2, ..., p_n, k_1, ..., k_n, T, G, ...)$
Bestimmungsfaktoren der angebotenen (= gewinnmaximalen) Menge von Gut 1:
Preis des Gutes 1, Preise anderer Güter, Kosten (= Preise der Produktionsfaktoren),
Stand des technischen Wissens, Gewinnerwartungen, ...

Spezielle Angebotsfunktion: $x^A_1 = f(p_1)$

Ziel: Gewinnmaximierung
Gewinn (G) = Erlös (E) – Kosten (K) → Max!

Gesamterlös
$E = p \cdot x$

Gesamtkosten
$K = K_f + k_v \cdot x$

Gesamtbetrachtung

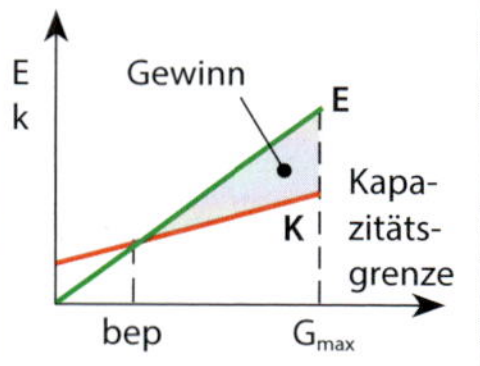

Stückbetrachtung

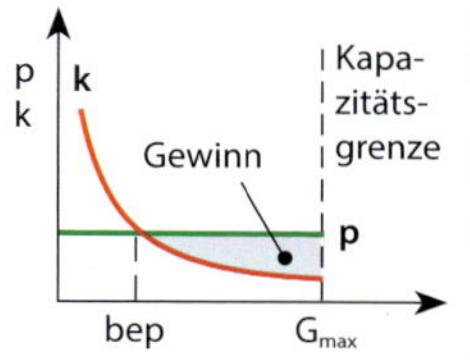

Stückerlös
$= p$

Stückkosten
$k = \frac{K_f}{x} + k_v$

Zusammenfassung des individuellen Angebots = Gesamtangebot (Marktangebot)
Allgemeine Gesamtangebotsfunktion: $X^A_1 = f(p_1, p_2, ..., p_n, k_1, ..., k_n, T, G, Z, ...)$
Bestimmungsfaktoren der insgesamt angebotenen Menge von Gut 1:
Preis des Gutes 1, Preise anderer Güter, Faktorkosten, Stand des technischen Wissens,
Gewinnerwartungen, Zahl der Anbieter, ...

Gesamtangebotskurve $x^A_1 = f(p_1)$

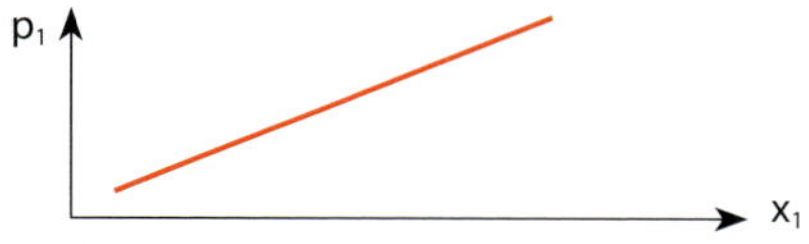

normaler Verlauf: je höher der Preis, desto höher die angebotene Menge („Gesetz des Angebots")

Änderung des Preises (p_1) des Gutes (X_1)
= Bewegung auf der Kurve
= Änderung der angebotenen Menge

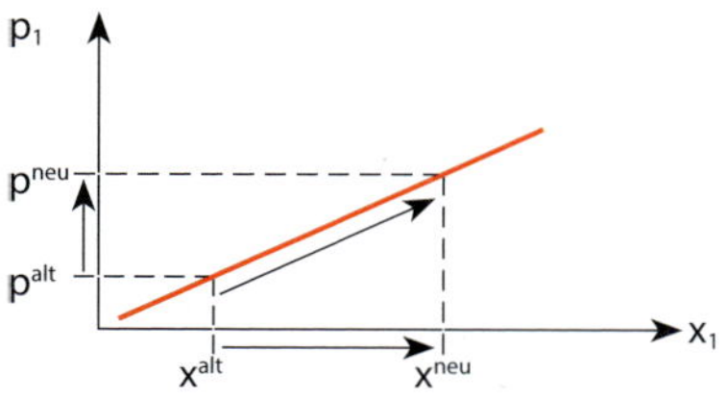

Änderung anderer Bestimmungsfaktoren
(z. B. Kosten) = Verschiebung der Kurve
= Änderung des Angebots

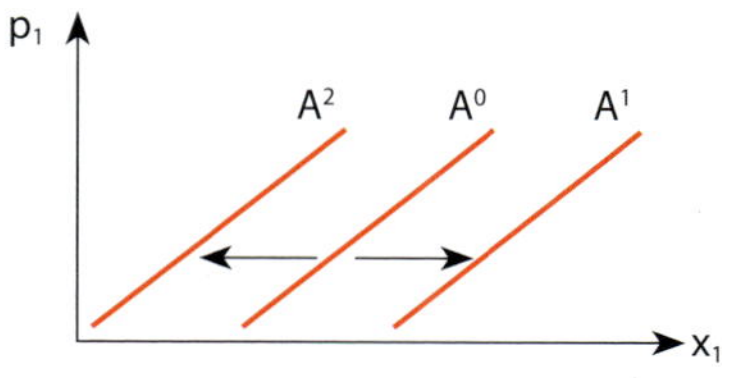

Preiselastizität des Angebots
= prozentuale Änderung der angebotenen Menge bei Änderung des Preises um 1 %

$$\text{Preiselastizität des Angebots} = \frac{\Delta x \cdot p}{\Delta p \cdot x}$$

WIEDERHOLUNG DES GRUNDWISSENS

3 Angebot privater Unternehmen am Gütermarkt

3.1 Bestimmungsfaktoren des Angebotsverhaltens privater Unternehmen: Angebotskurve und ihre Veränderung

1. Erläutern Sie, welche Annahmen der Untersuchung über das Angebotsverhalten von Unternehmen zugrunde liegen.
2. Nennen Sie die für die allgemeine Angebotsfunktion wesentlichen Bestimmungsfaktoren des Angebots.
3. Begründen Sie, bei welcher Produktionsmenge das Gewinnmaximum eines Produzenten bei linearem Verlauf der Gesamterlös- und der Gesamtkostenkurve liegt.
4. Erklären Sie, was eine individuelle Angebotskurve ist.
5. Skizzieren Sie den Verlauf einer individuellen Angebotskurve bei linearem Verlauf der Gesamterlös- und Gesamtkostenkurve.
6. Erklären Sie den Begriff Gesamtangebot (Marktangebot).
7. Nennen Sie Bestimmungsfaktoren des Gesamtangebots.
8. Beschreiben Sie, welche Änderung sich bei normalem Verlauf der Angebotskurve ergibt, wenn der Preis des Gutes sinkt.
9. Begründen Sie, wann es zu einer Bewegung auf der Gesamtangebotskurve kommt.
10. Nennen Sie Ursachen für eine Rechtsverschiebung der Gesamtangebotskurve.
11. Nennen Sie Ursachen für eine Linksverschiebung der Gesamtangebotskurve.
12. Zeigen Sie an zwei Beispielen, wie sich Veränderungen der Preise anderer Güter auf die Angebotskurve für das Gut 1 auswirken können.
13. Zeigen Sie an zwei Beispielen, wie sich Veränderungen der Produktionskosten auf die Angebotskurve für das Gut 1 auswirken können.
14. Erläutern Sie, wie sich Änderungen der Absatz- und Gewinnerwartungen auf die Angebotskurve auswirken können.

3.2 Elastizität des Angebots

1. Erklären Sie, was die Preiselastizität des Angebots angibt und wie sie berechnet wird.
2. Grenzen Sie das elastische von einem unelastischen Angebot ab.
3. Nennen Sie Beispiele für Güter mit geringer Angebotselastizität.
4. Skizzieren Sie den Verlauf einer individuellen Angebotskurve eines Unternehmens bei linearen Erlös- und Kostenkurven.
   Geben Sie an, welche Elastizität eine solche Angebotskurve aufweist.

AUFGABEN ZUM ERWERB UND ZUR ANWENDUNG VON KOMPETENZEN

3 Angebot privater Unternehmen am Gütermarkt

3.1 Angebotskurve

PDF

Für fünf Produzenten eines gleichartigen Produkts, die ihre Kapazitäten voll ausgelastet haben, gelten folgende Daten:

	Betrieb A	Betrieb B	Betrieb C	Betrieb D	Betrieb E
Stückkosten bei der Kapazitätsgrenze (EUR)	400	500	600	700	800
Kapazität (Stück)	50 000	40 000	30 000	20 000	10 000

1. Zeichnen Sie die Angebotskurve (y-Achse: 10 cm = 100 EUR; x-Achse: 15 cm, 1 cm = 10 000 Stück). Warum verläuft die Angebotskurve im vorliegenden Fall nicht linear?
2. Berechnen Sie die Angebotsmenge bei einem Marktpreis von 900 EUR.
3. Erläutern Sie, wie die Angebotsmenge verändert, wenn der Marktpreis langfristig auf 700 EUR sinkt.
4. Berechnen Sie, wie sich die Angebotsmenge, wenn sich bei einem Marktpreis von 700 EUR für jeden Anbieter eine Erhöhung der Stückkosten bei der Kapazitätsgrenze um 100 EUR ergibt verändert.

3.2 Veränderung des Gesamtangebots (Marktangebot)

Wählen Sie unter den folgenden Faktoren jene aus, die im Zeitablauf die Verschiebung der Gesamtangebotskurve für daGut 1 von A^1 nach A^2 verursacht haben können und begründen Sie Ihre Antwort.

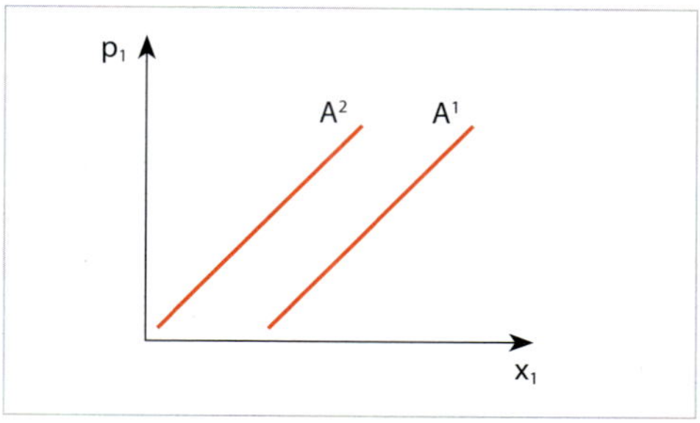

1. Der Preis des Gutes 1 ist gesunken.
2. Die Preise anderer Güter sind gesunken.
3. Erhöhung der Faktorkosten.
4. Die Absatz- und Gewinnerwartungen der Unternehmen haben sich verschlechtert.
5. Kostensenkung durch techn. Fortschritt.
6. Die Zahl der Anbieter hat zugenommen.

3.3 Elastizität des Angebots

Berechnen Sie die Angebotselastizität für folgende Fälle 1. bis 4. und erläutern Sie die Ergebnisse:

1.

Preis		Menge	
vorher	nachher	vorher	nachher
4,00 EUR	5,00 EUR	100 Stück	125 Stück

2.

Preis		Menge	
vorher	nachher	vorher	nachher
4,00 EUR	5,00 EUR	100 Stück	200 Stück

3.

Preis		Menge	
vorher	nachher	vorher	nachher
4,00 EUR	5,00 EUR	100 Stück	110 Stück

4.

Preis		Menge	
vorher	nachher	vorher	nachher
4,00 EUR	5,00 EUR	100 Stück	100 Stück

4 Preisbildung auf Wettbewerbsmärkten: Vollständige Konkurrenz

4.1 Funktionen und Arten von Märkten

In einer Marktwirtschaft stellen die Unternehmer ihre Produktionspläne und die privaten Haushalte ihre Verbrauchspläne selbstständig und unabhängig voneinander unter Berücksichtigung ihrer eigenen Interessen auf. Die Anbieter wollen zu einem Preis verkaufen, bei dem ihr Gewinn möglichst groß ist, während die Nachfrager möglichst billig kaufen und dadurch einen möglichst großen Nutzen erzielen möchten. Die gegenseitige Abstimmung und Anpassung der Pläne von Anbietern und Nachfragern sowie der Ausgleich der gegensätzlichen Interessen erfolgt auf dem **Markt**.

> **!** **Der Markt ist der Ort, an dem Angebot und Nachfrage zusammentreffen.**

> **!** **Der Markt hat die Funktion, die Pläne der Anbieter und die Pläne der Nachfrager durch den Preis zum Ausgleich zu bringen. Der Markt ist der Ort der Preisbildung.**

Einteilung von Märkten nach der Art der gehandelten Güter

In Abhängigkeit davon, was auf dem jeweiligen Markt gehandelt wird, lassen sich Märkte wie folgt einteilen.

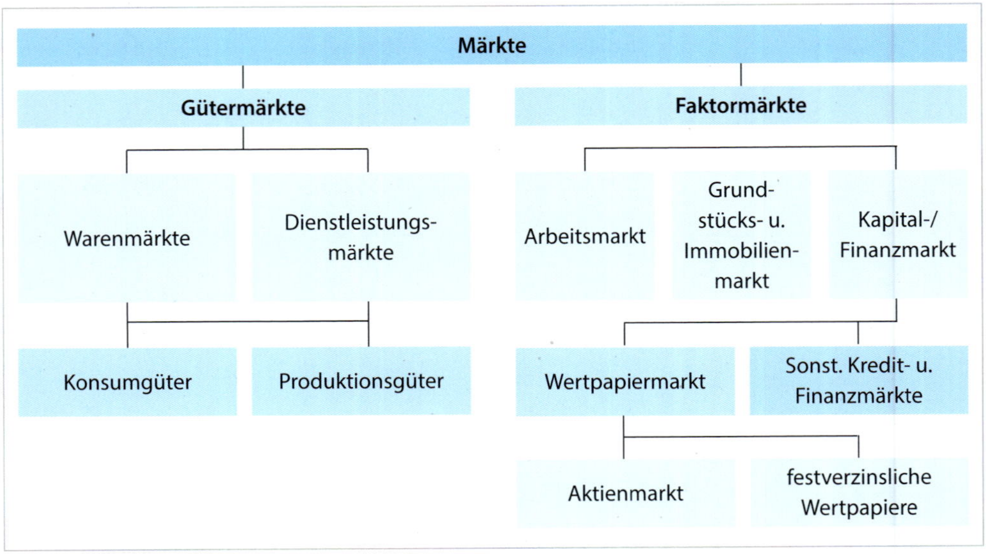

Einteilung von Märkten nach der Zahl der Marktteilnehmer (Marktformenschema)

Von großer Bedeutung für die Verhaltensweisen von Anbietern und Nachfragern ist die Zahl der Marktteilnehmer. Je größer die Zahl der Anbieter, umso stärker ist beispielsweise der zu erwartende Konkurrenzkampf. Ein Anbieter mit vielen Konkurrenten trifft andere Entscheidungen als ein alleiniger Anbieter, der die gesamte Nachfrage auf sich vereinigt. Die Preisbildung vollzieht sich daher anders, je nachdem ob es auf einem Markt viele, wenige oder nur einen Anbieter bzw. Nachfrager gibt. Um die Entscheidungen von Anbietern und Nachfragern auf Märkten, die sich hinsichtlich der Zahl der Marktteilnehmer unterscheiden, analysieren zu können, werden die Märkte üblicherweise nach folgendem **Marktformenschema** gegliedert:[1]

Marktformen			
Nachfrager / Anbieter	viele	wenige	einer
viele	Zweiseitiges Polypol	Nachfrageoligopol	Nachfragemonopol
wenige	Angebotsoligopol	Zweiseitiges Oligopol	Beschränktes Nachfragemonopol
einer	Angebotsmonopol	Beschränktes Angebotsmonopol	Zweiseitiges Monopol

! Ein Polypol ist durch viele Anbieter (Polypolisten) und viele Nachfrager gekennzeichnet. Der einzelne Marktteilnehmer hat nur einen geringen Anteil am Gesamtangebot bzw. an der Gesamtnachfrage.

! Beim Angebotsoligopol treten nur wenige Anbieter auf. Der einzelne Oligopolist hat einen großen Anteil am Gesamtangebot auf dem Markt.

! Beim Angebotsmonopol tritt nur ein Anbieter auf. Er verfügt über große Marktmacht. Da er keine Konkurrenten hat, muss er bei seinen Entscheidungen nur die Reaktion der Nachfrager berücksichtigen.

Marktformen und Marktmacht

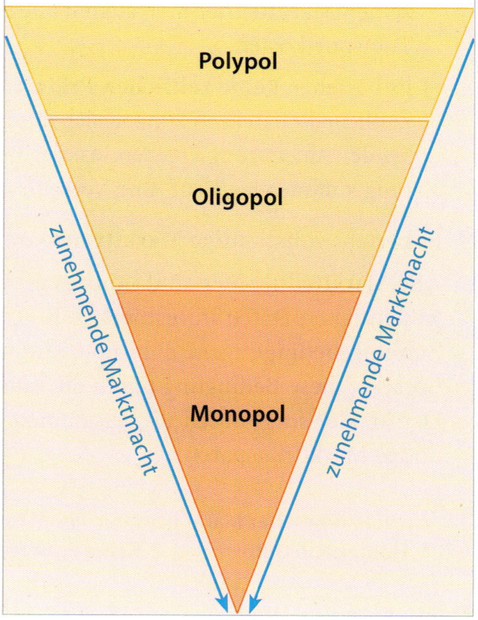

1 Diese Art des Marktformenschemas stammt von Heinrich von Stackelberg (1905–1946). Vgl. H. v. Stackelberg, Grundlagen der theoretischen Volkswirtschaftslehre, Tübingen, Zürich 1951, S. 235. Die griechischen Vorsilben poly, oligo und mono haben folgende Bedeutung: poly = viel, oligo = wenig, mono = allein

4.2 Börse als Beispiel für einen vollkommenen Markt

Die Marktform der **Börse** stellt eine Besonderheit dar, da sie die in der Realität anzutreffende Marktform ist, die dem **Modell eines vollkommenen Marktes** sehr nahe kommt. Ein Markt wird als **vollkommen** bezeichnet, wenn die folgenden **Bedingungen** erfüllt sind:

1. Die Güter sind sachlich völlig gleichartig (**Homogenität** der Güter).

   An der Getreidebörse ist diese Bedingung erfüllt. Das gehandelte Getreide mit einer bestimmten Bezeichnung (Gütemerkmal) hat eine einheitliche Qualität.

2. Es bestehen **keine Präferenzen** (Bevorzugungen) bei Anbietern und Nachfragern.

   a) Es bestehen **keine persönlichen Präferenzen** zwischen den Marktteilnehmern.
   Persönliche Präferenzen können sich durch langjährige Geschäftsbeziehungen, den guten Ruf eines Unternehmens oder eine besonders freundliche und aufmerksame Bedienung ergeben.
   An der Börse bestehen keine persönlichen Präferenzen. Die Nachfrager sind beispielsweise nicht bereit, einem bestimmten Anbieter zuliebe einen höheren Preis für eine Tonne Getreide zu bezahlen. Andererseits sind die Anbieter nicht bereit, einzelnen Nachfragern zuliebe einen geringeren Preis für eine Tonne Getreide zu akzeptieren.

   b) Es bestehen **keine räumlichen Präferenzen** bei den Marktteilnehmern.
   Räumliche Präferenzen können sich ergeben, wenn für den Käufer wegen uneinheitlicher Entfernungen zu den einzelnen Anbietern ein unterschiedlicher Zeitaufwand oder unterschiedliche Transportkosten entstehen. Auf einem Punktmarkt sind solche räumlichen Präferenzen beispielsweise weitestgehend ausgeräumt.
   An der Börse ist diese Bedingung erfüllt. Es gibt keine räumlichen Präferenzen einzelner Marktteilnehmer aus Gründen der Zeitersparnis oder der Minderung von Transportkosten.

   c) Es bestehen **keine zeitlichen Präferenzen** bei den Marktteilnehmern.
   Zeitliche Präferenzen können sich durch unterschiedliche Lieferzeiten oder Bevorzugung bei der Abfertigung ergeben. An der Börse ist diese Bedingung erfüllt. Alle zur Ausführung kommenden Kauf- und Verkaufsaufträge werden gleichzeitig ausgeführt.

3. Es besteht **vollständige Markttransparenz** (Marktübersicht).

   Alle Marktteilnehmer sind umfassend über die für den Abschluss von Kaufverträgen wesentlichen Daten informiert (z. B. Art und Qualität der Güter, Preise, Lieferfristen, Zahlungsbedingungen, Zahl und Marktmacht der Anbieter und Nachfrager). An der Börse ist diese Bedingung durch die Einschaltung eines Maklers (weitestgehend) erfüllt. Der Makler sorgt durch die Zusammenstellung der Kauf- und Verkaufsaufträge für die nötige Markttransparenz.

> **!** **Ein vollkommener Markt liegt vor, wenn folgende Bedingungen erfüllt sind:**
> **1. Homogene Güter** **2. Keine Präferenzen** **3. Vollständige Markttransparenz**

Aufg. 4.1 S. 86

Nur auf einem **vollkommenen Markt** bildet sich **ein einheitlicher Preis (Gleichgewichtspreis)**, zu dem alle Käufe und Verkäufe getätigt werden. **Der vollkommene Markt ist ein Modell,** mit dessen Hilfe das Zustandekommen des Marktpreises durch Angebot und Nachfrage nachvollzogen werden kann. Die **Börse** kann als **Beispiel** für ein **Polypol auf**

dem vollkommenen Markt dienen. Bei den anderen Märkten in der **Realität** handelt es sich aber ausschließlich um **unvollkommene Märkte**. Insbesondere wegen fehlender Markttransparenz und/oder bestehender Präferenzen ergeben sich daher in der Realität für gleichartige Güter in der Regel unterschiedliche Preise (z. B. Kauf gleichartiger Schokolade am Bahnhofskiosk und im Supermarkt).

4.3 Ausgleich von Angebot und Nachfrage: Marktpreisbildung am Beispiel der Börse

Die Funktion von Märkten, die Pläne von Anbietern und Nachfragern aufeinander abzustimmen und zum Ausgleich zu bringen, lässt sich am Beispiel einer **Börse** besonders gut veranschaulichen. Da an einer Börse viele Anbieter und viele Nachfrager auftreten, handelt es sich dabei um die **Preisbildung beim Polypol.**

Aufg. 4.2 S. 86

STUTTGARTER WAREN- UND PRODUKTENBÖRSE

Börsenbericht vom 06. März 20..

Notierungen für Getreide, Mühlenprodukte, Futtermittel, Raufutter u. a.

Großhandelsabgabepreis je **1000 kg**, ohne Mehrwertsteuer, komplette LKW- bzw. Waggonladungen, prompte Lieferung, sofern nichts anderes vermerkt.

I. GETREIDE UND ÖLSAATEN

Inl. Brotweizen 11,5/220 FZ	**261,00**	–	Inl. Futtergerste 63/64	**197,00**
Inl. Futterweizen	**230,00**	–	Sojaschrot lose 44/7	**293,00**
Inl. Braugerste	**240,00**	–	Inl. Rapssaat	**453,00**

http://www.warenboersen-suedwest.de/

Stuttgarter Waren- und Produktenbörse

An der Stuttgarter Waren- und Produktenbörse werden u. a. verschiedene Getreidearten gehandelt. Eine Notierungskommission, die die Rolle eines Maklers übernimmt, sammelt die Verkaufsaufträge der Produzenten und die Kaufaufträge der Großhändler. Die Produzenten teilen mit, welchen Preis sie mindestens erzielen wollen (Mindestpreis) und welche Mengen (in t) sie zu diesem Preis anbieten. Die Händler nennen die Preise, die sie höchstens zu zahlen bereit sind (Höchstpreise), und die Mengen (in t), die sie zu diesem Preis abnehmen wollen. Aus den Kauf- und Verkaufsaufträgen ermittelt die Notierungskommission den **Börsenpreis**. Dabei ist es die Aufgabe der Notierungskommission, den Preis zu finden, bei dem die meisten Kauf- und Verkaufsaufträge ausgeführt werden können **(Meistausführungsprinzip)**. Bei diesem Preis ist die umgesetzte Menge am größten.

Angenommen, an einem bestimmten Börsentag liegen der Notierungskommission für eine bestimmte Getreideart, deren Qualität (z. B. Feuchtigkeitsgehalt) eindeutig festgelegt ist, folgende Kauf- und Verkaufsaufträge vor:

Verkaufsaufträge (Angebot)			Kaufaufträge (Nachfrage)		
Name des Verkäufers	Mindestpreis je t in EUR	angebotene Menge t	Name des Käufers	Höchstpreis je t in EUR	nachgefragte Menge t
A	100	50	F	100	25
B	125	25	G	125	75
C	200	75	H	200	50
D	250	50	I	250	75
E	325	75	J	325	25

Ermittlung des Börsenpreises

Die Notierungskommission ordnet den unterschiedlichen Preisen die jeweils insgesamt angebotene und nachgefragte Menge zu und erstellt folgende Übersicht:

Preis in EUR	angebotene Menge in t						nachgefragte Menge in t					
	A	B	C	D	E	Summe	F	G	H	I	J	Summe
100	50	0	0	0	0	**50**	25	75	50	75	25	**250**
125	50	25	0	0	0	**75**	0	75	50	75	25	**225**
200	50	25	75	0	0	**150**	0	0	50	75	25	**150**
250	50	25	75	50	0	**200**	0	0	0	75	25	**100**
325	50	25	75	50	75	**275**	0	0	0	0	25	**25**

Preis in EUR	angebotene Menge in t	nachgefragte Menge in t	umgesetze Menge in t	Verhältnis von Angebot und Nachfrage
100	50	250	50	Angebot < Nachfrage: 200 t
125	75	225	75	Angebot < Nachfrage: 150 t
200	**150**	**150**	**150**	Angebot = Nachfrage: 150 t
250	200	100	100	Angebot > Nachfrage: 100 t
325	250	25	25	Angebot > Nachfrage: 250 t

Würde die Notierungskommission einen Preis von 100 EUR je t festlegen, würden zwar 250 t nachgefragt, aber nur 50 t angeboten. Daher könnten nur 50 t zu diesem Preis verkauft werden. Es besteht ein **Nachfrageüberschuss** bzw. eine **Angebotslücke** in Höhe von 200 t. Würde die Notierungskommission dagegen einen Preis von 325 EUR je t festlegen, würden zwar 275 t angeboten, aber nur 25 t nachgefragt. Daher könnten nur 25 t Getreide zu diesem Preis verkauft werden. Es besteht ein **Angebotsüberschuss** bzw. eine **Nachfragelücke** in Höhe von 250 t.

Die tabellarische Darstellung der Angebots- und Nachfragesituation lässt sich auch in grafischer Form in einem Preis-Mengen-Diagramm abbilden. Werden die einzelnen Punkte miteinander verbunden, indem angenommen wird, dass auch zu jedem (nicht ganzzahligen) Zwischenpreis eine Angebots- und Nachfragemenge vorliegt, ergeben sich eine **Angebotskurve** und eine **Nachfragekurve.**

In der Volkswirtschaftslehre werden häufig **Angebots- und Nachfragekurven** *zur Darstellung von Marktprozessen verwendet. Dabei steht – anders als in der Mathematik üblich – an der* **Y-Achse** *der* **Preis** *(z. B. Preis eines Gutes, Aktienkurs, Lohn, Zinssatz, Miete, Wechselkurs), obwohl es sich dabei* **immer** *um die* **un***abhängige Variable handelt. An der* **X-Achse** *steht als*

ab*hängige Variable eine* **Menge** *(z. B.* **Menge** *eines Gutes, Beschäftigte, Devisen). Der Einfachheit halber wird oft unterstellt, dass Angebots- und Nachfragekurven – wie im vorliegenden Fall – linear verlaufen. Dabei hat die Angebotskurve fast immer einen steigenden Verlauf (positive Steigung) und die Nachfragekurve einen fallenden Verlauf (negative Steigung).*

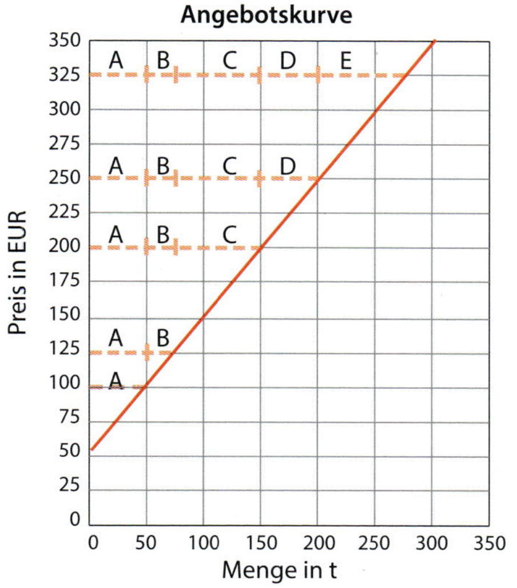

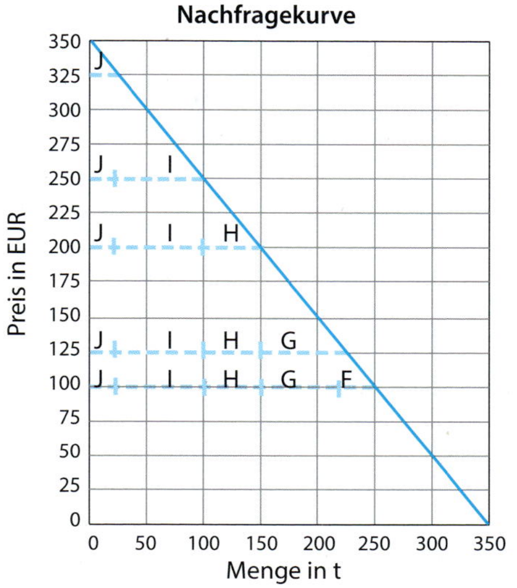

Unter Berücksichtigung der gegenüber der üblichen mathematischen Darstellung vertauschten Achsen lässt sich die Funktion der abgebildeten Angebots- und Nachfragekurve wie folgt ermitteln:

Angebotsfunktion

Verhältnis von Horizontalunterschied zu Höhenunterschied (Steigungsdreieck)

Δ X (Menge) : Δ p (Preis) = 50 : 50 = 1.

Der Schnittpunkt mit der X-Achse liegt im Punkt (0 Δ – 50).

Die Angebotsfunktion lautet demzufolge: $X_A = -50 + 1p$

Nachfragefunktion

Verhältnis von Horizontalunterschied zu Höhenunterschied (Steigungsdreieck)

Δ X (Menge) : Δ P (Preis) = – 50 : 50 = – 1.

Der Schnittpunkt mit der X-Achse liegt im Punkt (0 Δ 350).

Die Nachfragefunktion lautet demzufolge: $X_N = 350 - 1p$

Die Notierungskommission wird an diesem Börsentag den Preis von 200 € je t Getreide festlegen. Bei diesem Preis planen die Anbieter 150 t zu verkaufen und die Nachfrager planen 150 t zu kaufen. Es besteht weder ein Angebots- noch ein Nachfrageüberhang. Dieser Preis „räumt den Markt." Bei keinem anderen Preis kann eine größere Menge umgesetzt werden. Die unabhängig voneinander gebildeten Kauf- und Verkaufspläne entsprechen einander. Der Preis von 200 € je t ist der **Gleichgewichtspreis**. Die bei diesem Preis umgesetzte Menge (150 t) ist die **Gleichgewichtsmenge**.

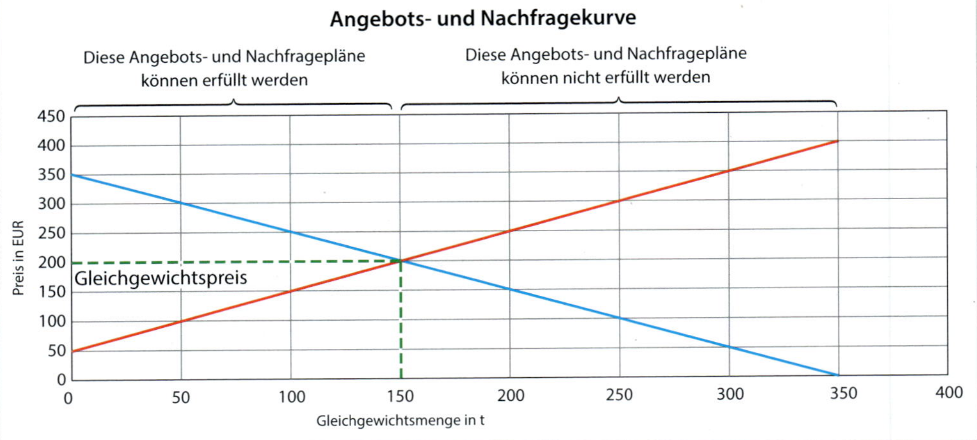

Der Schnittpunkt zwischen Angebots- und Nachfragekurve bestimmt den Gleichgewichtspreis und die Gleichgewichtsmenge.

Beim Gleichgewichtspreis sind die geplanten Angebots- und Nachfragemengen gleich groß.

Das Gleichgewicht lässt sich auch algebraisch durch Gleichsetzung der Angebots- und Nachfragefunktion ermitteln. Im vorliegenden Fall ergeben sich Gleichgewichtspreis und Gleichgewichtsmenge wie folgt:

Aufg. 4.3 S. 87

Angebotsfunktion: $X_A = -50 + p$ Nachfragefunktion: $X_N = 350 - p$

Gleichgewicht:

$$X_A = X_B$$
$$-50 + P = 350 - P$$
$$2P = 400$$
$$P_0 = 200$$
$$X_0 = -50 + 200 = 150$$

Alle Anbieter, die bereit sind zum Gleichgewichtspreis zu verkaufen, können die angebotene Menge auch tatsächlich absetzen. Ihre Verkaufspläne werden erfüllt. Alle Nachfrager, die bereit sind, den Gleichgewichtspreis zu bezahlen, können die gewünschte Menge tatsächlich kaufen. Ihre Kaufpläne werden erfüllt. Nur die Anbieter, die einen höheren Preis als den Gleichgewichtspreis verlangen und die Nachfrager, die nur weniger als den Gleichgewichtspreis zu zahlen bereit sind, können ihre Pläne nicht realisieren.

4.4 Marktgleichgewicht auf Wettbewerbsmärkten

Der Preisbildungsprozess beim **Polypol auf dem vollkommenen Markt** wird häufig am Beispiel der **Börse** veranschaulicht, weil diese Marktform in der Realität dem **Modell der vollständigen Konkurrenz** am nächsten kommt. Die grundsätzlichen Zusammenhänge lassen sich aber auch auf andere Formen von Wettbewerbsmärkten, wie z. B. den Markt für Eiskugeln, übertragen. In der Realität sind Marktpreise aber meistens keine Gleichgewichtspreise. Auf dem Markt für Eiskugeln beispielsweise ergibt sich in Wirklichkeit kein einheitlicher Preis, zu dem sämtliche Käufe und Verkäufe getätigt werden. Das liegt daran, dass – anders als im Modell der vollständigen Konkurrenz –

- die Marktteilnehmer nicht über die genaue Lage der beiden Kurven informiert sind (fehlende Markttransparenz) und es – im Gegensatz zur Börse – keinen Makler gibt, der aus den Kauf- und Verkaufsaufträgen den Gleichgewichtspreis ermittelt,
- die Güter nicht völlig gleichartig (homogen) in Geschmack, Aussehen, Größe usw. sind (z. B. Eissorten mit tropischen Früchten, besonders milch- und sahnehaltige Eissorten),
- die Nachfrager besondere Vorlieben (Präferenzen) haben (z. B. für Eis aus der Eisdiele von Mariotti).

Werden die Erkenntnisse über die Preisbildung trotz der genannten Einschränkungen auf den Markt für Eiskugeln zum Mitnehmen in einer Kleinstadt übertragen, können sich folgende Zusammenhänge ergeben:

Gesamtnachfrage (Marktnachfrage)

Anhand des Beispiels aus *Kap. A 2.5.2 S. 30* wurde folgende Gesamtnachfragekurve für Eiskugeln abgebildet:

Angenommen, ein Marktforschungsinstitut hat in Abhängigkeit vom Preis einer Eiskugel für die (insbesondere auf die zahlreichen Schülerinnen und Schüler) einer baden-württembergischen Kleinstadt entfallende Gesamtnachfrage für Eiskugeln den in der folgenden Tabelle dargestellten Zusammenhang festgestellt und die Werte in eine Grafik übertragen.

Gesamtnachfragetabelle für Eiskugeln zum Mitnehmen	
Preis (EUR) je Kugel	**Menge (Stück)**
0,00	10 000
0,30	9 000
0,60	8 000
0,90	7 000
1,20	6 000
1,50	5 000
1,80	4 000
2,10	3 000
2,40	2 000
2,70	1 000
3,00	0

Gesamtnachfragekurve für Eiskugeln zum Mitnehmen

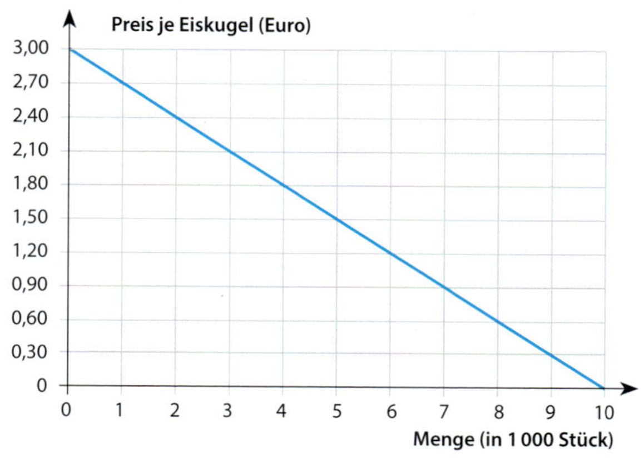

Gesamtangebot (Marktangebot)

Werden die bei unterschiedlichen Preisen von den Produzenten geplanten individuellen Angebotsmengen für ein bestimmtes Gut zusammengefasst, ergibt sich das Gesamtangebot (Marktangebot) für dieses Gut.

Angenommen, für alle Eisdielen einer Kleinstadt zusammen ergibt sich in Abhängigkeit vom Preis einer Eiskugel für das Gesamtangebot (Marktangebot) der in der folgenden Tabelle dargestellte Zusammenhang. Die Werte wurden in eine Grafik übertragen.

Gesamtangebotstabelle für Eiskugeln zum Mitnehmen	
Preis (EUR) je Kugel	Menge (Stück)
0,00	0
0,30	0
0,60	2000
0,90	4000
1,20	6000
1,50	8000
1,80	10000
2,10	12000
2,40	14000
2,70	16000
3,00	18000

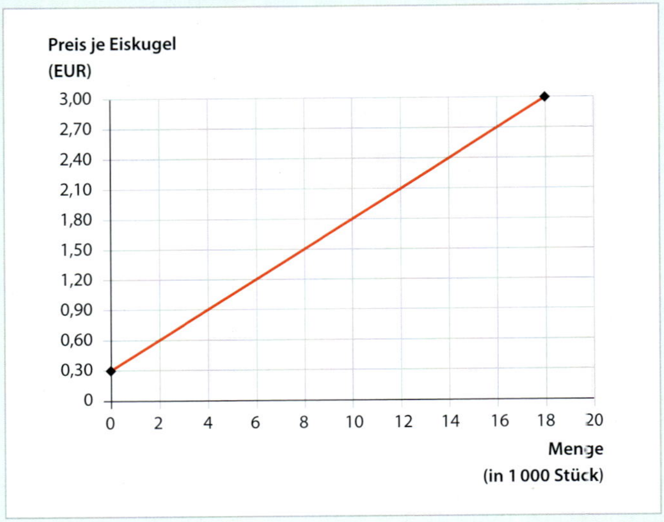

Preisbildung durch Angebot und Nachfrage

Werden die Gesamtnachfragekurve und die Gesamtangebotskurve für Eiskugeln zusammen in einem Preis-Mengen-Diagramm wie in der folgenden Abb. dargestellt, ergibt sich im **Schnittpunkt** der beiden Kurven ein **Marktgleichgewicht**.

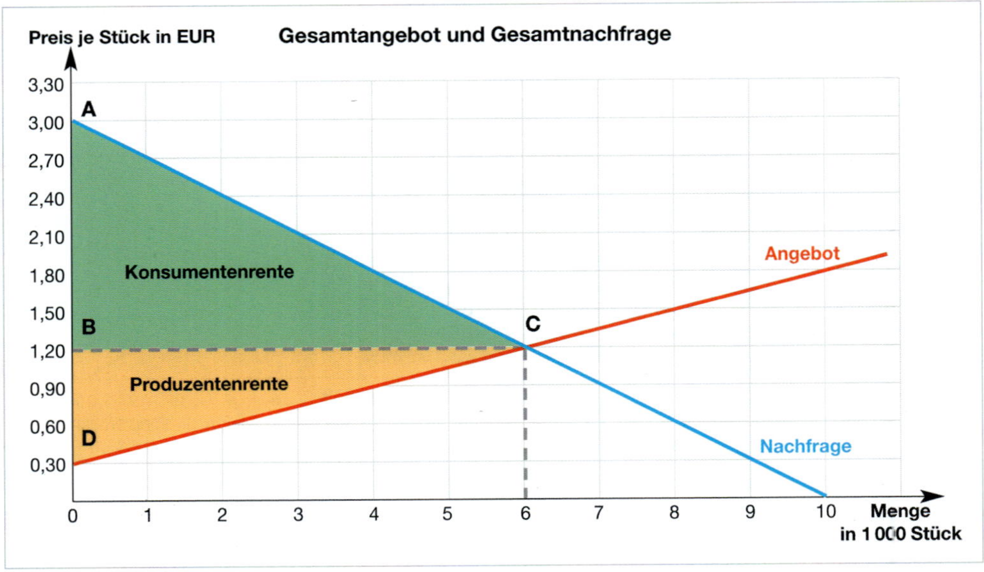

Im vorliegenden Fall liegt das Marktgleichgewicht für Eiskugeln bei einem Gleichgewichtspreis von 1,20 EUR und bei einer Gleichgewichtsmenge von 6 000 Stück. Alle Anbieter, deren Preisforderungen nicht über dem Gleichgewichtspreis liegen, können die angebotene Menge auch tatsächlich zum Gleichgewichtspreis absetzen. Alle Nachfrager, deren Zahlungsbereitschaft nicht unter dem Gleichgewichtspreis liegt, können die nachgefragte Menge auch tatsächlich zum Gleichgewichtspreis kaufen. Für diese Anbieter und Nachfrager besteht kein Anlass, den Preis oder die Menge zu ändern. Ihre Produktions- und Verbrauchspläne werden erfüllt. Nur die Anbieter, die einen höheren Preis als den Gleichgewichtspreis verlangen und die Nachfrager, die nicht bereit sind, mindestens den Gleichgewichtspreis zu bezahlen, können ihre Pläne nicht realisieren.

4.5 Produzenten- und Konsumentenrente

Aufg. 4.4 S. 87

Die Nachfrager, die bereit gewesen wären, auch zu einem höheren Preis als dem Gleichgewichtspreis zu kaufen, erzielen einen Vorteil (Nutzensteigerung), da sie jetzt die gewünschten Güter billiger erwerben können als geplant. Die Differenz zwischen der Zahlungsbereitschaft und den niedrigeren tatsächlichen Ausgaben wird als **Konsumentenrente** bezeichnet. Die Nachfrager, die höchstens zu dem Preis kaufen wollten, der sich später als Gleichgewichtspreis herausstellt (hier: 1,20 EUR), können zwar ihre Nachfrage befriedigen, erzielen aber keine Konsumentenrente. Sie werden als **Grenznachfrager** bezeichnet. Diejenigen Nachfrager, die beispielsweise bereit sind 2,40 EUR je Eiskugel zu zahlen, erzielen demgegenüber im vorliegenden Fall eine Konsumentenrente von 1,20 EUR je Eiskugel. Die Summe aller Konsumentenrenten lässt sich grafisch durch die Fläche des Dreiecks ABC (*vgl. Abb. S. 76*) darstellen. Sie beträgt im vorliegenden Fall 5 400 EUR (6 000 · 1,80)/2.

Die Anbieter, die bereit gewesen wären, auch zu einem niedrigeren Preis als dem Gleichgewichtspreis zu verkaufen, erzielen einen Vorteil (Gewinnerhöhung), da sie die Güter teurer verkaufen können als geplant. Die Differenz zwischen den Einnahmen beim geforderten Mindestpreis und den tatsächlich erzielten höheren Einnahmen wird als **Produzentenrente** bezeichnet. Die Anbieter, die mindestens zu dem Preis verkaufen wollten, der sich später als Gleichgewichtspreis herausstellt (hier: 1,20 EUR), können zwar ihre Ware absetzen, erzielen aber keine Produzentenrente. Sie werden als **Grenzanbieter** bezeichnet. Diejenigen Anbieter, die beispielsweise bereit sind, die Eiskugeln für 0,60 EUR je Stück zu verkaufen, erzielen demgegenüber im vorliegenden Fall eine Produzentenrente von 0,60 EUR je Stück. Die Summe aller Produzentenrenten lässt sich grafisch durch die Fläche des Dreiecks BCD (*vgl. Abb. S. 76*) darstellen. Sie beträgt im vorliegenden Fall 2 700 EUR (6 000 · 0,90)/2.

4.6 Anpassungsprozesse bei Marktungleichgewichten

Solange die Gleichgewichtssituation noch nicht erreicht ist, lösen Anbieter und Nachfrager durch ihr Handeln und ihre Reaktionen Marktkräfte aus, die eine Entwicklung zum Gleichgewicht bewirken. Die Marktteilnehmer müssen dann durch „Versuch und Irrtum" herausfinden, wo das Marktgleichgewicht annähernd liegt. Dies lässt sich an einem Preis-Mengen-Diagramm nachvollziehen, wenn zunächst von einem Preis ausgegangen wird, der nicht dem Gleichgewichtspreis entspricht und bei dem folglich ein Ungleichgewicht herrscht.

Fall 1: Preis liegt vorübergehend über dem Gleichgewichtspreis: Angebotsüberschuss

Liegt der Preis vorübergehend über dem Gleichgewichtspreis (z. B. 1,50 Euro), können die Anbieter weniger absetzen als geplant. Geplant ist eine Absatzmenge von 8 000 Eiskugeln. Die Nachfrager wollen zu diesem Preis aber nur 5 000 Eiskugeln kaufen. Es entsteht ein Angebotsüberschuss (Nachfragelücke) in Höhe von 3 000 Stück.

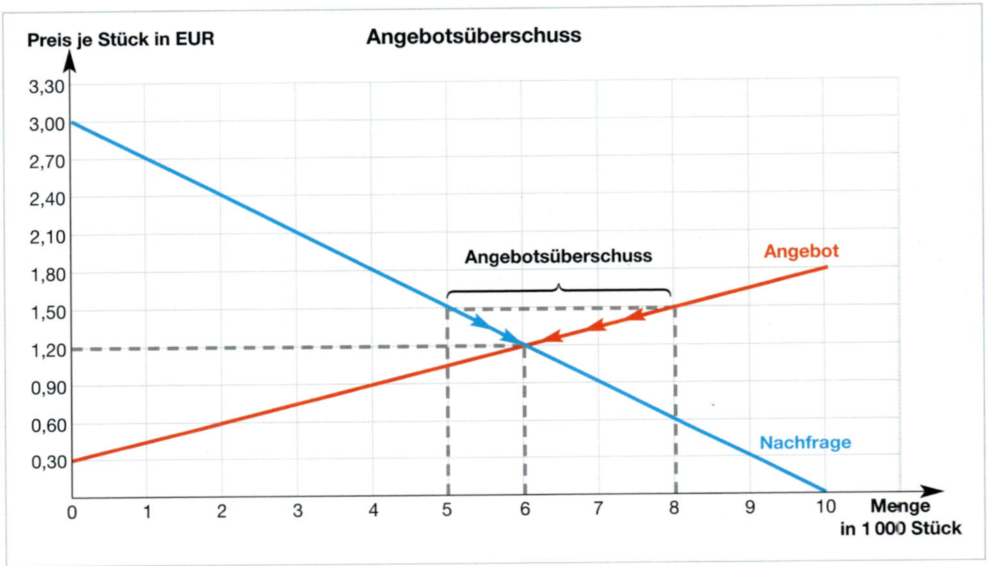

Die Anbieter werden bereit sein den Preis zu senken. Ein einzelner Anbieter alleine könnte den Preis zwar nicht nachhaltig beeinflussen. Da aber bei diesem Preis viele Anbieter ihre Pläne nicht verwirklichen können, kommt es zu einer **gegenseitigen Preisunterbietung der miteinander in Konkurrenz stehenden Anbieter**. Aufgrund des sinkenden Preises verringert sich die angebotene Menge, da einige Anbieter aus dem Markt ausscheiden, weil der Preis unter ihre Stückkosten gesunken ist. Gleichzeitig steigt die nachgefragte Menge, weil die bisherigen Käufer mehr nachfragen und möglicherweise neue Käuferschichten in der Lage sind das Gut aufgrund des gesunkenen Preises zu kaufen. Die abwärts gerichteten Pfeile in der Abbildung zeigen den Anpassungsprozess, der sich als Bewegung auf der Angebots- und Nachfragekurve darstellen lässt. Der Angebotsüberschuss verringert sich allmählich und der Preis nähert sich dem Gleichgewichtspreis von 1,20 Euro. Wird der Gleichgewichtspreis erreicht, besteht für keinen Anbieter Anlass zu einer weiteren Preissenkung, da alle, die zu diesem Preis verkaufen wollen, tatsächlich ihre Produkte absetzen können.

! Liegt der Preis über dem Gleichgewichtspreis entsteht ein Angebotsüberschuss (Nachfragelücke). Der Preis sinkt.

Fall 2: Preis liegt vorübergehend unter dem Gleichgewichtspreis: Nachfrageüberschuss

Liegt der Preis vorübergehend unter dem Gleichgewichtspreis (z. B. 0,90 Euro), entsteht ein Nachfrageüberschuss (Angebotslücke) in Höhe von 3 000 Stück.

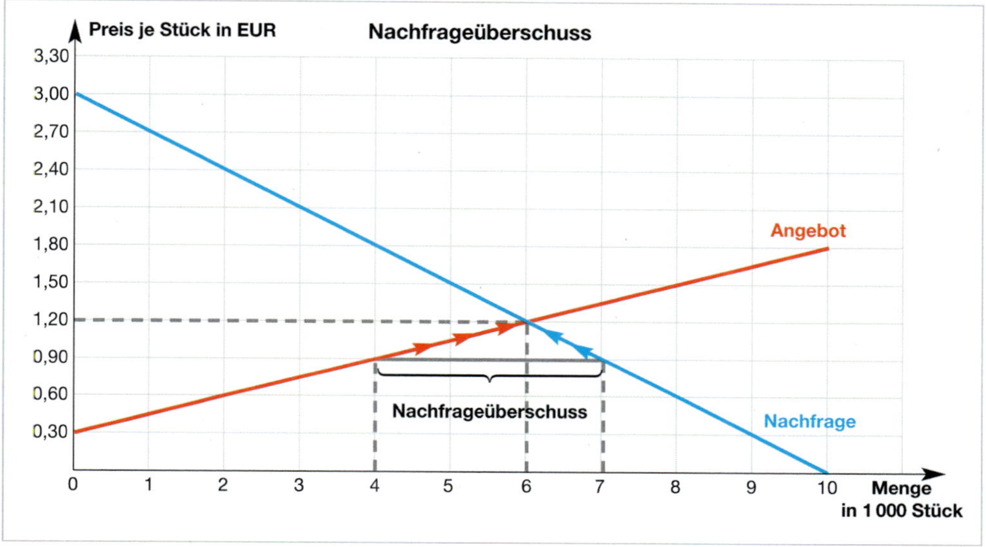

Ein Teil der Nachfrager kann seine Pläne nicht erfüllen, da er das Gut gar nicht oder nicht in der gewünschten Menge kaufen kann. Diese Nachfrager werden daher bereit sein, einen höheren Preis zu bezahlen. Es kommt zu einer **gegenseitigen Preisüberbietung der Konsumenten**. Als Folge davon steigt die angebotene Menge. Die Anbieter dehnen ihre Produktion aus und neue Anbieter, für die der Preis bisher nicht kostendeckend war, treten am Markt auf. Gleichzeitig sinkt die nachgefragte Menge, weil die bisherigen Käufer weniger nachfragen und ein Teil von ihnen möglicherweise nicht mehr in der Lage ist das Gut aufgrund des gestiegenen Preises zu kaufen. Die aufwärts gerichteten Pfeile in der Abbildung zeigen den Anpassungsprozess. Es liegt eine Bewegung auf der Angebots- und Nachfragekurve vor. Der Nachfrageüberschuss verringert sich und der Preis nähert sich dem Gleichgewichtspreis von 0,80 Euro. Beim Gleichgewichtspreis besteht für keinen Nachfrager Anlass, einen höheren Preis zu bieten, da alle, die zu diesem Preis kaufen wollen, tatsächlich die gewünschte Gütermenge erwerben können.

> **!** **Liegt der Preis unter dem Gleichgewichtspreis, entsteht ein Nachfrageüberschuss (Angebotslücke). Der Preis steigt.**

Folgen von Angebots- und Nachfrageüberschüssen

> **!** **Angebots- oder Nachfrageüberschüsse deuten darauf hin, dass die Marktteilnehmer noch keine vollkommene Marktübersicht haben. Durch zunehmende Informationen über die Marktverhältnisse erhöht sich die Markttransparenz. Die Reaktion der Marktteilnehmer auf das Marktungleichgewicht löst einen Anpassungsprozess aus, aufgrund dessen sich der Marktpreis immer mehr dem Gleichgewichtspreis annähert.**

4.7 Änderung des Gleichgewichtspreises

Die Marktbedingungen können sich aber im Zeitablauf ändern, sodass es zu einer Abweichung vom bisherigen Gleichgewichtszustand kommt. Veränderungen bei den Bestimmungsfaktoren von Angebot und Nachfrage und sich daraus ergebende neue Pläne der Marktteilnehmer führen möglicherweise zu einer **Verschiebung der Angebots- und/oder Nachfragekurven**.

Beispielsweise kann sich durch Geschmacksveränderungen und eine gesündere Lebensweise die Nutzeneinschätzung für Süßigkeiten verringern und die **Nachfrage** nach Speiseeis bei gleich bleibendem Angebot abnehmen. Das führt – sofern alle anderen Bestimmungsfaktoren von Angebot und Nachfrage unverändert bleiben – zu einer Linksverschiebung der Nachfragekurve.

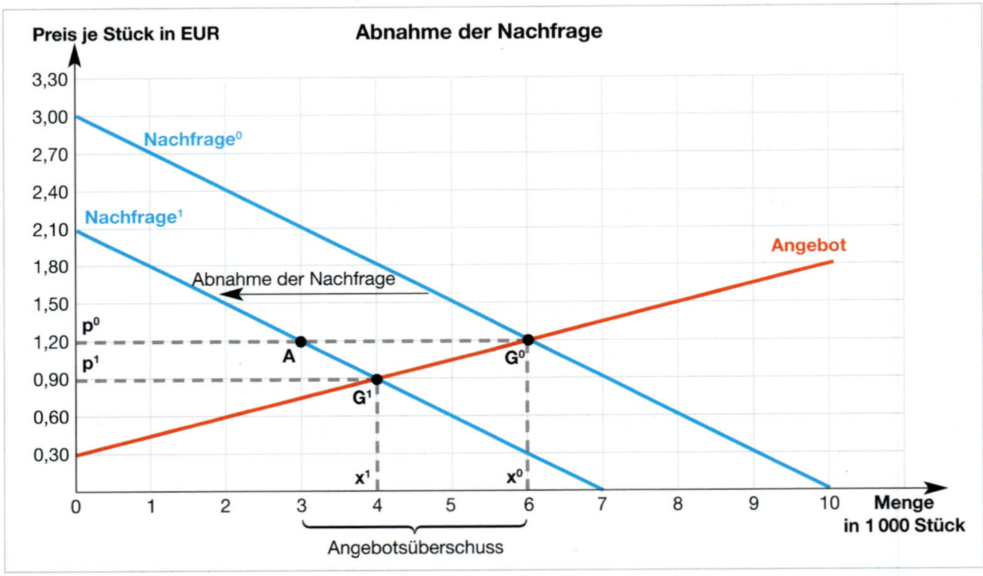

Beim bisherigen Gleichgewicht G^0 mit dem Gleichgewichtspreis $p^0 = 1{,}20$ und der Gleichgewichtsmenge $x^0 = 6\,000$ Stück würde sich durch die Abnahme ein Angebotsüberschuss von 3 000 Stück (Strecke G^0A) ergeben. Durch den Preisunterbietungsprozess der Anbieter sinkt der Preis, bis ein neues Gleichgewicht G^1 bei einem niedrigeren Preis ($p^1 = 0{,}90$) und einer geringeren Menge ($x^1 = 4\,000$) erreicht ist. Entsprechend kommt es bei einer Zunahme der Nachfrage zu einer Rechtsverschiebung der Nachfragekurve. Beim bisherigen Gleichgewichtspreis würde sich dann ein Nachfrageüberschuss ergeben. Durch den Preisüberbietungsprozess der Nachfrager steigt der Preis, bis ein neues Gleichgewicht bei einem höheren Preis und einer größeren Menge erreicht ist.

Das **Angebot** an Eiskugeln kann beispielsweise durch eine Erhöhung der Milch- und Zuckerpreise (= Kostenerhöhung für die Hersteller von Speiseeis) abnehmen. Das führt zu einer Linksverschiebung der Angebotskurve.

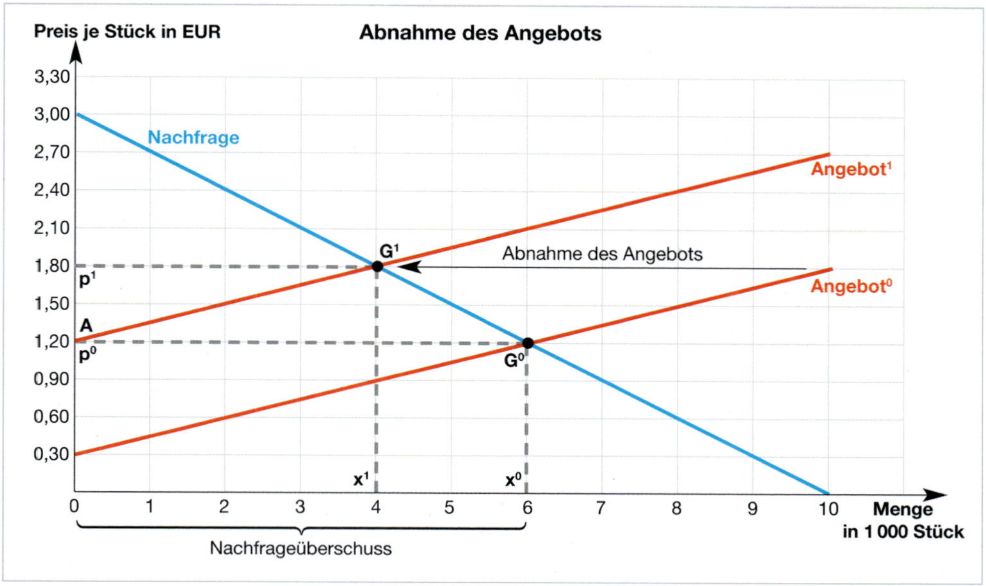

Bleibt die Nachfrage unverändert, würde sich beim bisherigen Gleichgewicht G^0 mit dem Gleichgewichtspreis $p^0 = 1{,}20$ und der Gleichgewichtsmenge $x^0 = 6\,000$ durch die Abnahme des Angebots ein Nachfrageüberschuss in Höhe von 6 000 Stück (Strecke G^0 A) ergeben. Der Preisüberbietungsprozess der Nachfrager lässt den Preis steigen, bis ein neues Gleichgewicht G^1 bei einem höheren Preis ($p^1 = 1{,}80$) und einer geringeren Menge ($x^1 = 4\,000$) erreicht ist.

Entsprechend kommt es bei einer Zunahme des Angebots zu einer Rechtsverschiebung der Angebotskurve. Beim bisherigen Gleichgewichtspreis würde sich dann ein Angebotsüberschuss ergeben. Durch den Preisunterbietungsprozess der Anbieter sinkt der Preis, bis ein neues Gleichgewicht bei einem niedrigeren Preis und einer größeren Menge erreicht ist.

! **Änderungen von Angebot oder Nachfrage (= Verschiebung der Kurven) führen zu einem Angebots- oder Nachfrageüberschuss. Dadurch werden Anpassungsprozesse in Form von Preis- und Mengenänderungen (= Bewegung der Kurven) ausgelöst, die zu einem neuen Gleichgewichtspreis und einer neuen Gleichgewichtsmenge führen (= Preismechanismus).**

4.8 Marktkonforme staatliche Eingriffe in die Preisbildung auf Wettbewerbsmärkten

Die marktkonformen Maßnahmen des Staates zur indirekten Beeinflussung des Preises umfassen insbesondere

- die Erhebung von Steuern, Zöllen und sonstigen Abgaben,
- die Zahlung von Subventionen und Transferleistungen,
- staatliche Stützungskäufe.

Beispiel Mengensteuern

Verbrauchsteuern lassen sich in Wertsteuern und Mengensteuern einteilen. Bei einer Wertsteuer (z. B. Umsatzsteuer) wird ein bestimmter Prozentsatz vom Wert der umgesetzten Ware als Steuer erhoben. Bei einer Mengensteuer muss der Unternehmer dagegen je Mengeneinheit (z. B. je Stück, kg, Liter) des verkauften Gutes einen bestimmten Betrag an den Staat abführen. Das ist z. B. bei der Mineralöl-, Tabak- und Branntweinsteuer der Fall. Mit diesen Steuern werden neben der Erzielung von Staatseinnahmen häufig auch umwelt- bzw. gesundheitspolitische Ziele verbunden. Die Erhebung einer solchen Mengensteuer wirkt sich für die Produzenten wie eine Erhöhung der Stückkosten aus. Dies bewirkt eine Verschiebung der Gesamtangebotskurve nach links. Die ursprüngliche Angebotskurve A^0 verschiebt sich in der unten stehenden Abbildung durch die Erhebung der Mengensteuer (100 Euro je t) nach A^1. Die Anbieter versuchen die Steuer auf die Nachfrager abzuwälzen. Dies ist bei Verbrauchsteuern vom Gesetzgeber auch so beabsichtigt. Die Überwälzung gelingt aber i. d. R. nicht in vollem Umfang. Die Nachfrager reagieren nämlich auf die durch die Verschiebung der Angebotskurve ausgelöste Erhöhung des Marktpreises mit einer Einschränkung der nachgefragten Menge (Bewegung auf der Nachfragekurve von G^0 nach G^1). Ausgehend von der ursprünglichen Gleichgewichtsmenge x^0 in Höhe von 2 Mio. t sinkt im vorliegenden Fall die nachgefragte Menge auf 1,5 Mio. t (Mengeneffekt). Die umgesetzte Menge verringert sich also um 0,5 Mio. t. Diese Mengeneinschränkung führt dazu, dass die Preiserhöhung geringer ausfällt als die Steuererhöhung.

Beispiel

Die Regierung beschließt auf den Verkauf eines bestimmten landwirtschaftlichen Anbauprodukts eine Mengensteuer von 100 EUR je t zu erheben. Neben der Erhöhung der Staatseinnahmen soll diese Steuer gleichzeitig als Lenkungsinstrument dienen, um den Anbau dieses Produkts, der wegen der intensiven Düngung zu Boden- und Trinkwasserschäden führt, einzuschränken.

Ausgehend vom ursprünglichen Gleichgewichtspreis p^0 in Höhe von 250 Euro führt die Mengensteuer von 100 Euro je t bei unverändertem Verlauf der Nachfragekurve N^0 im vorliegenden Fall zu einer Preissteigerung um 50 Euro (Preiseffekt). Der neue Gleichgewichtspreis p^1 liegt bei 300 Euro.

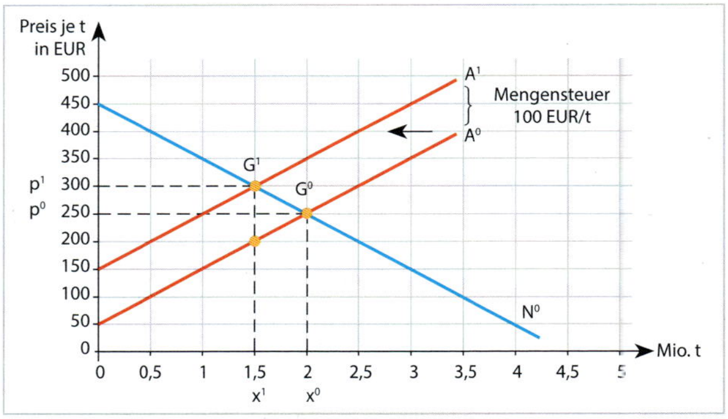

Die Erhebung einer Mengensteuer führt i. d. R. zu einer Preiserhöhung und einer Produktionseinschränkung (Preis- und Mengeneffekt). Diejenige Marktseite, die weniger elastisch reagiert, trägt den größeren Teil der Steuerlast.

Beispiel Subventionen

Aufg. 4.5 S. 88

Subventionen sind Leistungen des Staates an Unternehmen, für die keine ökonomische Gegenleistung erbracht werden muss. Häufiges Ziel von Subventionszahlungen ist es, den Unternehmen ein höheres Einkommen zu verschaffen als es der Markt durch die Verkaufserlöse zulassen würde. Neben der Einkommenssicherung spielt bei den Subventionszahlungen aber auch die Lenkung der Produktionsfaktoren in andernfalls vernachlässigte Bereiche (z. B. Wohnungsbau, Investitionen zur Energieeinsparung) eine wichtige Rolle.

Beispiel

Die Regierung beschließt den Anbau eines bestimmten landwirtschaftlichen Produkts, das als vielseitig verwendbarer Rohstoff gilt und dessen Anbau besonders umweltverträglich ist, durch eine Subventionszahlung von 100 EUR je t (= Mengensubvention) zu fördern. Gleichzeitig sollen durch diese Maßnahme auch die Einkommen in der Landwirtschaft gesichert werden.

Ein je Mengeneinheit gezahlter Subventionsbetrag wirkt genau umgekehrt wie eine Mengensteuer. Die Subventionszahlung wirkt sich für die Produzenten wie eine Verringerung der Stückkosten aus. Dies bewirkt eine Verschiebung der Gesamtangebotskurve nach rechts. Die ursprüngliche Angebotskurve A^0 verschiebt sich in der folgenden Abbildung durch die Subventionszahlung (100 Euro je t) nach A^1. Die Nachfrager reagieren auf die durch die Verschiebung der Angebotskurve ausgelöste Senkung des Marktpreises mit einer Ausdehnung der nachgefragten Menge (Bewegung auf der Nachfragekurve von G^0 nach G^1). Ausgehend von der ursprünglichen Gleichgewichtsmenge x^0 in Höhe von 1,5 Mio. t steigt im vorliegenden Fall die nachgefragte Menge auf 2 Mio. t (Mengeneffekt). Die umgesetzte Menge erhöht sich also um 0,5 Mio. t.

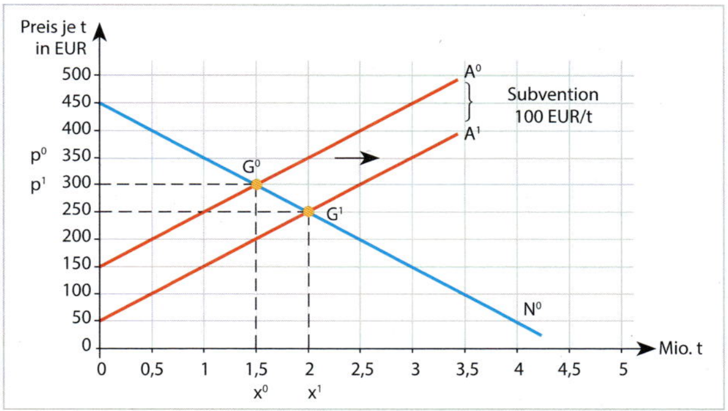

! Subventionszahlungen führen i. d. R. zu einer Preissenkung und einer Produktionsausdehnung (Preis- und Mengeneffekt).

4.9 Marktkonträre staatliche Eingriffe in die Preisbildung auf Wettbewerbsmärkten

! Wird durch staatliche Eingriffe in die Marktpreisbildung der Preismechanismus außer Kraft gesetzt, handelt es sich um eine marktkonträre Maßnahme.

Der Staat kann den Marktpreis behördlich festlegen, wenn die Höhe des Gleichgewichtspreises, der sich aus dem freien Zusammenwirken von Angebot und Nachfrage ergibt, nicht den wirtschafts- oder sozialpolitischen Zielvorstellungen entspricht. Folgende Möglichkeiten der Preisfestsetzung lassen sich unterscheiden:

Aufg. 4.6 S. 88

- Festpreis, der weder unter- noch überschritten werden darf
- Mindestpreis, der nicht unterschritten werden darf
- Höchstpreis, der nicht überschritten werden darf

In allen Fällen besteht der Zweck darin, entweder die Anbieter oder die Nachfrager im Vergleich zum Gleichgewichtspreis besser zu stellen.

Mindestpreise

Um bestimmte Produzentengruppen zu begünstigen und ihr Einkommen zu sichern, kann der Staat Mindestpreise festlegen, die nicht unterschritten werden dürfen. Den Produzenten wird so der Absatz ihrer Produkte zu einem über dem Gleichgewichtspreis liegenden Preis garantiert. Sie werden dadurch gegenüber dem Gleichgewichtspreis besser gestellt.

Das bekannteste Beispiel für Mindestpreispolitik ist die Preisbildung auf den Agrarmärkten. In fast allen Industrieländern der westlichen Welt werden solche Preisstützungsmaßnahmen zugunsten der heimischen Landwirtschaft vorgenommen. Ein weiteres Beispiel ist die Festlegung von Mindestlöhnen.

Beispiel

Die Regierung beschließt zur Sicherung der Einkommen in der Landwirtschaft und zur Sicherung eines ausreichenden Nahrungsmittelangebots den Marktpreis für eine bestimmte Getreidesorte über den derzeitigen Gleichgewichtspreis von 300 EUR je t hinaus anzuheben und einen Mindestpreis von 400 EUR je t festzulegen.

Der garantierte Mindestpreis muss über dem Gleichgewichtspreis liegen. Andernfalls wäre er wirkungslos, da sich dann als Marktpreis der Gleichgewichtspreis p^0 von 300 Euro ergeben würde *(vgl. Abbildung unten)*. Der Mindestpreis verursacht eine Überproduktion, da die Produzenten ihre Angebotsmenge erhöhen und die Konsumenten gleichzeitig ihre Nachfragemenge einschränken. Während beim Gleichgewichtspreis p^0 von 300 Euro angebotene und nachgefragte Menge jeweils 1,5 Mio. t betragen, werden bei einem Mindestpreis p^M von 400 Euro nur 0,5 Mio. t nachgefragt, aber 2,5 Mio. t angeboten. Es liegt somit ein Angebotsüberschuss in Höhe von 2 Mio. t (Strecke AB) vor. Der Staat kann den Mindestpreis nur durchsetzen, wenn dieser Angebotsüberschuss „aus dem Markt genommen wird". Das heißt, der Staat muss die Überschussmenge von 2 Mio. t zum Preis von 400 Euro je t aufkaufen. Dazu sind Mittel in Höhe von 800 Mio. Euro (2 Mio. t · 400 Euro; Fläche A B C D) nötig. Die Staatsausgaben erhöhen sich zusätzlich noch um die Lager-, Konservierungs- und Vernichtungskosten und verringern sich u. U. um die Erlöse, die beim verbilligten Verkauf der Überschüsse auf dem Binnen- oder Weltmarkt erzielt werden.

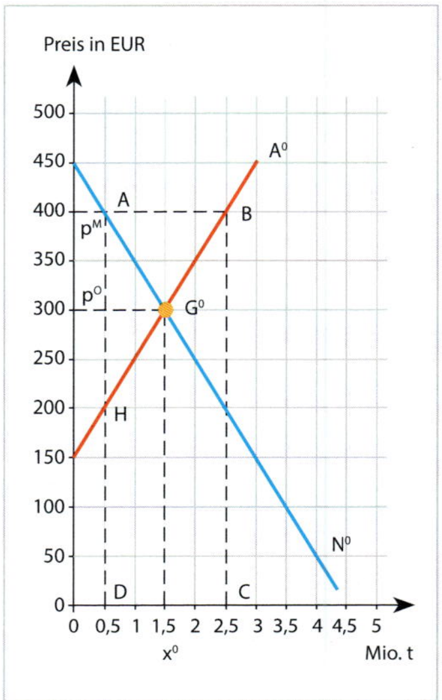

Der Mindestpreispolitik zur Sicherung der Produzenteneinkommen sind durch die enormen Kosten für den Staatshaushalt, die mit Aufkauf, Lagerung, Vernichtung bzw. Subventionierung der Überschüsse einhergehen, Grenzen gesetzt. Um die Überschüsse zu vermeiden, müsste im vorliegenden Fall die Produktion auf 0,5 Mio. t beschränkt werden. Dazu sind ergänzende mengenpolitische Maßnahmen (z. B. Anbaubeschränkungen) nötig. Im Extremfall werden sogar Prämien als Belohnung für die Einstellung der Produktion (z. B. Flächenstilllegungsprämien) bezahlt.

Mindestpreise führen zu einem Überangebot. Sie machen staatliche Maßnahmen zum Aufkauf und zur Verwertung der Angebotsüberschüsse nötig. Die dafür erforderlichen staatlichen Ausgaben sind weitaus höher als die mit der Festsetzung von Mindestpreisen erzielbaren Einkommenserhöhungen der Produzenten.

Höchstpreise

Um die Nachfrager bestimmter Güter zu begünstigen, kann der Staat Höchstpreise festlegen, die nicht überschritten werden dürfen. Die Nachfrager werden dadurch gegenüber dem Gleichgewichtspreis besser gestellt.

Typische Fälle für Höchstpreispolitik sind Mietstopp und Preisbegrenzungen für wichtige Grundnahrungsmittel. Der Höchstpreis muss unter dem Gleichgewichtspreis liegen. Andernfalls wäre er wirkungslos, da sich dann als Marktpreis der Gleichgewichtspreis p^0 von 300 Euro ergeben würde *(vgl. Abbildung unten)*. Der Höchstpreis verursacht eine Mangelsituation, da die Produzenten ihre Angebotsmenge einschränken und die Konsumenten gleichzeitig ihre Nachfragemenge erhöhen. Während beim Gleichgewichtspreis p^0 von 300 Euro angebotene und nachgefragte Menge jeweils 1,5 Mio. t betragen, werden bei einem Höchstpreis p^H von 200 Euro nur 0,5 Mio. t angeboten, aber 2,5 Mio. t nachgefragt. Es liegt somit ein Nachfrageüberschuss in Höhe von 2 Mio. t (Strecke AB) vor. Der Staat kann den Höchstpreis nur durchsetzen, wenn er zusätzliche Maßnahmen zur Rationierung und Zuteilung des knappen Gutes ergreift (z. B. Verteilung von Bezugsscheinen an ausgewählte Bezugsberechtigte). Andernfalls würden diejenigen Nachfrager die Güter erhalten,

Aufg. 4.7 S. 89

- die sich als Erste in die Käuferschlangen einreihen (Windhundverfahren),
- die gute Beziehungen zu den Preiskontrolleuren haben (Vetternwirtschaft),
- die bereit sind, auf dem Schwarzmarkt einen höheren Preis als den Höchstpreis zu zahlen.

Beispiel

Die Regierung ist der Meinung, der Gleichgewichtspreis von 300 EUR je t, der sich durch das freie Zusammenspiel von Angebot und Nachfrage für ein wichtiges Grundnahrungsmittel herausgebildet hat, sei zu hoch. Sie beschließt daher zur preisgünstigen Nahrungsmittelversorgung der Bevölkerung einen Höchstpreis von 200 EUR festzusetzen.

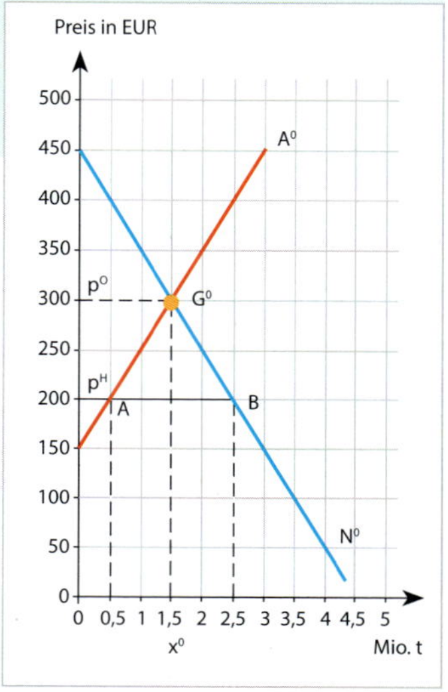

Die Entstehung von Schwarzmärkten ist die typische Folge von Höchstpreisen. Auf diesem Markt werden die rechtswidrig dem offiziellen Markt vorenthaltenen Angebotsmengen zu weitaus höheren Preisen gehandelt. Der durch den Höchstpreis ausgelöste Angebotsrückgang bewirkt, dass zahlreiche Nachfrager jetzt schlechter gestellt sind als vorher. Obwohl sie bereit gewesen wären, 300 Euro oder sogar mehr (bis zu 449,99 Euro) zu bezahlen, kann ihre Nachfrage wegen des knappen Angebots nicht befriedigt werden. Nur diejenigen Nachfrager, die das Gut jetzt tatsächlich zum Preis von 200 Euro erhalten, obwohl sie bereit gewesen wären, mehr dafür zu bezahlen, haben Vorteile von der Höchstpreisregelung. Der Staat muss durch ein Kontroll- und Auswahlsystem dafür sorgen, dass diese Begünstigten auch tatsächlich diejenigen sind, die durch die staatliche Maßnahme unterstützt werden sollten. Andernfalls profitieren möglicherweise genau diejenigen Nachfrager von dieser Maßnahme, die es am wenigsten nötig haben und auch höhere Preise hätten bezahlen können.

Der staatliche Eingriff in den Preismechanismus zieht in jedem Fall weitere staatliche Eingriffe und Kontrollmaßnahmen nach sich.

Zusammenfassende Übersicht zu 4: Preisbildung auf Wettbewerbsmärkten: Vollständige Konkurrenz

Märkte

unvollkommen | vollkommen | **Polypol** | **Monopol** | **Oligopol**

Homogenität der Güter, Präferenzen, Markttransparenz

Preisbildung

↓

Börse = Polypol auf dem vollkommenen Markt

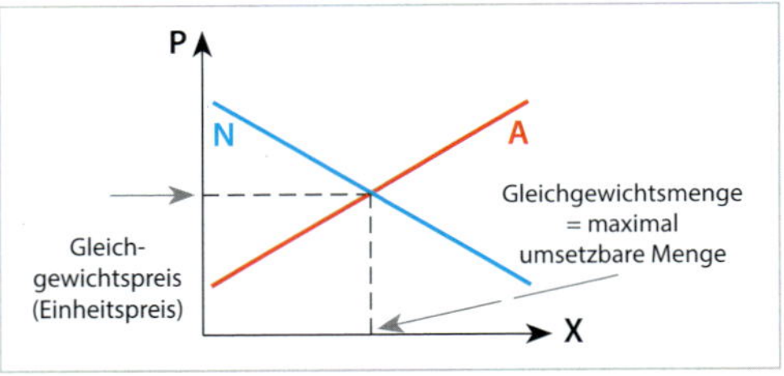

Polypolistische Märkte = Wettbewerbsmärkte

↓

Anbieter können keine Preispolitik betreiben
Preis = vom Markt vorgegebene Größe
Anbieter = Mengenanpasser

Entstehung des Gleichgewichtspreises

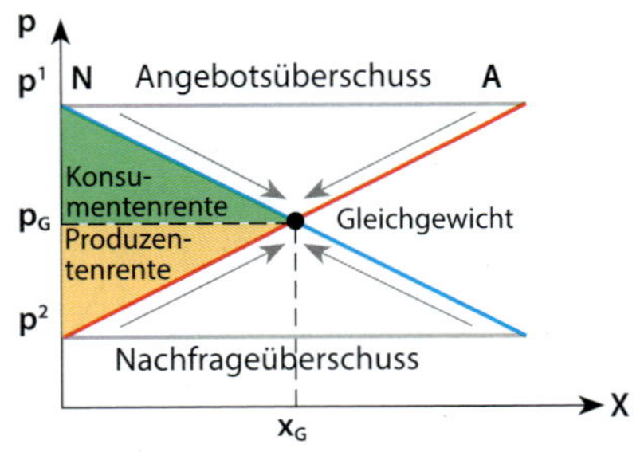

Veränderung des Gleichgewichtspreises

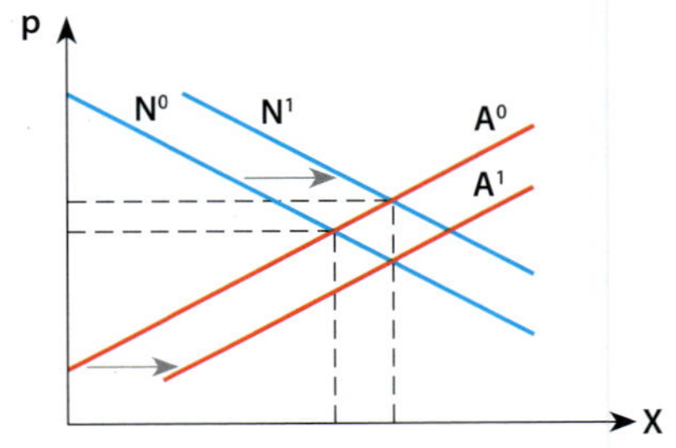

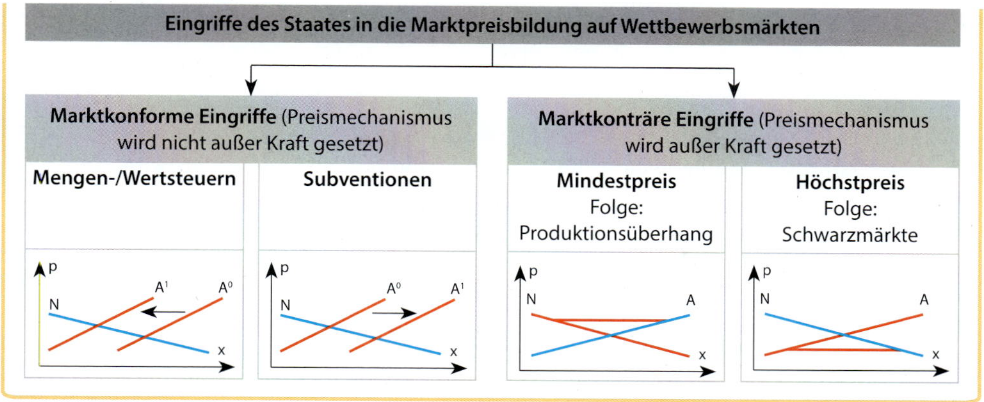

WIEDERHOLUNG DES GRUNDWISSENS

4 Preisbildung auf Wettbewerbsmärkten: Vollständige Konkurrenz

4.1 Funktionen und Arten von Märkten

1. Definieren Sie, was ein Markt ist.
2. Nennen Sie die Funktionen von Märkten.
3. Beschreiben Sie Kriterien, nach denen sich Märkte unterscheiden lassen.
4. Unterscheiden Sie verschiedene Marktformen nach der Zahl der Marktteilnehmer.

4.2 Börse als Beispiel für einen vollkommenen Markt

1. Nennen Sie die Merkmale eines vollkommenen Markts.
2. Erklären Sie, warum Marktpreise in der Realität meist keine Gleichgewichtspreise sind.

4.3 Ausgleich von Angebot und Nachfrage: Marktpreisbildung am Beispiel der Börse

1. Erläutern Sie, wodurch der Gleichgewichtspreis gekennzeichnet ist.
2. Nennen Sie die Eigenschaften, die Gleichgewichtsmenge aufweist.
3. Erklären Sie, warum sich an der Börse ein Gleichgewichtspreis (Einheitspreis) bildet.

4.4 Marktgleichgewicht auf Wettbewerbsmärkten

1. Erläutern Sie, wodurch das Marktgleichgewicht gekennzeichnet ist.
2. Erläutern Sie, welche Marktteilnehmer beim Marktgleichgewicht ihre Konsum- bzw. Produktionspläne nicht erfüllen können.

4.5 Produzenten und Konsumentenrente

1. Erläutern Sie die Produzentenrente zu verstehen und geben Sie an, wie diese berechnet wird.
2. Erläutern Sie die Konsumentenrente zu verstehen und geben Sie an, wie diese berechnet wird.

4.6 Anpassungsprozesse bei Marktungleichgewichten

1. Schildern Sie die Anpassungsprozesse, die sich auf einem Markt mit vollständiger Konkurrenz einstellen, wenn der Marktpreis über dem Gleichgewichtspreis liegt.
2. Schildern Sie die Anpassungsprozesse, die sich auf einem Markt mit vollständiger Konkurrenz einstellen, wenn der Marktpreis unter dem Gleichgewichtspreis liegt.

4.7 Änderung des Gleichgewichtspreises

1. Beschreiben Sie, wie es zu einem Steigen des Gleichgewichtspreises kommen kann.
2. Beschreiben Sie, wie es zu einem Sinken des Gleichgewichtspreises kommen kann.

4.8 Marktkonforme staatliche Eingriffe in die Preisbildung auf Wettbewerbsmärkten

1. Nennen Sie marktkonforme staatliche Eingriffe des Staates in die Marktpreisbildung.
2. Beschreiben Sie die Folgen, die die Erhebung einer Mengensteuer auslöst.
3. Beschreiben Sie die Folgen, die die Zahlung von Subventionen an Unternehmen auslöst.

4.9 Marktkonträre staatliche Eingriffe in die Preisbildung auf Wettbewerbsmärkten

1. Nennen Sie marktkonträre staatliche Eingriffe des Staates in die Marktpreisbildung.
2. Beschreiben Sie die Folgen, die die Einführung eines Mindestpreises auslöst.
3. Beschreiben Sie die Folgen, die die Einführung eines Höchstpreises auslöst.

AUFGABEN ZUM ERWERB UND ZUR ANWENDUNG VON KOMPETENZEN

4 Preisbildung auf Wettbewerbsmärkten: Vollständige Konkurrenz

4.1 Preisbildung auf dem unvollkommenen Markt

Die Stiftung Warentest hat in ihrer Zeitschrift test u. a. folgende Testergebnisse über Zahnpasta veröffentlicht:

Produkt	mittlerer Preis pro 100 ml in EUR	Testergebnis
Dentalux Mint Fresh	0,39	sehr gut (1,4)
Colgate	2,20	sehr gut (1,5)
Elmex	4,00	sehr gut (1,5)
Priodent	0,32	sehr gut (1,5)
Lavera neutral	5,25	mangelhaft (5,0)
Sante Dental med	4,72	mangelhaft (5,0)

Quelle: Stiftung Warentest, test 3/2013, S. 32 f.

1. Erklären Sie, warum für Produkte mit den Test-Urteilen „mangelhaft" teilweise erheblich mehr bezahlt wurde als für Produkte mit dem Test-Urteil „sehr gut".
2. Beurteilen Sie welche Wirkungen die Veröffentlichung derartiger Untersuchungen der Stiftung Warentest haben kann.
3. Erläutern Sie anhand von zwei Beispielen, welche Auswirkungen ein Preisvergleich im Internet auf die Marktunvollkommenheit haben kann.
4. Erläutern Sie die Besonderheit einer Börse im Hinblick auf die Vollkommenheit des Marktes. Begründen Sie, zu welchem Ergebnis die Börsenpreisbildung im Vergleich zu anderen Marktformen führt.

4.2 Preisbildung an der Börse

An einer Rohstoffbörse erhält ein Makler folgende Aufträge:

PDF

Verkaufsaufträge			Kaufaufträge		
Verkäufer	Mindestpreis (EUR)	Menge (t)	Käufer	Höchstpreis (EUR)	Menge (t)
A	180	40	E	60	60
B	120	20	F	100	20
C	100	60	G	120	40
D	60	80	H	180	80

1. Ermitteln Sie den Preis, den der Makler festlegen wird.
2. Tragen Sie die Angebots- und Nachfragekurve in ein Koordinatensystem ein. (x-Achse: 15 cm, 1 cm = 20 Mengeneinheiten; y-Achse: 10 cm, 1 cm = 20 Geldeinheiten)
3. Ermitteln Sie die Gleichgewichtsmenge und geben Sie an, wodurch sich die Gleichgewichtsmenge auszeichnet.
4. Erläutern Sie, warum ein Marktpreis von 180 EUR nicht möglich ist.
5. Erläutern Sie, warum ein Marktpreis von 660 EUR nicht möglich ist.
6. Errechnen Sie die Ausgabenersparnis für Käufer G gegenüber seiner ursprünglichen Kaufabsicht.

7. Errechnen Sie die Mehreinnahmen für Verkäufer D gegenüber seiner ursprünglichen Verkaufsabsicht.
8. Nachrichten über eine mögliche weltweite Verknappung des Rohstoffs lösen eine erhöhte Nachfrage aus. Der Makler stellt fest, dass alle Käufer zu den von ihnen gebotenen Höchstpreisen 20 t mehr kaufen wollen. Ermitteln Sie des neuen Preis, den der Makler festlegt.
9. Stellen Sie die veränderten Nachfrageverhältnisse im Koordinatensystem (vgl. Nr. 2) dar.

4.3 Preisbildung auf dem Markt für italienisches Eis

PDF

Auf dem Markt für italienisches Speiseeis herrscht in einer baden-württembergischen Stadt harter Konkurrenzkampf. Ein Marktforschungsinstitut hat in Abhängigkeit vom Preis für eine Eiskugel (P) für das Gesamtangebot (X_A) der Eisdielen und für die (insbesondere auf die zahlreichen Schüler und Schülerinnen entfallende) Gesamtnachfrage (X_N) folgende Zusammenhänge ermittelt (Menge in 1 000 Eiskugeln):

Angebotsfunktion: $X_A = -2 + 10\,P$ Nachfragefunktion: $X_N = 10 - 5\,P$

1. Ermitteln Sie rechnerisch den Gleichgewichtspreis und die Gleichgewichtsmenge (Menge in 1 000 Kugeln).
2. Kontrollieren Sie Ihr Ergebnis, indem Sie die entsprechende Angebots- und Nachfragekurve in ein Preis-Mengen-Diagramm einzeichnen und Gleichgewichtspreis/Gleichgewichtsmenge grafisch bestimmen. (x-Achse: 20 cm, 1 cm = 1 000 Eiskugeln; y-Achse: 10 cm, 1 cm = 0,20 EUR)
3. Erläutern Sie, wie sich folgende Ereignisse auf die Angebots- und Nachfragekurve auswirken würden:
   a) Es wird ein neues Gymnasium eröffnet, sodass noch mehr Schüler und Schülerinnen aus dem Umland eine Schule in der Kreisstadt besuchen.
   b) Der Preis für verpacktes „Eis am Stiel" sinkt.
   c) Das Gewerbeaufsichtsamt lässt wegen Nichtbeachtung der Hygienevorschriften mehrere Eisdielen schließen.
   d) Die Pachten für Ladenlokale in der Innenstadt steigen kräftig. Das betrifft auch die meisten Eisdielen.

4.4 Preisbildung beim Polypol auf dem vollkommenen Markt

PDF

Für ein landwirtschaftliches Produkt werden an der Warenbörse zu einem bestimmten Zeitpunkt folgende Gesamtangebots- und Gesamtnachfragefunktionen festgestellt:

Angebot: $x_A = p - 10$ Nachfrage: $x_N = 50 - p$

1. Ermitteln Sie rechnerisch den Gleichgewichtspreis und die Gleichgewichtsmenge.
2. Zeichnen Sie die Angebots- und Nachfragekurve in ein Koordinatensystem ein (x-Achse: 15 cm; 1 cm = 4 Mengeneinheiten; y-Achse: 15 cm; 1 cm = 4 Geldeinheiten).
3. Berechnen Sie für das Marktgleichgewicht den Gesamterlös, die Konsumenten- und die Produzentenrente.
4. In der folgenden Woche verändert sich die Angebotsfunktion wie folgt: $x_A = p - 5$. Die Nachfragefunktion bleibt unverändert. Zeichnen Sie die neue Angebotskurve in das Koordinatensystem ein und ermitteln Sie zeichnerisch den neuen Gleichgewichtspreis.
5. Erläutern Sie, worauf die Veränderung der Angebotsfunktion zurückgeführt werden kann.
6. Berechnen Sie für das neue Marktgleichgewicht den Gesamterlös, die Konsumenten- und die Produzentenrente.
7. Prüfen Sie anhand der Konsumenten- und Produzentenrente, ob die Angebotsveränderung für die Marktteilnehmer vorteilhaft war.

zu Aufg. 4.5

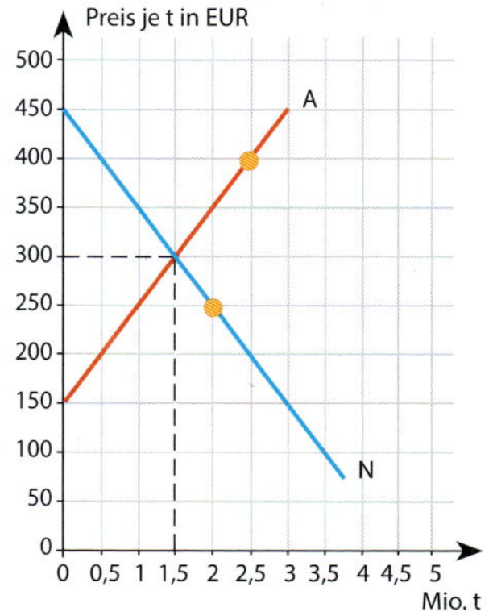

4.5 Subvention – Mindestpreis

Für ein bestimmtes landwirtschaftliches Anbauprodukt liegen die in der nebenstehenden Abbildung dargestellten Marktverhältnisse vor. Die Regierung möchte den Anbau dieses Produkts weiter fördern. Stellen Sie fest, wie sich

1. Subventionszahlungen in Höhe von 100 Euro je t

2. die Festsetzung eines um 100 Euro über dem derzeitigen Gleichgewichtspreis liegenden Mindestpreises auf die Produktionsmenge, den Preis, die Erlöse der Produzenten und den Staatshaushalt auswirken.

4.6 Marktkonforme und marktkonträre Eingriffe des Staates auf dem Agrarmarkt – Stücksubvention – Mindestpreispolitik

PDF

Für ein bestimmtes landwirtschaftliches Produkt liegt zum Zeitpunkt t_0 die in der Abbildung unten rechts dargestellte Marktsituation vor. Die Regierung möchte die Produktion dieses Produktes fördern und gleichzeitig die Einkommenssituation in der Landwirtschaft verbessern. Dafür will sie Haushaltsmittel in Höhe von 800 Mio. EUR zur Verfügung stellen. Es soll geprüft werden, ob die Mittel besser zu Gewährung von Subventionen an die Landwirte oder zum Aufkauf von Überschüssen nach Festsetzung eines Mindestpreises verwendet werden sollen.

1. **Subvention**
Angenommen, die Regierung gewährt den Landwirten eine Stücksubvention von 400 EUR je t. Die Nachfrage bleibt un verändert. Stellen Sie die Veränderung der Marktsituation in einem Koordinatensystem grafisch dar und berechnen Sie die fehlenden Werte in der nebenstehenden Tabelle.

	Preis (EUR)	Menge (Mio. t)	Erlöse (Mio. EUR)	Staatsausgaben (Mio. EUR)
Ausgangssituation	700	1		0
Subvention 400 EUR/t				
Änderung gegenüber Ausgangssituation				

2. **Mindestpreis**
Auf Druck des Bauernverbandes setzt die Regierung zum Zeitpunkt t_1 anstelle der Subvention einen Mindestpreis fest, der 100 EUR über dem Gleichgewichtspreis in t_0 liegt. Die Nachfrage bleibt unverändert. Stellen Sie die Veränderung der Marktsituation in einem Koordinatensystem grafisch dar und berechnen Sie die fehlenden Werte in der nebenstehenden Tabelle.

	Preis (EUR)	Menge (Mio. t)	Erlöse (Mio. EUR)	Staatsausgaben (Mio. EUR)
Ausgangssituation	700	1	700	0
Mindestpreis 100 EUR über dem Gleichgewichtspreis	800			
Änderung gegenüber Ausgangssituation	+ 100			

3. Vergleichen Sie die beiden Maßnahmen miteinander und erläutern Sie die Unterschiede.
4. Im Falle des Mindestpreises müssen die aufgekauften Weizenüberschüsse von der Regierung zunächst gelagert werden. Es wird davon ausgegangen, dass dabei ca. 20 % der Menge durch Verderb und andere Umstände vernichtet wird. Die restliche Menge könnte auf dem Weltmarkt für die Hälfte des Mindestpreises verkauft werden. Für Lagerung und Transport fallen für die Regierung Kosten in Höhe von 20 % der Verkaufserlöse an. Mit wie viel Euro würde in diesem Fall der Staatshaushalt insgesamt belastet?
5. Wegen schlechter Witterungsverhältnisse fällt die Ernte im Jahr t_2 erheblich geringer als in den Vorjahren aus. Dadurch ändert sich der Marktpreis gegenüber der Ausgangssituation (t_0) vorübergehend um 20 %.
   a) Ermitteln Sie die Höhe des Marktpreises im Jahr t_2.
   b) Erläutern Sie in Diesem Fall die Auswirkung des Mindestpreises von 800 EUR.

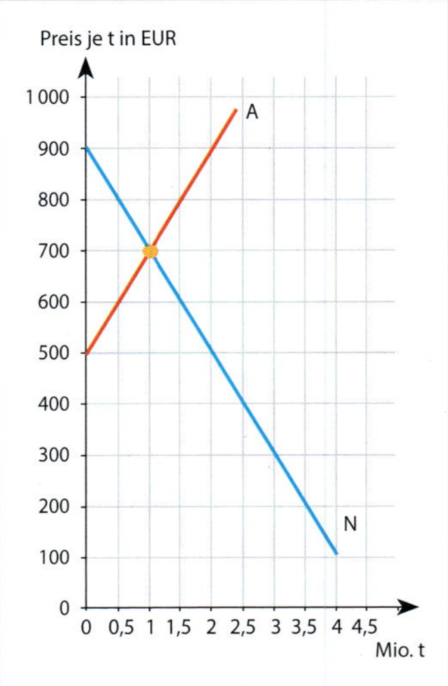

6. Schlagen Sie andere Maßnahmen vor, die die Regierung anstelle von Stücksubvention oder Mindestpreispolitik ergreifen könnte, um die Einkommenssituation in der Landwirtschaft zu verbessern.

4.7 Marktkonträre Eingriffe des Staates auf dem Wohnungsmarkt: Höchstmieten

In einer mittelgroßen Stadt soll die Situation auf dem Wohnungsmarkt analysiert werden. Die Erhebungen des Wohnungsamtes zur Erstellung eines Mietspiegels führen bei 4-Zimmer-Wohnungen mit vergleichbarer Größe, Ausstattung und Lage zu folgendem Ergebnis:

PDF

Monatliche Höchstmiete	Zahl der interessierten Mieter
bis 250 EUR	20 000
bis 500 EUR	15 000
bis 750 EUR	10 000
bis 1 000 EUR	5 000
bis 1 250 EUR	0

Monatliche Mindestmiete	Zahl der interessierten Vermieter
ab 1 250 EUR	20 000
ab 1 000 EUR	15 000
ab 750 EUR	10 000
ab 500 EUR	5 000
ab 250 EUR	0

1. Stellen Sie die Angebots- und Nachfragekurve in einem Koordinatensystem dar und ermitteln Sie die Miete in der Gleichgewichtssituation. (x-Achse: 2 cm = 5 Wohnungen, y-Achse: 2 cm = 250 EUR)
2. Die Stadtverwaltung ist der Meinung, die Miete in der Gleichgewichtssituation sei insbesondere für kinderreiche Familien unerschwinglich. Daher soll aus sozialpolitischen Gründen für diese Art von 4-Zimmer-Wohnungen ein Höchstpreis festgelegt werden, der 250 EUR unter der Gleichgewichtsmiete liegt.

	Preis (EUR)	Menge (Wohnungen)	Mieteinnahmen (Mio. EUR)
Ausgangssituation	700	10 000	7,5
Höchstpreis 250 EUR unter dem Gleichgewichtspreis	500		
Änderung gegenüber Ausgangssituation	– 250		

a) Stellen Sie die Veränderung der Marktsituation im Koordinatensystem grafisch dar und berechnen Sie die fehlenden Werte in der nebenstehenden Tabelle.

b) Gibt es Mieter, die durch die Festsetzung der Höchstmiete Nachteile gegenüber der Ausgangssituation erleiden? Um welche Mieter handelt es sich gegebenenfalls?

c) Gibt es Mieter, die durch die Festsetzung der Höchstmiete Vorteile gegenüber der Ausgangssituation haben? Um welche Mieter handelt es sich gegebenenfalls?

d) Die Absicht der Stadtverwaltung bestand ursprünglich darin, durch die Höchstmiete kinderreiche Familien zu begünstigen. Prüfen Sie, ob das gelungen ist.

e) Welche zusätzlichen Maßnahmen müsste die Stadtverwaltung ergreifen, um die Zielgruppe „Familien mit mehreren Kindern“ durch die Höchstmiete zu begünstigen?

5 Verhalten der Anbieter auf Märkten mit Marktmacht

5.1 Preisbildung beim Angebotsmonopol

5.1.1 Besonderheiten des Angebotsmonopols

Gibt es auf einem Markt nur einen Anbieter, dem viele Nachfrager gegenüberstehen, liegt ein Angebotsmonopol vor.

Reine Angebotsmonopole sind in der Realität genauso selten zu finden wie vollkommene Polypole (vollständige Konkurrenz). Das ist u. a. dadurch bedingt, dass auf einem monopolistischen Markt

- im Laufe der Zeit Konkurrenten auftreten (Imitation),
- Substitutionsgüter entstehen, die in Konkurrenz zum Gut des Monopolisten stehen,
- der Gesetzgeber die Entstehung von Monopolen kontrollieren und bei Missbrauchsgefahr verhindern kann.

Die meisten Monopole befinden sich in öffentlicher Hand (Staat, Gemeinden) und/oder unterliegen einer öffentlichen Kontrolle. Öffentliche Monopole werden in der Regel nicht mit der Absicht der Gewinnmaximierung betrieben. Ihr Marktverhalten ist deshalb anders zu beurteilen als bei privaten Monopolen. Private Angebotsmonopole in der Form von **Kollektivmonopolen** können entstehen, wenn sich konkurrierende Anbieter zu **Kartellen** zusammenschließen, um durch gemeinsame Vereinbarungen den **Wettbewerb auszuschließen** (z. B. einheitliche Preisgestaltung, Aufteilung des Absatzgebietes). Solche Preis- und Gebietskartelle sind nach deutschem und europäischem Recht grundsätzlich verboten.

Aufg. 5.1 S. 104

Obwohl reine private Angebotsmonopole einen theoretischen Grenzfall darstellen, lassen sich aus der Monopolpreisbildung im Modell wichtige Erkenntnisse für die Absatzpolitik marktmächtiger Unternehmen in der Realität ableiten.

Preis-Absatz-Funktion eines Angebotsmonopolisten: Konzertveranstaltung der Aids-Hilfe e. V.

Die Aids-Hilfe e.V. in einer mittelgroßen Stadt plant zur Finanzierung ihrer Arbeit ein Wohltätigkeitskonzert. Mehrere bekannte Musikgruppen aus der Umgebung haben ihre unentgeltliche Mitwirkung zugesagt. Die Stadt stellt das örtliche Fußballstadion mit einem Fassungsvermögen von 8 000 Personen für diese Veranstaltung zur Verfügung. Die Veranstalter stehen vor dem Problem, die Höhe des Eintrittspreises festzulegen. Bei ähnlichen Veranstaltungen in früheren Jahren hat es sich als sinnvoll erwiesen, alle Eintrittskarten gleich teuer anzubieten. Es liegen auch ziemlich genaue Schätzungen über den Zusammenhang zwischen der Höhe des Eintrittspreises und der zu erwartenden Zuschauerzahl in Form der folgenden **Preis-Absatz-Funktion** vor.

Preis (p) in EUR)	25,00	22,50	20,00	17,50	15,00	12,50	10,00	7,50	5,00	2,50	0
Zuschauer (x) in 1 000	0	1	2	3	4	5	6	7	8	9	10

Die Preis-Absatz-Funktion (Preis-Absatz-Kurve) gibt an, welche Menge ein einzelner Anbieter jeweils zu einem von ihm festgesetzten Preis (Preisfixierung) absetzen kann.

Da der Monopolist der einzige Anbieter ist, ist die zu einem bestimmten Preis absetzbare Menge immer identisch mit der am Markt zu diesem Preis nachgefragten Menge. Daraus folgt für den Sonderfall des Monopols:

> **Die Preis-Absatz-Kurve ist beim Angebotsmonopol identisch mit der Gesamtnachfragekurve.**

Aufgrund vollkommener Markttransparenz ist dem Monopolisten die mit seiner Preis-Absatz-Kurve übereinstimmende Nachfragekurve bekannt. Im Gegensatz zu einem Anbieter beim Polypol, der nur seine Produktionsmenge, nicht aber den Preis bestimmen kann, ist der Angebotsmonopolist wegen seiner Marktmacht in der Lage, den Marktpreis festzulegen. Die Nachfrager mit ihrem verschwindend geringen Marktanteil müssen in diesem Fall den vom Monopolisten geforderten Preis als Datum akzeptieren.

Legt der Konzertveranstalter als Monopolist z. B. einen Preis von 15,00 EUR fest (= Preisfixierer), muss er aber die sich bei diesem Preis am Markt ergebende Nachfragemenge von 4 000 Stück, die seiner Absatzmenge entspricht, hinnehmen. Statt des Preises kann der Konzertveranstalter als Monopolist aber auch die Absatzmenge (z. B. 6 000 Stück) festlegen (= Mengenfixierer). In diesem Fall muss er den Preis von 10,00 EUR akzeptieren, zu dem diese Menge am Markt nachgefragt wird.

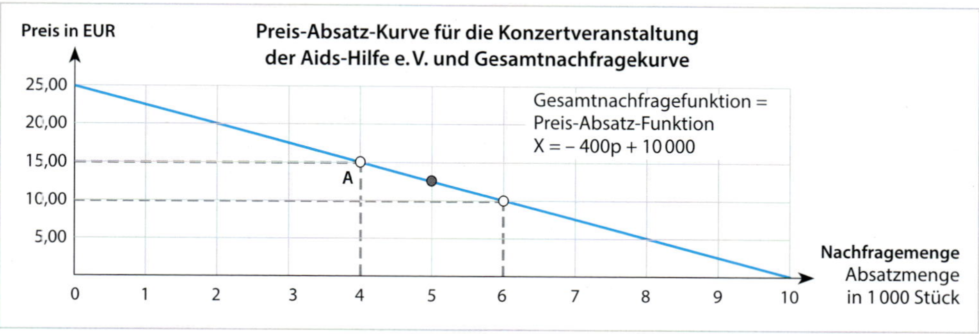

> **Der Angebotsmonopolist kann für das von ihm angebotene Gut entweder den Preis oder die Absatzmenge festlegen.**

Die entscheidende Frage lautet: **Bei welcher Preis-Mengen-Kombination maximiert der Monopolist seinen Gewinn?**

5.1.2 Gewinnmaximum des Angebotsmonopolisten

Tabellarische Ermittlung des Gewinnmaximums

Der Gewinn (G) ist die Differenz zwischen Erlösen (E) und Kosten (K). Ziel des Angebotsmonopolisten ist es, diese Differenz zu maximieren

Aufg. 5.2 S. 105

> **Ziel: G = E – K → Max !**

Annahme: Für das Wohltätigkeitskonzert entstehen der Aids-Hilfe e. V. fixe Kosten für Stadionmiete, Werbung, Druck der Eintrittskarten, Versicherungsprämie usw. in Höhe von 15 000 EUR. Außerdem müssen 5,00 je verkaufter Eintrittskarte an die Stadt für die Stadionreinigung, die Bezahlung von Ordnungskräften usw. (= variable Kosten) abgeführt werden.

Tabellarische Gewinnermittlung für die Konzertveranstaltung der Aids-Hilfe e.V.						
Preis (p) in EUR	Zuschauer (x)	Erlöse (E) in EUR	fixe Kosten (K_f) in EUR	variable Kosten (K_v) in EUR	Gesamtkosten (K) in EUR	Gewinn/ Verlust (G) in EUR
25,00	0	0	15 000	0	15 000	–15 000
22,50	1 000	22 500	15 000	5 000	20 000	2 500
20,00	2 000	40 000	15 000	10 000	25 000	15 000
17,50	3 000	52 500	15 000	15 000	30 000	22 500
15,00	4 000	60 000	15 000	20 000	35 000	25 000
12,50	5 000	62 500	15 000	25 000	40 000	22 500
10,00	6 000	60 000	15 000	30 000	45 000	15 000
7,50	7 000	52 500	15 000	35 000	50 000	2 500
5,00	8 000	40 000	15 000	40 000	55 000	– 15 000
2,50	9 000	22 500	15 000	45 000	60 000	– 37 500
0,00	10 000	0	15 000	50 000	65 000	– 65 000

Ergebnis: Der gewinnmaximale Preis beträgt 15,00 EUR und die gewinnmaximale Menge 4 000 Zuschauer. Der maximale Gewinn beläuft sich auf 25 000 EUR.

Grafische Ermittlung des Gewinnmaximums

Wird – wie im vorliegenden Fall – unterstellt, dass die variablen Kosten je Stück (k_v) bei jeder Produktionsmenge unverändert bleiben, hat die auf der **Kostenfunktion** $K = K_f + k_v \cdot x$ beruhende **Gesamtkostenkurve** einen linearen Verlauf. Die konstante Steigung der linearen Gesamtkostenkurve entspricht k_v *(vgl. Abb. S. 93)*. Das Schaubild der Erlöskurve ist dagegen eine nach unten geöffnete Parabel. Das liegt daran, dass für den Monopolisten weder der Preis noch die Menge eine vorgegebene (konstante) Größe darstellt. Vielmehr kann er beide Größen beeinflussen und entweder den Preis oder die Menge festlegen.

Der erste Schnittpunkt zwischen der Gesamterlöskurve und der Gesamtkostenkurve stellt die Gewinnschwelle, der zweite Schnittpunkt die Gewinngrenze des Monopolisten dar *(vgl. Abb. S. 93)*. Erst ab einer über die Gewinnschwelle hinausgehenden Menge sind die Erlöse größer als die Kosten, sodass ein Gewinn erzielt wird. Bei einer geringeren Menge entsteht ebenso ein Verlust wie bei einer über die Gewinngrenze hinausgehenden Menge. Das Gewinnmaximum liegt innerhalb der Gewinnzone an der Stelle, wo die Differenz zwischen Gesamterlös und Gesamtkosten am größten ist (hier: 4 000 Zuschauer). Geometrisch lässt sich das Gewinnmaximum ermitteln, indem die lineare Gesamtkostenkurve parallel verschoben wird bis zum Tangentialpunkt mit der Erlöskurve. Bei dieser Menge (hier: 4 000 Zuschauer) ist der **Abstand zwischen Erlöskurve und Kostenkurve am größten** *(vgl. Abb. S. 93)*.

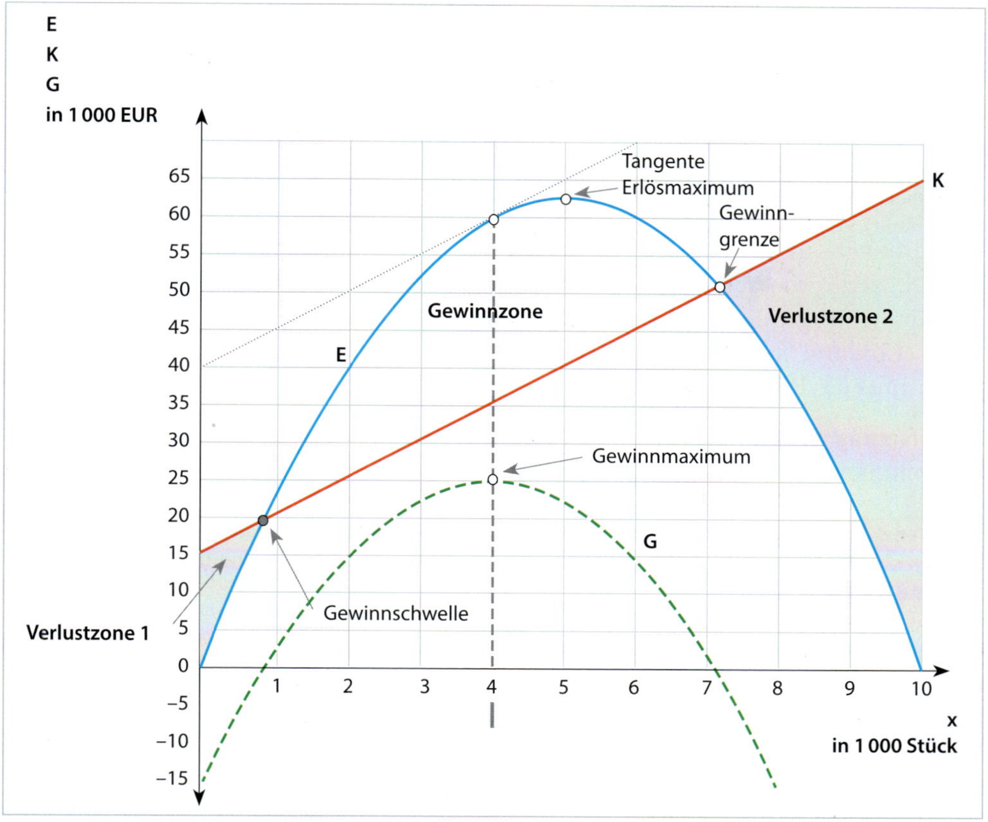

Das Gewinnmaximum des Monopolisten liegt bei der Menge, bei der der Abstand zwischen der Erlöskurve und der Kostenkurve am größten ist: G = E – K → Max!

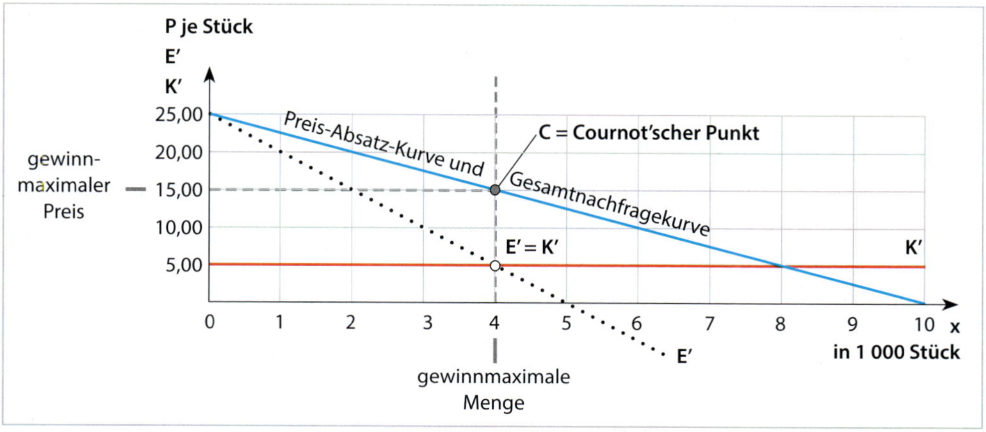

An der Stelle, an der der Abstand zwischen Erlös- und Kostenkurve am größten ist, ist die Steigung der Erlöskurve gleich der Steigung der Kostenkurve. Aus diesem Zusammenhang lässt sich das Gewinnmaximum auch mithilfe der Grenzerlös- und Grenzkostenkurve wie folgt ableiten.

Mathematische Ermittlung des Gewinnmaximums

Die Steigung der Erlöskurve wird durch die Grenzerlöskurve (= 1. Ableitung der Erlösfunktion) angegeben.

> **!** **Der Grenzerlös ist der zusätzliche Erlös, der sich bei einer Erhöhung der Absatzmenge um eine Einheit ergibt (= Zuwachs des Gesamterlöses bei einer Absatzerhöhung um eine Mengeneinheit).**

Ein Grenzerlös von null bedeutet, dass kein weiterer Erlöszuwachs mehr möglich ist. Bei der Absatzmenge, die einer Grenzerlöskurve von null entspricht (= Schnittpunkt der Grenzerlöskurve mit der Mengenachse), hat daher die Gesamterlöskurve ihr Maximum (= Steigung der Erlöskurve beträgt null).

Die Steigung der Kostenkurve wird durch die Grenzkostenkurve (= 1. Ableitung der Kostenfunktion) angegeben.

> **!** **Grenzkosten sind die zusätzlichen Kosten, die sich bei einer Erhöhung der Produktionsmenge um eine Einheit ergeben (= Zuwachs der Gesamtkosten bei einer Produktionserhöhung um eine Mengeneinheit).**

Bei linearem Kostenverlauf sind die Grenzkosten konstant und entsprechen den variablen Kosten je Stück (hier: 5,00 EUR).

Da die Grenzerlöse (E′) die Steigung der Erlöskurve und die Grenzkosten (K′) die Steigung der Kostenkurve angeben, sind bei der gewinnmaximalen Menge (hier: 4 000 Zuschauer) **Grenzerlös und Grenzkosten** gleich groß (hier: jeweils 5,00 EUR). Es gilt somit die **Bedingung E′ = K′**. Solange der Grenzerlös größer ist als die Grenzkosten, ist das Gewinnmaximum noch nicht erreicht und der Gewinn steigt bei zunehmender Menge. Ist der Grenzerlös dagegen kleiner als die Grenzkosten, ist das Gewinnmaximum bereits überschritten und der Gewinn sinkt bei zunehmender Menge. Geometrisch entspricht das Gewinnmaximum dem Schnittpunkt zwischen Grenzerlös- und Grenzkostenkurve *(vgl. Abb. S. 93)*.

> **!** **Das Gewinnmaximum des Angebotsmonopolisten liegt bei der Menge, bei der Grenzerlös und Grenzkosten gleich groß sind (E′ = K′).**

Der zur gewinnmaximalen Menge gehörende Preis (hier: 15,00 EUR) lässt sich mithilfe der Preis-Absatz-Kurve ermitteln. Der Punkt auf der Preis-Absatz-Kurve des Monopolisten, der die gewinnmaximale Preis-Mengen-Kombination darstellt (hier: Punkt C), wird als **COURNOT'scher Punkt**[1] bezeichnet *(vgl. Abb. S. 93)*.

Marktversorgung

Aufg. 5.3 S. 106

Im Vergleich zum Erlösmaximum liegt das Gewinnmaximum bei einer noch niedrigeren Menge (4 000 Zuschauer gegenüber 5 000 Zuschauern) und einem noch höheren Preis (15,00 EUR gegenüber 12,50 EUR). Der Monopolist maximiert also seinen Gewinn dadurch, dass er das Angebot künstlich verknappt (Verschlechterung der Marktversorgung) und die geringere Angebotsmenge zu einem höheren Preis verkauft.

---

1 Nach Antoine Augustin Cournot (1801–1877), französischer Mathematiker und Ökonom

! Beim Monopol ist die Marktversorgung schlechter und der Preis höher als auf Wettbewerbsmärkten.

Mathematische Ermittlung des Gewinnmaximums (Differenzialrechnung)

Mathematisch lässt sich das Gewinnmaximum des Monopolisten für das vorliegende Zahlenbeispiel wie folgt ermitteln:

Die verwendete lineare Preis-Absatz-Funktion *(vgl. Tab. S. 92 bzw. Abb. S. 93)*, die beim Monopol der Nachfragefunktion entspricht und die Abhängigkeit der absetzbaren Menge vom Preis beschreibt, lautet:

(1) $x = 10\,000 - 400\ p$

Da der Monopolist – im Gegensatz zu einem Polypolisten (Mengenanpasser) – entweder den Preis oder die Menge festlegen kann, kann die Gleichung im vorliegendem Fall ausnahmsweise auch nach p aufgelöst und das Abhängigkeitsverhältnis zwischen Menge (x) und Preis (p) umgekehrt werden.

(2) $p = (10\,000 - x)/400 = 25 - 0{,}0025\ x$

Diese Umformung mit der Menge (x) als unabhängige Variable ist nötig, weil zur Ermittlung des Gewinnmaximums die gewinnmaximale Menge bestimmt werden muss (s. u.). Das geht nur, wenn in der zu maximierenden Gewinnfunktion $G = E - K$ die Menge (x) die unabhängige Variable ist. Da die Kosten (K) von der Menge (x) abhängig sind ($K = K_f + k_v \cdot x$), müssen auch die Erlöse ($E = p \cdot x$) in Abhängigkeit von der Menge (x) formuliert werden. Das geschieht, indem die nach p aufgelöste Preis-Absatz-Funktion (2) in $E = p \cdot x$ eingesetzt wird. Die Erlösfunktion lautet somit:

(3) $E = (25 - 0{,}0025\ x) \cdot x = 25\ x - 0{,}0025\ x^2$

An der Extremstelle der Erlösfunktion (Erlösmaximum) müssen die 1. Ableitung gleich null und die 2. Ableitung negativ sein.

(4) $E' = 25 - 0{,}005x = 0$ (5) $E'' = -0{,}005 < 0$

Aus (4) folgt für den hier vorliegenden Fall: $x = 25/0{,}005 = 5\,000$. Die erlösmaximale Menge liegt also bei 5 000 Stück. Das Schaubild der Erlösfunktion ist eine nach unten geöffnete Parabel. Also liegt das Maximum in der Mitte zwischen den Schnittpunkten mit X-Achse. Das entspricht der Hälfte des Abschnitts der Preis-Absatz-Kurve auf der Mengenachse.

Wichtiges Ergebnis: Die erlösmaximale Menge lässt sich dadurch bestimmen, dass der Abschnitt der Preis-Absatz-Kurve auf der Mengenachse halbiert wird.

Die 1. Ableitung $E' = 25 - 0{,}005\ x$ ist die **Grenzerlösfunktion**. Sie hat die Form einer **Geraden** und gibt die Steigung der Gesamterlösfunktion an. Ihre Steigung (hier: 0,005) ist doppelt so groß wie die der zugehörigen Preis-Absatz-Funktion. Die Nullstelle der Grenzerlösfunktion ($E' = 0$) liegt im vorliegenden Fall bei 25/0,0005 = 5 000. Der Grenzerlös ist also bei einem Absatz von 5 000 Karten gleich null *(vgl. Abb. S. 93)*. Die Steigung der Gesamterlösfunktion ist an dieser Stelle null (= Erlösmaximum).

Die Kostenfunktion *(vgl. Tab. S. 92)* lautet:

(6) $K = 15\,000 + 5\ x$

Die zu maximierende Gewinnfunktion lautet:

(7) $G = 25\ x - 0{,}0025\ x^2 - 15\,000 - 5\ x = 20\ x - 0{,}0025\ x^2 - 15\,000 \rightarrow \max!$

Die notwendige (erste) Bedingung für das Maximum erfordert, dass die 1. Ableitung null ist.

(8) $G' = 20 - 0{,}005\ x = 0$

Die hinreichende (zweite) Bedingung für das Maximum erfordert, dass die 2. Ableitung negativ ist.

(9) $G'' = -0{,}005$

Für den vorliegenden Fall ergibt sich aus (8) als gewinnmaximale Menge: $20 - 0{,}005\ x = 0$. Daraus folgt: $x = 4\,000$

Aus der ersten Gewinnmaximierungsbedingung (8) folgt, dass beim Gewinnmaximum Grenzerlös und Grenzkosten gleich sein müssen.

(10) allgemein: $E'(x) = K'(x)$, hier: $25 - 0{,}005\ x = 5$

Für den vorliegenden Fall ergibt sich aus (10) als gewinnmaximale Menge: $x = 4\,000$. Durch Einsetzen von x in (2) ergibt sich der gewinnmaximale Preis: $p = 15$.

Wichtiges Ergebnis: Der Angebotsmonopolist erzielt seinen maximalen Gewinn, wenn Grenzerlös und Grenzkosten gleich sind.

fakultativ

Aufg. 5.4 S. 106

5.1.3 Preisdifferenzierung des Angebotsmonopolisten

Die Untersuchung des Preisbildungsprozesses beim Angebotsmonopol hat zu dem Ergebnis geführt, dass es bei dieser Marktform nur einen einzigen Preis geben kann. Ein Markt, auf dem sich ein **Einheitspreis** ergibt, zu dem **alle** Käufe und Verkäufe getätigt werden, ist ein **vollkommener Markt**. Der Angebotsmonopolist kann jedoch seinen Monopolgewinn noch weiter erhöhen, wenn es ihm gelingt, das **gleiche Gut** an unterschiedliche Käufergruppen zu **unterschiedlichen Preisen** zu verkaufen. Eine solche **Preisdifferenzierung**, bei der sich für ein gleichartiges Gut verschiedene Preise ergeben, ist nur auf einem **unvollkommenen Markt** möglich.

Es lassen sich verschiedene Formen der Preisdifferenzierung unterscheiden:

Arten der Preisdifferenzierung	Kriterien für die Marktteilung	Beispiel
Persönliche Preisdifferenzierung	Gruppenzugehörigkeit	Ein Konzertveranstalter gewährt ermäßigte Preise für Schüler und Studenten.
	Einkommenshöhe	Ein Arzt berechnet bei Kassen- und Privatpatienten für die gleiche Leistung ein unterschiedliches Honorar.
Räumliche Preisdifferenzierung	Regionen, Länder	Ein pharmazeutisches Unternehmen verkauft das gleiche Medikament im Ausland billiger als im Inland.
Zeitliche Preisdifferenzierung	Zeitpunkt der Nachfrage	Die Parkgebühren in einem Parkhaus sind nachts niedriger als am Tag.
		Ein Energieversorgungsunternehmen gewährt einen günstigen Nachtstromtarif.
Sachliche Preisdifferenzierung	Verwendungszweck des Gutes	Ein Energieversorgungsunternehmen verlangt von Privatkunden einen höheren Tarif als von Industriekunden.
	Nachfragemenge	Die Deutsche Bahn fordert von einer zweiten mitreisenden Person nur den halben Fahrpreis.
	Einschätzung durch unterschiedliche Verbraucherschichten	Ein Waschmittelhersteller verkauft ein Waschpulver sowohl mit einer neutralen No-Name-Verpackung (weiße Ware) als auch unter einem bekannten Markennamen. Durch Werbung, Verpackung usw. werden Qualitätsunterschiede vorgetäuscht.

Ziel jeder Preisdifferenzierung ist es, die Bereitschaft einiger Nachfrager, für das Gut einen höheren als den Marktpreis zu zahlen, auszunutzen. Diese Zahlungsbereitschaft der Nachfrager kommt in der von links oben nach rechts unten fallenden Nachfragekurve zum Ausdruck. Auch bei hohem Preis wären noch einige Nachfrager bereit das Gut zu kaufen. Ist der tatsächlich vom Monopolisten festgesetzte Preis jedoch niedriger als der von einigen Nachfragern geplante, erzielen diese Nachfrager einen Vorteil, weil sie das Gut billiger erwerben können als vorgesehen. Die Differenz zwischen ihrer Zahlungsbereitschaft und den niedrigeren tatsächlichen Ausgaben wird als **Konsumentenrente** bezeichnet.

! **Ziel der Preisdifferenzierung ist die Abschöpfung von Konsumentenrente.**

In allen Fällen ist Voraussetzung für eine Preisdifferenzierung, dass der Anbieter den Preis eigenmächtig festlegen und den Markt teilen kann. Eine solche Aufteilung des Marktes in Absatzschichten mit dem Ziel, in den einzelnen Marktsegmenten unterschiedliche Preise durchzusetzen, ist für einen Anbieter umso leichter möglich, je geringer die Markttransparenz ist und je leichter sich Marktsegmente in persönlicher, räumlicher, zeitlicher oder sachlicher Hinsicht abgrenzen lassen. Wesentlich ist dabei auch, dass der Weiterverkauf des Gutes zwischen den einzelnen Käufergruppen ausgeschlossen ist.

! Mittel der Preisdifferenzierung ist die Aufspaltung der Gesamtnachfrage in Absatzschichten.

Konzertveranstalter als Monopolist mit Preisdifferenzierung

Die Veranstalter eines Pop-Konzerts, das in einem Fußballstadion mit einem Fassungsvermögen von 8 000 Personen stattfinden soll, gehen von den in folgender Tabelle wiedergegebenen Daten aus. Es wird überlegt, ob durch eine Preisdifferenzierung der Gesamtgewinn gesteigert werden kann, indem für zahlungskräftige Besucher, die nicht zur Gruppe der Schüler, Auszubildenden und Studenten gehören, höhere Eintrittspreise festgelegt werden.

Preis (p) in EUR	Zuschauer (x) in 1 000	Erlöse (E) in 1 000 EUR	Kosten (K) in 1 000 EUR	Gewinn/Verlust in 1 000 EUR
25,00	0	0	15	– 15,0
22,50	1	22,5	20	2,5
20,00	2	40,0	25	15,0
17,50	3	52,5	30	22,5
15,00	4	60,0	35	25,0
12,50	5	62,5	40	22,5
10,00	6	60,0	45	15,0
7,50	7	52,5	50	2,5
5,00	8	40,0	55	– 15,0
2,50	9	22,5	60	– 37,5
0,00	10	0	65	– 65,0

Das bisherige Gewinnmaximum von 25 000 EUR ergibt sich bei einem Preis von 15,00 EUR und einer Zuschauerzahl von 4 000. Wird dieser bisherige Monopolpreis von 15,00 EUR (p^1) als ermäßigter Preis für Schüler, Auszubildende und Studenten beibehalten und der Preis für alle übrigen Besucher auf 20,00 E (p^2) festgesetzt, kann der Erlös um 10 000 EUR gesteigert werden. Voraussetzung dafür ist im vorliegenden Fall, dass sich unter den 4 000 Zuschauern, die bereit sind, einen Eintrittspreis von 15,00 EUR zu bezahlen, insgesamt mindestens 2 000 Schüler, Auszubildende und/oder Studenten befinden.

Erlösberechnung

	2 000 Zuschauer · 20,00 EUR	= 40 000 EUR
+	2 000 Zuschauer · 15,00 EUR	= 30 000 EUR
=	Gesamterlös	= 70 000 EUR

fakultativ

Da für diesen Fall die Gesamtzahl der Zuschauer auch nach der Preisdifferenzierung noch bei 4 000 liegt, ändern sich die Kosten nicht. Erlöszuwachs und Gewinnzuwachs sind demzufolge ausnahmsweise gleich hoch.

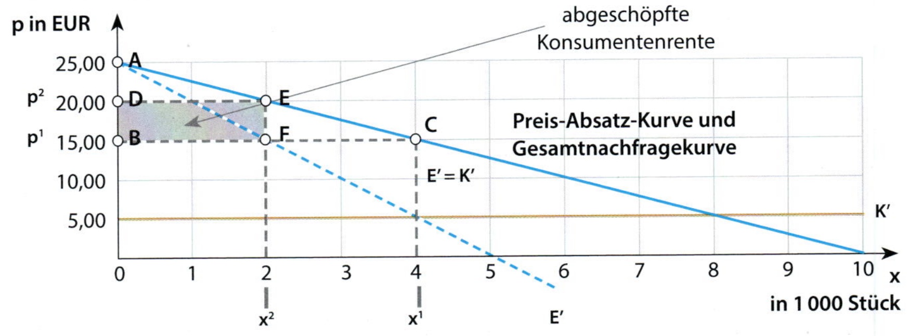

Die Erlös- und Gewinnsteigerung von 10 000 EUR kommt dadurch zustande, dass der Veranstalter einen Teil der Konsumentenrente oberhalb des bisherigen Monopolpreises abschöpft und in Erlös bzw. Gewinn umwandelt. Die verbleibende Konsumentenrente könnte teilweise noch weiter abgeschöpft werden, wenn es durch eine zusätzliche Marktaufspaltung gelänge, beispielsweise bei den 1 000 Zuschauern, die bereit wären, einen Preis von 22,50 EUR für eine Eintrittskarte zu zahlen, diesen Preis auch durchzusetzen.

Gewinnberechnung

2 000 Zuschauer · 20,00 EUR	= 40 000 EUR
+ 2 000 Zuschauer · 15,00 EUR	= 30 000 EUR
= Gesamterlös	= 70 000 EUR
– Gesamtkosten	= 35 000 EUR
= Gesamtgewinn	= 35 000 EUR

5.2 Monopolistischer Preisspielraum: Preisbildung beim Polypol auf dem unvollkommenen Markt

Aufg. 5.5 S. 107

Häufig werden am Markt sehr ähnliche Güter angeboten, die aber nach Einschätzung der Nachfrager aus verschiedenen Gründen nicht gleichartig (homogen) sind. Möglicherweise werden diese Güter nur deswegen als andersartig (heterogen) angesehen, weil sie sich in der Verpackung oder durch eine Markenbezeichnung unterscheiden. Neben solchen sachlichen Präferenzen liegen Marktunvollkommenheiten beispielsweise auch dann vor, wenn sich aufgrund von besonders zuvorkommender Kundenbetreuung eine „Stammkundschaft" entwickelt (= persönliche Präferenzen), der Anbieter einen günstigen Standort (z. B. gute Geschäftslage, genügend Parkraum, geringe Entfernung) hat (= räumliche Präferenz) oder eine besonders schnelle Lieferung zusagt (= zeitliche Präferenz). Auf einem solchen unvollkommenen Markt können für eigentlich gleichartige Güter dennoch unterschiedliche Preise entstehen.

! Die Marktform des Polypols auf dem unvollkommenen Markt ist dadurch gekennzeichnet, dass sich viele Anbieter und viele Nachfrager mit jeweils geringen Marktanteilen gegenüberstehen. Ein einheitlicher Preis kommt deswegen nicht zustande, weil mindestens eine der Bedingungen des vollkommenen Marktes (keine Präferenzen, Markttransparenz) nicht erfüllt ist.

Die Anbieter beim Polypol auf dem unvollkommenen Markt können den Preis innerhalb gewisser Grenzen verändern, ohne dass sie bei einer kleinen Preiserhöhung befürchten müssen Kunden an die Konkurrenz zu verlieren und ohne dass es ihnen bei einer kleinen Preissenkung gelingt, Käufer aus dem Kundenstamm eines anderen Anbieters abzuziehen. Sie können somit – anders als bei der Marktform der vollkommenen Konkurrenz – innerhalb eines bestimmten Preisbereichs Preispolitik wie ein Monopolist betreiben. Diese Marktform wird daher auch als **monopolistische Konkurrenz** bezeichnet.

Es gibt aber eine Ober- und eine Untergrenze für den preispolitischen Spielraum eines einzelnen Anbieters. Setzt der Anbieter den Preis zu hoch fest, ist für die Nachfrager der Preisnachteil im Vergleich zu den Konkurrenten so groß, dass die bisherigen Präferenzen gegenüber diesem Anbieter ihre Wirkung verlieren. Alle Kunden wandern zur Konkurrenz ab. Der Anbieter würde dann – wie beim Polypol auf dem vollkommenen Markt – seinen ganzen Absatz verlieren. Setzt der Anbieter dagegen den Preis zu niedrig fest, wechseln alle Nachfrager von der Konkurrenz zu ihm über. Aufgrund seines geringen Marktanteils kann er diese Nachfrage aber nicht befriedigen und keine zusätzlichen Kunden langfristig an sich binden. Aus diesen Überlegungen ergibt sich beim Polypol auf dem unvollkommenen Markt für einen einzelnen Anbieter eine Preis-Absatz-Funktion, wie sie in der folgenden Abbildung dargestellt ist. Sie wird auch als **doppelt geknickte Preis-Absatz-Kurve** bezeichnet.[1]

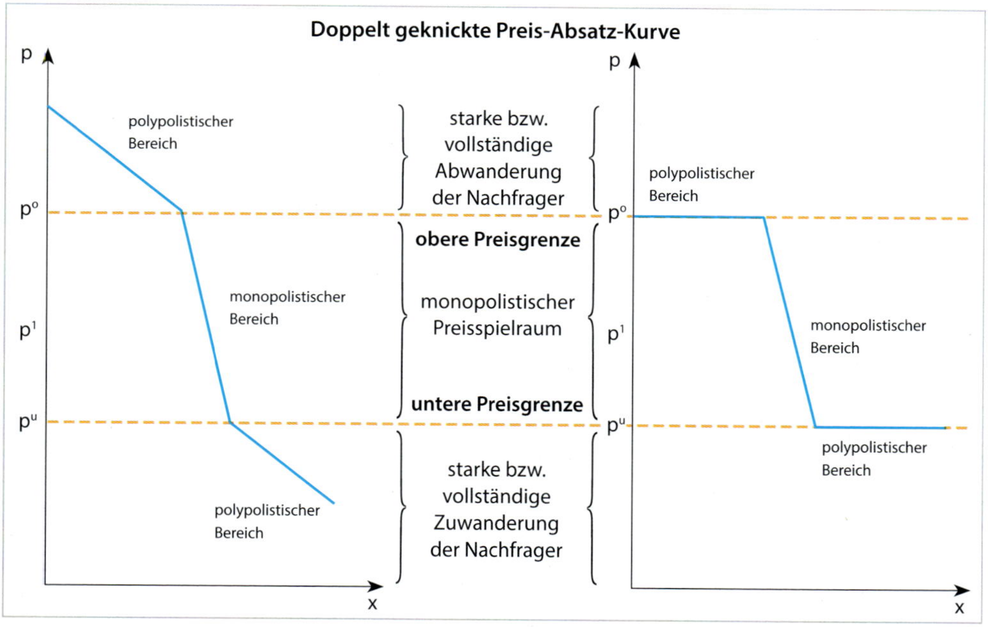

Die Preis-Absatz-Kurve eines Polypolisten auf dem unvollkommenen Markt weist zwei Knicke auf (doppelt geknickt) und ist dadurch in drei Abschnitte unterteilt. Sie gibt an, welche Menge dieser Anbieter jeweils absetzen kann, wenn er unterschiedlich hohe Preise festsetzt.

1 Diese Form der Preis-Absatz-Funktion wurde von Erich Gutenberg (1897–1984), einem bedeutenden deutschen Betriebswirt an der Universität Köln, entwickelt. Vgl. E. Gutenberg, Grundlagen der Betriebswirtschaftslehre, Bd. 2: Der Absatz, 17. Aufl., Berlin, Heidelberg, New York 1984, S. 247 ff.

Die **Preis-Absatz-Kurve** eines Anbieters spiegelt den **Teil der Gesamtnachfrage** wider, der auf diesen einzelnen Anbieter entfällt. Es handelt sich also um eine nur für den **einzelnen Anbieter bedeutsame Teil-Nachfragekurve**, der er sich **aus Anbietersicht** gegenübersieht.

In dem Preisintervall zwischen der Obergrenze (p^o) und der Untergrenze (p^u) kann der Anbieter Preispolitik wie ein Angebotsmonopolist betreiben. Der entsprechende Abschnitt auf der Preis-Absatz-Kurve wird daher auch als **monopolistischer Bereich** bezeichnet. Ausgehend vom Preis p^1 *(vgl. Abb. oben)* führt eine Preissenkung – wie beim Monopol – zu einer Absatzsteigerung, weil Nachfrager auftreten, die dieses Gut bisher nicht oder nur in geringer Menge gekauft haben (Weckung latenter Nachfrage). Bei einer Preiserhöhung verzichten dagegen einige der bisherigen Nachfrager ganz auf das Gut oder schränken zumindest die gekaufte Menge ein.

> **!** **Zwischen oberer und unterer Preisgrenze (monopolistischer Bereich) kann sich ein Anbieter beim unvollkommenen Polypol wie ein Monopolist verhalten und Preispolitik betreiben.**

Außerhalb des monopolistischen Bereichs werden die Präferenzen mehr und mehr unwirksam. Diese beiden Abschnitte der Preis-Absatz-Kurve werden auch als polypolistische Bereiche bezeichnet *(vgl. Abb. S. 99)*. Eine Erhöhung des Preises über den oberen Grenzpreis (p^2) führt zu einer Abwanderung von Kunden zu anderen Anbietern und damit zu einer Absatzminderung. Bei einer Preissenkung unterhalb des unteren Grenzpreises (p^3) kommt es zu einem Kundenzustrom von anderen Anbietern. Die Preis-Absatz-Kurve verläuft außerhalb des monopolistischen Bereichs umso flacher, je geringer die Präferenzen und je höher die Markttransparenz sind. Im Extremfall sind die Bedingungen eines vollkommenen Marktes erfüllt, sodass der Anbieter beim oberen Grenzpreis seinen gesamten Absatz verliert und beim unteren Grenzpreis jede im Bereich seiner Produktionskapazität liegende Menge absetzen kann. Das lässt sich durch jeweils parallel zur Mengenachse verlaufende Abschnitte der Preis-Absatz-Kurve darstellen *(vgl. Abb. S. 99)*.

Ein Anbieter, der durch die Marktunvollkommenheiten Vorteile hat, wird versuchen den monopolistischen Bereich zu erhalten und auszubauen, indem er absatzpolitische Instrumente (z. B. Werbung, Verpackung, Liefer- und Zahlungsbedingungen) einsetzt. Ziel ist es dabei, den monopolistischen Bereich weiter nach oben zu verlagern und die Preis-Absatz-Kurve nach rechts zu verschieben.

fakultativ

5.3 Verhaltensweisen der Anbieter beim Oligopol

> **!** **Gibt es auf einem Markt nur wenige Anbieter, denen viele Nachfrager gegenüberstehen, liegt ein Angebotsoligopol vor.**

Das Angebotsoligopol ist – neben dem Polypol auf dem unvollkommenen Markt – die am häufigsten anzutreffende Marktform (z. B. Waschmittel, Zigaretten, Mineralöl, Automobile, Autoreifen).

Homogene und heterogene Oligopole

	homogene Oligopole	heterogene Oligopole
Art der Güter	homogene (völlig gleichartige) Güter (z. B. Elektrizität, Benzin)	ähnliche (substituierbare) Güter (z. B. Autos, Waschmittel)
Marktverhalten	Eine Preisänderung bringt dem Oligopolisten kaum Vorteile, da sie entsprechende Gegenmaßnahmen der Konkurrenz auslöst. Daher kommt es auf oligopolistischen Märkten häufig zu den im Folgenden erläuterten Verhaltensweisen wie ▪ Preisstarrheit ▪ Preisführerschaft ▪ Preisabsprachen	Ähnliches Verhalten wie beim Polypol auf dem unvollkommenen Markt (vgl. Kap 5.2): ▪ monopolistischer Preisspielraum ▪ anstelle der Preispolitik treten andere absatzpolitische Maßnahmen (z. B. Werbung, Qualität, Kundendienst) zur Schaffung von Kundenpräferenzen in den Vordergrund.

Nichtkooperatives[1] Verhalten (Verdrängungswettbewerb)

Versucht jeder einzelne Oligopolist, seinen Gewinn zu maximieren, löst das üblicherweise einen Preisunterbietungsprozess aus, weil jeder Anbieter seine Absatzmenge zulasten des Marktanteils der Konkurrenten ausdehnen will. Wenn aber alle Anbieter ihre Preise senken, sinkt der Gewinn, ohne dass sich die Marktanteile wesentlich ändern. **Gewinnmaximierendes Verhalten des Einzelnen** bewirkt somit eine Gewinnminderung aller Anbieter und führt zu einer Preisvergünstigung für die Nachfrager. Oft endet dieser Preiswettbewerb mit einem **Verlust für alle beteiligten Unternehmen**. Der Prozess kann in einen **Preiskrieg** (ruinöse Konkurrenz) münden, indem derjenige Oligopolist, der am kostengünstigsten produziert oder die höchsten finanziellen Rücklagen hat, den Preis sogar unter seine Selbstkosten senkt und zeitweilige Verluste in Kauf nimmt. Auf diese Weise will er seine Konkurrenten ebenfalls in die Verlustzone treiben und sie zwingen aus dem Markt auszuscheiden (Verdrängungswettbewerb).

Weil auf oligopolistischen Märkten die Gefahr besteht, dass ein Preiswettbewerb für alle Anbieter Nachteile mit sich bringt, ist es nahe liegend, dass die Anbieter stillschweigend oder offen vereinbaren, den Preis als Wettbewerbsinstrument auszuschalten und stattdessen miteinander zu kooperieren. Anstelle der Preispolitik treten dann andere absatzpolitische Maßnahmen (z. B. Werbung, Qualität, Kundendienst) in den Vordergrund.

! Auf oligopolistischen Märkten zeigt sich häufig kein Preiswettbewerb (aggressive Strategie), sondern ein auf Übereinkunft beruhendes kooperatives Verhalten (friedliche Strategie).

Preisstarrheit

Da mit preispolitischen Maßnahmen erhebliche Risiken für einen Oligopolisten einhergehen, wird der Preiswettbewerb auf solchen Märkten häufig durch andere Wettbewerbsformen (z. B. Qualität, Werbung) ersetzt. Es kann daher vorkommen, dass auf oligopolistischen Märkten die Preise auffallend lange stabil bleiben (Preisstarrheit).

1 kooperativ *(lat.)*: gemeinsam handelnd; gemeinschaftlich

fakultativ

Preisführerschaft

Wenn auf oligopolistischen Märkten Preisänderungen vorgenommen werden, liegt dem häufig keine aggressive, sondern eine friedliche Strategie in Form der Preisführerschaft zugrunde. Dabei verändert ein Anbieter den Preis und gibt damit den übrigen Anbietern das Signal, ihrerseits ebenfalls die Preise zu verändern (Parallelverhalten).

Bei dem Preisführer kann es sich um den Anbieter mit dem größten Marktanteil handeln. Es ist aber auch möglich, dass die Preisführerschaft zwischen den Unternehmen wechselt. Letzteres ist beispielsweise bei Benzinpreiserhöhungen der Mineralölgesellschaften zu beobachten. Ein derartiges Parallelverhalten stellt zwar eine Wettbewerbsbeschränkung dar, die aber nicht gesetzlich verboten ist.

Preisabsprachen

Eine nahe liegende Verhaltensweise, um die Konkurrenz zwischen den Anbietern noch weiter zu mindern, ist die **Preisabsprache**. Diese kann einerseits als **abgestimmte Verhaltensweise** ohne vertragliche Vereinbarung erfolgen („Frühstückskartell", „Augenzwinkerkartell", „gentlemen agreement"). Werden die Absprachen über Preise und/oder Produktionsmengen vertraglich festgelegt, liegt ein **Preiskartell** und/oder **Quotenkartell** vor. Sowohl abgestimmtes Verhalten als auch Preis- und Quotenkartelle sind als schwere Formen der Wettbewerbsbeschränkung nach deutschem und europäischem Recht verboten. Im Rahmen eines **Kartells** können sich die beteiligten Unternehmen **gemeinsam wie ein Monopol** verhalten **(Kollektivmonopol)**. Die gemeinsame Gewinnmaximierung, die auch eine Einigung zwischen den beteiligten Unternehmen über die Aufteilung der künstlich verknappten Produktionsmengen und der Gewinnanteile nötig macht, gelingt so lange, wie der gemeinsam vereinbarte Monopolpreis von niemandem unterboten wird. Je größer die Zahl der Kartellmitglieder ist, umso eher besteht aber die Gefahr, dass der vereinbarte Preis von einigen Mitgliedern unterlaufen wird, die auf diese Weise ihren Absatz über die zugeteilte Produktionsmenge hinaus steigern und eine **individuelle Gewinnsteigerung** zulasten der anderen Kartellmitglieder erreichen wollen.

Aufg. 5.6, 5.7 S. 108

Mögliche Verhaltensweisen der Anbieter beim Oligopol			
kooperatives Verhalten (friedliche Strategie)			**nichtkooperatives Verhalten (aggressive Strategie)**
Preisstarrheit	**Preisführerschaft** (Parallelverhalten)	**Preisabsprachen** (Abgestimmtes Verhalten, Preiskartell)	**Verdrängungswettbewerb** (Preiskrieg, ruinöse Konkurrenz)
Wettbewerbsmittel: Werbung, Qualität, Kundendienst			Wettbewerbsmittel: Preis

Zusammenfassende Übersicht zu 5: Verhalten von Anbietern auf Märkten mit Marktmacht

Märkte

Unvollkommen | Vollkommen | Polypol | Monopol | Oligopol

Märkte mit Marktmacht

reines Angebotsmonopol (vollkommener Markt)	Angebotsmonopol mit Preisdifferenzierung (unvollkommener Markt)	Polypol auf dem unvollkommenen Markt (monopolistischer Preisspielraum)
Preis- oder Mengenfixierer	Das gleiche Produkt wird an verschiedene Käufergruppen zu unterschiedlichen Preisen verkauft (Abschöpfung der Konsumentenrente)	Doppelt geknickte PAF (monopolistischer Preisspielraum)

Gesamtbetrachtung

$G = E - K \rightarrow Max!$

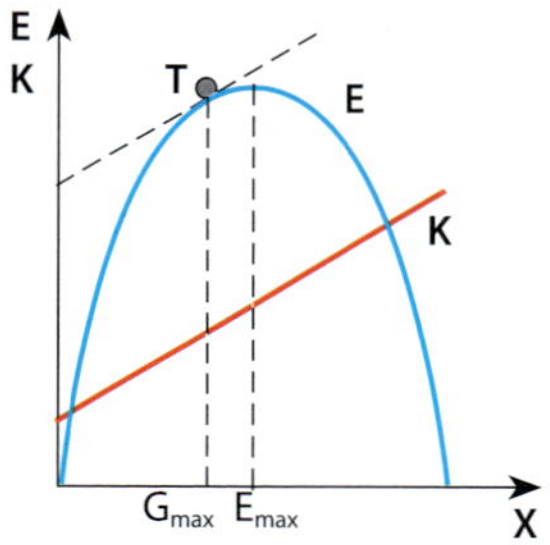

Grenzbetrachtung

G_{max} bei $E' = K'$

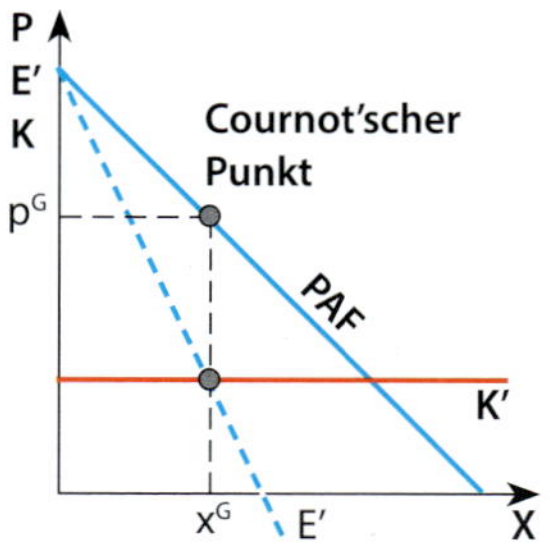

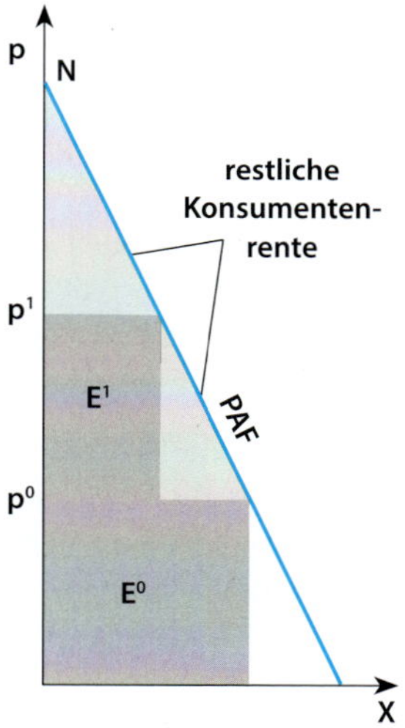

Erlössteigerung ($E^0 + E^1$) durch Abschöpfung von Konsumentenrente

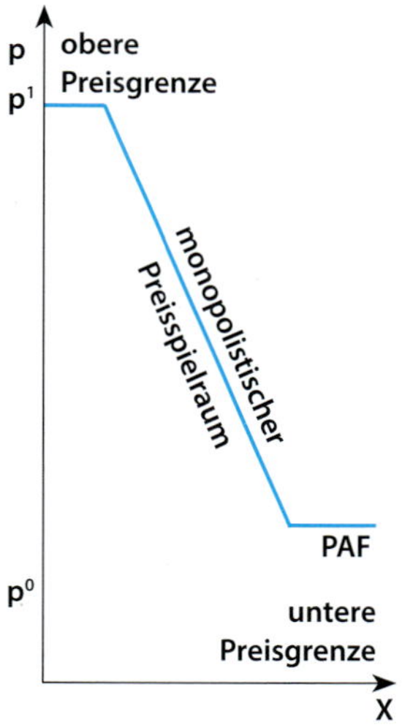

G_{max} bei $E' = K'$

Oligopol

kooperatives Verhalten (friedliche Strategie)			nichtkooperatives Verhalten (aggressive Strategie)
Preisstarrheit	Preisführerschaft	Preisabsprachen	Verdrängungswettbewerb (Preiskampf, ruinöse Konkurrenz)

WIEDERHOLUNG DES GRUNDWISSENS

5 Verhalten von Anbietern auf Märkten mit Marktmacht

5.1 Preisbildung beim Angebotsmonopol

1. Unterscheiden Sie Arten von Monopolen.
2. Nennen Sie die Besonderheiten, die die Marktform des Angebotsmonopols aufweist.
3. Erläutern Sie, was die Preis-Absatz-Funktion eines Anbieters angibt.
4. Begründen Sie, warum beim Angebotsmonopol die Preis-Absatz-Kurve identisch mit der Gesamtnachfragekurve ist.
5. Nennen Sie die Bedingung für das Gewinnmaximum eines Angebotsmonopolisten.
6. Erläutern Sie, was der COURNOT'sche Punkt ist.
7. Nennen Sie die Unterschiede bei der Marktversorgung und dem Marktpreis beim Polypol und beim Monopol.
8. Erklären Sie, was unter einer Preisdifferenzierung zu verstehen ist.
9. Nennen Sie Arten der Preisdifferenzierung.
10. Erläutern Sie, unter welchen Voraussetzungen ein Angebotsmonopolist durch Preisdifferenzierung seinen Gewinn erhöhen kann.

5.2 Monopolistischer Preisspielraum: Preisbildung beim Polypol auf dem unvollkommenen Markt

1. Begründen Sie, warum die die Situation eines Polypols auf dem unvollkommenen Markt auch als „monopolistische Konkurrenz“ bezeichnet.
2. Nennen Sie die Unvollkommenheitsmerkmale, die der Markt bei monopolistischer Konkurrenz aufweisen kann.
3. Erklären Sie das Zustandekommen der doppelt geknickte Preis-Absatz-Kurve beim Polypol auf dem unvollkommenen Markt.
4. Erläutern Sie, was unter dem monopolistischen Bereich der doppelt geknickten Preis-Absatz-Kurve zu verstehen ist.

5.3 Verhaltensweisen der Anbieter beim Oligopol

1. Nennen Sie mögliche Folgen eines Preiswettbewerbs auf oligopolistischen Märkten.
2. Unterscheiden Sie Sie Formen kooperativen Verhaltens auf oligopolistischen Märkten.
3. Erläutern Sie das Phänomen der Preisstarrheit auf oligopolistischen Märkten.
4. Erklären Sie, was unter einer Preisführerschaft zu verstehen ist.
5. Erläutern Sie, was ist ein „Frühstückskartell“ ist.
6. Nennen Sie die Voraussetzungen, die vorliegen müssen, damit ein Kartell monopolistische Preispolitik betreiben kann.

AUFGABEN ZUM ERWERB UND ZUR ANWENDUNG VON KOMPETENZEN

5 Verhalten von Anbietern auf Märkten mit Marktmacht

5.1 Erlös- und Gewinnmaximierung durch Angebotsverknappung – Angebotsmonopol

PDF

Die Obst- und Gemüsebauern einer Region sehen sich einem zunehmenden Preisverfall für ihre Produkte ausgesetzt. Ursache dafür ist einerseits die starke Konkurrenz der Bauern untereinander und andererseits die Angebotserhöhung aufgrund der guten Ernteergebnisse. Die diesjährige Ernte ist inzwischen abgeschlossen und eingelagert worden. Jetzt sollen die Lagervorräte verkauft werden. Die derzeitigen Marktverhältnisse für eine bestimmte Obstsorte gehen aus der folgenden Tabelle hervor:

Preis (GE je t Obst)	260	240	220	200	180	160	140	120	100	80	60	40
aus dem Lagervorrat angebotene Menge	6000	6000	6000	6000	6000	6000	6000	5500	5000	4500	3000	1000
nachgefragte Menge (in t)	0	500	1000	1500	2000	2500	3000	3500	4000	4500	5000	5500

1. Berechnen Sie die Höhe des Lagerbestands.
2. Ermitteln Sie den Gleichgewichtspreis und die Gleichgewichtsmenge, die sich im vorliegenden Fall unter den Bedingungen des Polypols auf dem vollkommenen Markt ergeben würde.
3. Zeichnen Sie die Angebots- und Nachfragekurve in ein Koordinatensystem ein (x-Achse: Menge in t, 12 cm, 1 cm = 500 Mengeneinheiten; y-Achse: Preis, 13 cm, 1 cm = 20 Geldeinheiten).
4. Erläutern Sie den Verlauf der Angebotskurve im Preisbereich von 140 GE bis 260 GE.
5. Erklären Sie, warum zum Gleichgewichtspreis nicht der volle Lagerbestand, sondern nur eine geringere Menge angeboten wird.
6. Der Bauernverband schlägt vor, dass sich die Obst- und Gemüsebauern zu einer Erzeugergemeinschaft zusammenschließen, um ihre Produkte gemeinsam zu vermarkten und gegenüber den Händlern eine größere Marktmacht zu erzielen. Aus der in der obigen Tabelle dargestellten Nachfragefunktion lässt sich die Erlösfunktion der Erzeugergemeinschaft ableiten, indem jeweils Preis und nachgefragte Menge miteinander multipliziert werden (Erlös = Preis · Menge).

   Zeichnen Sie die Erlöskurve der Erzeugergemeinschaft in ein Koordinatensystem ein (x-Achse: Menge in t, 12 cm, 1 cm = 500 Mengeneinheiten, y-Achse: Erlös in 1 000 GE, 11 cm, 1 cm = 40 000 Geldeinheiten).
7. Ermitteln Sie, bei welcher Preis-Mengen-Kombination das Erlösmaximum liegt und geben Sie die Höhe an.
8. Stellen Sie fest, um wie viele t die Vorratsmenge und die erlösmaximale Absatzmenge voneinander abweichen. Welche Maßnahme muss hinsichtlich dieser Menge ergriffen werden, damit die in der Erzeugergemeinschaft zusammengeschlossenen Bauern das höchstmögliche Gesamteinkommen (= Erlösmaximum) erzielen können.
9. Errechnen Sie den höchstmöglichen Gesamtgewinn der Erzeugergemeinschaft, wenn für die bei Nr. 8 vorgeschlagene Maßnahme fixe Kosten in Höhe von 100 000 GE anfallen und andere Kosten vernachlässigt werden können?
10. Erklären Sie, warum sich der Gesamtgewinn der Erzeugergemeinschaft bei einer weiteren Preiserhöhung verringern würde
11. Nehmen Sie zu den vom Bauernverband vorgeschlagenen Maßnahmen zur Regulierung des Obstmarktes Stellung.

5.2 Preisbildung eines Monopolisten: Tabellarische und grafische Ermittlung des Gewinnmaximums

Die beiden ersten Spalten der folgenden Tabelle zeigen die Preis-Absatz-Funktion eines Monopolisten:

PDF

Preis (p)	Menge (x)	Erlös (E)	Fixkosten K_{fix}	var. Gesamtkosten (K_v)	Gesamtkosten (K)	Gewinn (G)
100	0					
90	1					
80	2					
70	3					
60	4					
50	5	250	60	50	110	140
40	6	240	60	60	120	120
30	7	210	60	70	130	80
20	8	160	60	80	140	20
10	9	90	60	90	150	– 60
0	10	0	60	100	160	–160

1. Tragen Sie die fehlenden Zahlenwerte der Erlösfunktion in eine Tabelle nach obigem Muster ein.
2. Ermitteln Sie die Ausbringungsmenge, bei der der Monopolist sein Erlösmaximum erreicht.

3. Die Gesamtkostenfunktion lautet: K = 60 + 10 x. Tragen Sie die fehlenden Zahlenwerte für die Fixkosten, die variablen Gesamtkosten, die Gesamtkosten und den Gewinn in die Tabelle ein.
4. Zeichnen Sie die Erlöskurve, die Gesamtkostenkurve und den positiven Bereich der Gewinnkurve in ein Koordinatensystem ein (x-Achse: Menge, 10 cm, 1 cm = 1 Mengeneinheit, y-Achse: Erlöse, Kosten, Gewinn, 13 cm, 1 cm = 20 Geldeinheiten).
5. Ermitteln Sie
   a) die Ausbringungsmenge, bei der der Monopolist sein Gewinnmaximum erreicht,
   b) den Preis, der dieser gewinnmaximalen Ausbringungsmenge entspricht,
   c) die Höhe des Gewinns im Gewinnmaximum.

5.3 Erlös- und Gewinnmaximum beim Angebotsmonopol: Zusammenschluss zu einem Preiskartell

PDF

Angenommen, die Eisdielen in einer Kleinstadt wollen versuchen, den Wettbewerb untereinander zu beschränken. Die gemeinsame Marktmacht soll gestärkt werden, damit sie nicht mehr – wie beim Polypol – den vom Markt vorgegebenen Preis akzeptieren müssen, sondern selbst den gewinnmaximalen Preis festlegen können. Dazu schließen sie sich zu einem Preiskartell zusammen. Die Gesamtnachfrage nach Eiskugeln für einen bestimmten Zeitraum (z. B. einen Tag) ist gegenüber dem Wettbewerbsmarkt unverändert geblieben (vgl. Kap. 2.5.2).

Preis (EUR) je Kugel	2,00	1,80	1,60	1,40	1,20	1,00	0,80	0,60	0,40	0,20	0,00
Menge in Stück	0	1 000	2 000	3 000	4 000	5 000	6 000	7 000	8 000	9 000	10 000
Erlös (EUR)	0	1 800	3 200	4 200	4 800	5 000	4 800	4 200	3 200	1 800	0

Die in einem bestimmten Zeitraum (z. B. einen Tag) anfallenden Fixkosten belaufen sich für alle Betriebe zusammen auf 1 600 EUR. Die variablen Stückkosten aller Hersteller betragen im Durchschnitt 0,40 EUR.

1. Ermitteln Sie, bei welchem Preis und bei welcher Menge das Erlösmaximum des Eis-Kartells liegt
2. Ermitteln Sie, bei welchem Preis und bei welcher Menge das Gewinnmaximum des Eis-Kartells liegt.
3. Vergleichen Sie den vom Eis-Kartell festgelegten Preis und die entsprechende Absatzmenge mit der bisher auf dem Wettbewerbsmarkt vorliegenden Marktsituation von 6 000 abgesetzten Eiskugeln zum Preis von 0,80 EUR je Stück.

5.4 Preisdifferenzierung beim Monopol

PDF

Der Fußballverein einer Kleinstadt erhält im Pokalwettbewerb durch Losentscheid ein Heimspiel gegen einen äußerst attraktiven Gegner. Das städtische Stadion fasst 10 000 Zuschauer. Der Vereinsvorstand möchte den sonst üblichen Eintrittspreis von einheitlich 10,00 EUR erhöhen, weil er mit einer starken Nachfrage nach Eintrittskarten rechnet. Aus früheren Veranstaltungen liegen ziemlich genaue Anhaltspunkte über das Nachfrageverhalten der Fußballfans bei unterschiedlichen Preisen vor.

Eintrittspreis (EUR)l	30,00	27,50	25,00	22,50	20,00	17,50	15,00	12,50	10,00	7,50	5,00	2,50	0
Zuschauer	0	1 000	2 000	3 000	4 000	5 000	6 000	7 000	8 000	9 000	10 000	11 000	12 000

Die Stadt verlangt für die Überlassung des Stadions einen Beitrag zur Kostendeckung von 5,00 EUR je Zuschauer. Weitere Kosten fallen für den Verein nicht an.

1. Der Vereinsvorstand möchte wissen, bei welchem Einheitspreis der höchste Gewinn für die Vereinskasse erzielt werden kann.

   Bestimmen Sie die gewinnmaximale Preis-Mengen-Kombination anhand einer Tabelle nach folgendem Muster:

Preis in EUR	Zuschauer	Erlös in EUR	Kosten in EUR	Gewinn in EUR
30,00	0	0		
27,50	1 000			

fakultativ

2. Zeichnen Sie die Gesamtnachfragekurve (= Preis-Absatz-Kurve) in ein Preis-Mengen-Diagramm ein und bestimmen Sie anhand der Ergebnisse von 1. den Cournot'schen Punkt mit der gewinnmaximalen Preis-Mengen-Kombination.

   (Koordinatensystem: x-Achse: Menge, 12 cm; 1 cm = 1 000 Mengeneinheiten, y-Achse: Preis 12 cm; 1 cm = 2,5 EUR).
3. Ermitteln Sie für die gewinnmaximale Preis-Mengen-Kombination die Höhe des Gewinns und den Auslastungsgrad des Stadions.
4. Der Vereinsvorstand weiß, dass die Fans der Gästemannschaft bereit wären, einen noch höheren als den Monopolpreis zu zahlen. Es wird daher überlegt, ob sich der Gewinn noch steigern lässt, indem für die Eintrittskarten, die der Gästemannschaft für ihre Fans zustehen, ein Aufschlag von 5,00 EUR auf den Monopolpreis erhoben wird. (Annahme: Zu diesem erhöhten Preis fragen nur auswärtige Fans nach.)
   a) Wie viele Eintrittskarten können in diesem Fall zu dem erhöhten Preis und wie viele zu dem geringeren Preis verkauft werden?
   b) Wie hoch wäre in diesem Fall der Gesamterlös?
   c) Wie hoch wäre in diesem Fall der Gesamtgewinn?
   d) Wodurch ist diese Gewinnerhöhung gegenüber dem Ergebnis von 3. entstanden?

5.5 Preisbildung beim Polypol auf dem unvollkommenen Markt

PDF

In einer Stadt mit vielen Bäckereifachgeschäften bietet ein Bäcker eine neue Sorte Vollkornbrötchen unter dem Namen „Fitties" an. Die Brötchen werden als besonders schmackhaft und bekömmlich angepriesen. Gleichzeitig mit Werbemaßnahmen für die neue Brötchensorte hat der Bäcker auch seinen Service in verschiedener Hinsicht verbessert. Die Ladenöffnungszeiten sind jetzt länger. Er bietet seinen Kunden die Zustellung von frischen Backwaren am Sonntagmorgen frei Haus. Außerdem hat er Kundenkarten eingeführt, auf denen er den Kunden jeden Einkauf von mehr als 2,50 EUR bestätigt. Sobald sich die Einkäufe eines Kunden auf 100,00 EUR summieren, wird eine Gutschrift von 5,00 EUR gewährt.

Der Bäcker schätzt aufgrund seiner Markterfahrung, wie sich die Nachfrager bei verschiedenen Preisen für die neue Brötchensorte verhalten werden. Bei einem Preis von 0,65 EUR je Brötchen kann er höchstens 300 Brötchen täglich absetzen. Legt er den Preis über 0,65 EUR fest, verzichten alle Kunden auf diese Brötchen und kaufen stattdessen billigere Brötchen bei der Konkurrenz. Legt er den Preis auf 0,20 EUR je Brötchen oder niedriger fest, gewinnt er so viele Kunden, dass er seine Tageskapazität von 1 500 Brötchen voll auslasten kann.

Die voraussichtliche Erlös- und Kostenentwicklung fasst er in der folgenden Tabelle zusammen.

Preis für ein Brötchen in EUR	0,65	0,65	0,65	0,65	0,60	0,55	0,50	0,45	0,40	0,35	0,30	0,25	0,20	0,20	0,20	0,20
Brötchen Tagesabsatz (Stück)	0	100	200	300	400	500	600	700	800	900	1 000	1 100	1 200	1 300	1 400	1 500
Erlös in EUR	0	65	130	195	240	275	300	315	320	315	300	275	240	260	280	300
Gesamtkosten in EUR	50	70	90	110	130	150	170	190	210	230	250	270	290	310	330	350

1. Tragen Sie die Preis-Absatz-Kurve für die „Fitties" in ein Koordinatensystem ein (x-Achse: Menge, 16 cm, 1 cm = 10 Mengeneinheiten; y-Achse: Preis 8 cm, 1 cm = 0,10 EUR).

   Erläutern Sie den Verlauf der Preis-Absatz-Kurve.
2. Tragen Sie die Gesamterlös- und Gesamtkostenkurve in ein darunter liegendes Koordinatensystem ein und bestimmen Sie geometrisch das Gewinnmaximum.

   (Koordinatensystem: x-Achse: Menge, 16 cm, 1 cm = 10 Mengeneinheiten, y-Achse: Erlöse, Kosten, 16 cm; 1 cm = 20,00 EUR)
3. Angenommen, der Bäcker möchte mit den „Fittie"-Brötchen einen möglichst hohen Erlös erzielen. Bestimmen Sie für diesen Fall die Ausbringungsmenge (= Erlösmaximum) und den Stückpreis.

fakultativ

4. Angenommen, der Bäcker möchte seinen Marktanteil bei Brötchen erhöhen und seine Kapazitäten möglichst stark auslasten. Es soll aber kein Verlust entstehen. Bestimmen Sie für diesen Fall die ungefähre Ausbringungsmenge für die „Fittie"-Brötchen (= Gewinngrenze).
5. Unterscheiden Sie das Verhalten der Bäckerei bei der Preisfindung für die „Fittie"-Brötchen vom Anbieterverhalten auf dem vollkommenen Markt.

5.6 Unterschiedliche Verhaltensweisen von Oligopolisten[1]

Wal-Mart[1] und Aldi unterbieten sich gegenseitig

Das Bundeskartellamt hat sich in den neuen Preiskampf im Einzelhandel eingeschaltet. Prüfungen richten sich gegen die großen Lebensmittelketten Aldi, Lidl, Plus und Norma. Es geht dabei um die Preise für Grundnahrungsmittel und Getränke. Der US-Handelsriese Wal-Mart hatte zuvor seine Preise drastisch gesenkt und soll angeblich zu Produktpreisen anbieten, die unter den Einstandspreisen liegen. Nach dem Kartellrecht sind solche Dumpingpreise aus Wettbewerbsgründen untersagt.

http://www.politikforum.de/forum

Benzinpreis steigt zu Pfingsten trotz sinkendem Ölpreis und schwachem Dollar

Pünktlich zur Pfingstreisewelle haben Mineralölkonzerne wie Aral/BP und Shell/DEA die Spritpreise kräftig angehoben, obwohl die Preise für Rohöl zuletzt kontinuierlich gesunken sind. Zudem müsste der schwache Dollar die Benzinpreise zusätzlich drücken. Unfaire Absprachen seitens der Ölmultis sieht das Bundeskartellamt derzeit aber nicht gegeben. Die Behörde werde erst einschreiten, wenn konkrete Hinweise für wettbewerbswidrige Preisabsprachen der Mineralölkonzerne vorliegen, sagte eine Sprecherin.

http://www.wdr.de/themen/verkehr/strasse/benzinpreise

Erläutern Sie die Zwecke,die die Anbieter in den beiden beschriebenen Fällen verfolgen und nennen Sie die Mittel, die sie zur Erreichung der Ziele einsetzen.

5.7 Angebotsoligopol – Erklärung von Verhaltensweisen im Oligopol – Kartellbildung

Angenommen, auf dem Benzinmarkt gibt es nur die beiden Anbieter A und B. Jeder von beiden versucht eine Strategie zu wählen, bei der sein Gewinn möglichst groß ist.

Für beide Anbieter besteht nur die Wahl zwischen zwei Strategien.

Strategie 1 (S1): Hoher Preis **Strategie 2** (S2): Niedriger Preis

Situation 1

Setzt A einen hohen Preis (z. B. Monopolpreis) fest, so ist dies für ihn nur dann mit einem hohen Gewinnzuwachs verbunden, wenn auch B denselben hohen Preis verlangt. Setzt B dagegen einen niedrigeren Preis fest, erleidet A eine Gewinnminderung, weil seine Absatzmenge zurückgeht. Der Gewinnzuwachs des B ist in diesem Fall noch höher als wenn beide Anbieter die Hochpreisstrategie wählen. Wählen beide Anbieter die Niedrigpreisstrategie, ergibt sich keine Gewinnveränderung. Diese Zusammenhänge sind für die vier möglichen Strategiekombinationen in der folgenden **Gewinnmatrix** in Mio. EUR dargestellt (linke untere Ecke: Gewinnveränderungen für Unternehmen A; rechte obere Ecke: Gewinnveränderung für Unternehmen B)

	Gewinnzuwächse bei	Anbieter B	
		Hochpreis (S_{B1})	Niedrigpreis (S_{B2})
Anbieter A	Hochpreis (S_{A1})	(B) 50 (A) 50	(B) 100 (A) – 50
	Niedrigpreis (S_A)	(B) – 50 (A) 100	(B) 0 (A) 0

1 Der US-amerikanische Einzelhandelskonzern **Wal-Mart Stores Inc.** gehört zu den umsatzstärksten Unternehmen der Welt. 2006 hat sich das Unternehmen erfolglos aus Deutschland zurückgezogen und seine Warenhäuser an die Metro AG verkauft.

1. Begründen Sie, welche Strategie Anbieter A voraussichtlich wählen wird.
2. Begründen Sie, welche Strategie Anbieter B voraussichtlich wählen wird.
3. Erläutern Sie den Einfluss der gewählten Strategien auf die Gewinnsituation der beiden Anbieter.
4. Erläutern Sie, wie sich die Strategiekombinationauf die Nachfrager auswirken könnte.

Situation 2:
Aufgrund veränderter Kostenstrukturen ändert sich die Gewinnmatrix wie folgt:

Welche Strategie wird Anbieter B voraussichtlich wählen und welche Folgen ergeben sich daraus für A? Begründen Sie Ihre Antwort.

		Anbieter B	
		Hochpreis (S_{B1})	Niedrigpreis (S_{B2})
Anbieter A	Hochpreis (S_{A1})	(B) 60 (A) 40	(B) 100 (A) – 50
	Niedrigpreis (S_{A2})	(B) – 50 (A) 100	(B) 5 (A) – 5

Situation 3:
Die beiden Anbieter A und B haben ein Kartell gebildet, um gemeinsam ihren Gewinn zu maximieren. Der vereinbarte Kartellpreis (Monopolpreis) lässt sich aber nur durchsetzen, wenn die Angebotsmenge eingeschränkt wird. Die gewinnmaximale Menge wird daher zu gleichen Teilen auf die beiden Anbieter aufgeteilt. Beide Anbieter haben dadurch aber Leerkapazitäten. Jeder von ihnen überlegt daher, ob sich nicht ein individueller Zusatzgewinn erzielen lässt, wenn die Produktion unter Umgehung der Kartellvereinbarung heimlich erhöht wird.

Beiden Unternehmen stehen folgende Strategien zur Auswahl:
Strategie 1 (S1): Produktion nicht erhöhen (= Kartellvereinbarung einhalten)
Strategie 2 (S2): Produktion erhöhen (= Kartellvereinbarung umgehen)

Die sich bei jeder der vier Strategiekombinationen ergebenden Gewinne für A und B sind in der folgenden Gewinnmatrix dargestellt (linke untere Ecke: Gewinn für Unternehmen A; rechte obere Ecke: Gewinn für Unternehmen B).

		Anbieter B	
		Produktion nicht erhöhen (S_{B1})	Produktion erhöhen (S_{B2})
Anbieter A	Produktion nicht erhöhen (S_{A1})	(B) 110 (A) 110	(B) 120 (A) 80
	Produktion erhöhen (S_{A2})	(B) 80 (A) 120	(B) 100 (A) 100

1. Prüfen Sie, ob das Kartell längerfristig Bestand haben wird. Begründen Sie Ihre Antwort.
2. Erläutern Sie den Einfluss der gewählten Strategienkombination auf die Gewinnsituation der beiden Anbieter.
3. Erläutern Sie, wie sich die Strategiekombination auf die Nachfrager auswirken kann.

Kompetenzbereich B:

Aussagekraft des Bruttoinlandsprodukts in der sozialen Marktwirtschaft

1 Grundbegriffe der volkswirtschaftlichen Gesamtrechnung

Im Rahmen der **Volkswirtschaftlichen Gesamtrechnung** (VGR) werden vom Statistischen Bundesamt die Ergebnisse des Wirtschaftsprozesses einer Volkswirtschaft, soweit sie zahlenmäßig erfassbar sind, für das vergangene Jahr ermittelt und dargestellt. Eine Hauptaufgabe der VGR ist die Berechnung des **Inlandsprodukts**.

> ! **Das Inlandsprodukt ist der Wert aller Waren (Sachgüter) und Dienstleistungen, der im Laufe eines Jahres im Inland (von In- und Ausländern) produziert wird. Die Vorleistungen, die bei der Produktion verbraucht wurden und somit in anderen Gütern enthalten sind, bleiben dabei unberücksichtigt.**

> ! **Das Inlandsprodukt wird als Maß für die wirtschaftliche Leistung und den Wohlstand einer Volkswirtschaft verwendet.**

> ! **Wird von *Wirtschaftswachstum* gesprochen, ist damit der Anstieg des Inlandsprodukts gemeint.**

Die Ermittlung des Inlandsprodukts erfolgt, indem die in Geld bewerteten Produktionsergebnisse aller Institutionen, die in einer Volkswirtschaft Waren und Dienstleistungen herstellen, addiert werden.

Um das Inlandsprodukt und dessen Zusammensetzung auszuweisen, können die gesamtwirtschaftlichen Daten wie folgt in Form eines Kontos[1] aufbereitet werden:

1 Konto: Gegenüberstellung von Geldbeträgen in tabellarischer Form

Aufg. 1
S. 122

Aufbereitetes gesamtwirtschaftliches Produktionskonto (Inlandsprodukt) für die Bundesrepublik Deutschland 2017 (in Mrd. EUR)

Brutto-Inlands-produkt zu Markt-preisen			Abschreibungen (D)	572,00	Konsumausgaben der privaten Haushalte und der priv. Org. ohne Erwerbszweck (Private Konsum-ausgaben) (C_K)	1 734,99
	Netto-Inlands-produkt zu Markt-preisen		Produktions- und Import-abgaben an den Staat (344,65) abzüglich Subven-tionen (27,63) ($T^{prod} - Z$) (Nettoproduktionsangaben)	317,03	Konsumausgaben des Staates (C_{St})	638,66
		Netto-inlands-produkt zu Faktor-kosten	Löhne, Gehälter, Zinsen, Pachten, Gewinne (Y)	2 374,33	Bruttoinvestition der Unternehmen (${}^{Ibr}U$) 571,11 des Staates (I^{br}_{St}) 70,26	638,66
					Außenbeitrag (Ex – Im)	251,19
			Bruttoinlandsprodukt	3 263,50		3 263,50

Quelle: Stat. Bundesamt, VGR 2017, März 2018

Erläuterungen zum aufbereiteten gesamtwirtschaftlichen Produktionskonto:

- Auf der rechten Seite des Produktionskontos werden die erbrachten Leistungen der Volkswirtschaft ausgewiesen und wie folgt unterteilt: Konsumgüter, Konsumausgaben des Staates (= Wert der vom Staat zur Verfügung gestellten Güter wie öffentliche Verwaltung, öffentliches Bildungs- und Gesundheitswesen u. Ä.), Investitionsgüter (einschließlich der Lagerbestandsveränderungen) und Exportgüter.
- Auf der linken Seite werden die bei der Produktion angefallenen Kosten berücksichtigt: Abschreibungen[1], Produktions- und Importabgaben (z. B. Tabaksteuer, Zölle und andere betriebliche Steuern und Abgaben an den Staat) sowie die Kosten für die eingesetzten Produktionsfaktoren (= Faktorkosten wie Löhne, Zinsen, Pachten).
- Subventionszahlungen des Staates an die Unternehmen werden auf der linken Seite direkt mit den Produktions- und Importabgaben verrechnet. Es wird unterstellt, dass die Unternehmen einerseits die Produktions- und Importabgaben in die Verkaufspreise einkalkulieren und andererseits die Verkaufspreise um die als Steuererstattung anzusehenden Subventionen verringern. Die Verkaufspreise beinhalten somit die Differenz aus Produktions- bzw. Importabgaben und Subventionen (= Nettoproduktionsabgaben).
- Die importierten Vorleistungen (z. B. Öleinfuhr) und andere Importe (z. B. Südfrüchte) sind in den auf der rechten Seite ausgewiesenen Gütern enthalten. Da sie aber nicht zum Produktionsergebnis des Importlandes gehören, müssen sie abgezogen werden. Daher wird nur die Differenz zwischen Exporten und Importen (= Außenbeitrag) auf der rechten Seite erfasst.

Für die Ermittlung des **Bruttoinlandsprodukts zu Marktpreisen (BIP)** werden die Güter zu ihren Verkaufspreisen bewertet. Für Güter, die keinen Verkaufspreis haben, werden ersatzweise die bei ihrer Herstellung entstandenen Kosten angesetzt. Dazu gehören auch die vom Staat kostenlos zur Verfügung gestellten Leistungen (= Konsumausgaben des Staates, siehe S. 114).

1 Abschreibung: Wertminderung von Maschinen und anderen Produktionsmitteln durch Verschleiß

Werden vom Bruttoinlandprodukt zu Marktpreisen die Abschreibungen abgezogen, ergibt sich das **Nettoinlandsprodukt zu Marktpreisen**. Dieses beinhaltet gegenüber dem Bruttoinlandsprodukt nicht mehr die Bruttoinvestition, sondern nur noch die Nettoinvestition.

Werden vom Nettoinlandsprodukt zu Marktpreisen die in den Marktpreisen enthaltenen Produktions- und Importabgaben abgezogen und die Subventionen hinzugezählt, ergibt sich das **Nettoinlandsprodukt zu Faktorkosten**. Bei dieser Größe erfolgt die Bewertung des gesamtwirtschaftlichen Produktionsergebnisses nicht mehr zu Marktpreisen. Vielmehr dienen die Kosten, die bei der Herstellung durch den Einsatz der Produktionsfaktoren entstanden sind, als Wertmaßstab. Dabei gelten auch die Gewinne als Faktorkosten. Da neben den im Produktionsprozess angefallenen **Faktorkosten** in gleicher Höhe auch **Faktoreinkommen** entstanden sind, ist diese Größe identisch mit den im Inland entstandenen Faktoreinkommen (Löhne, Gehälter, Zinsen, Pachten, Gewinne).

2 Entstehungs-, Verwendungs- und Verteilungsrechnung

2.1 Überblick

In der volkswirtschaftlichen Gesamtrechnung gibt es drei verschiedene Berechnungsansätze zur Ermittlung des Inlandsprodukts, nämlich die **Entstehungsrechnung**, die **Verwendungsrechnung** und die **Verteilungsrechnung**.

Aufg. 2 S. 121

Entstehung, Verwendung und Verteilung des Bruttoinlandsprodukt 2018 in Mrd. EUR

Entstehung	=	Verwendung	=	Verteilung
Bruttowertschöpfung 3 053,188 Land- und Forstwirtschaft 23,188 Produzierendes Gewerbe 947,395 Dienstleistungen 2 082,605 (davon: Handel, Verkehr, Gewerbe: 495,985; Information u. Kommunikation: 143,934; Finanz- u. Versicherungsdienstl.: 112,602; Grundstücks- u. Wohnungswesen: 324,715; Unternehmensdienstl.: 330,315; Öffentl. Dienstl., Erziehung, Gesundheit: 555,252; Sonst. Dienstl.: 119,802)		**Konsumausgaben** 2 438,876 Private Konsumausgaben 1 776,691 Staatliche Konsumausgaben 662,185 + **Bruttoinvestitionen** 717,909 Bruttoanlageinvestitionen 703,288 Vorratsveränderungen + 14,621		**Volkseinkommen** 2 531,344 Arbeitnehmerentgelt 1 746,041 Unternehmens- und Vermögenseinkommen 785,303 + **Produktions- und Importabgaben an den Staat abzügl. Subventionen vom Staat** 327,001 + **Abschreibungen** 600,037
+		+		–
Gütersteuern abzügl. Gütersubventionen 332,812		**Außenbeitrag** 229,251 Exporte 1 590,160 Importe 1 360,945		**Saldo der Faktoreinkommen zwischen In- und Ausland** 72,382

Bruttoinlandsprodukt = 3 386,00

© Statistisches Bundesamt, VGR 2018, März 2019, Tab. 2.1.3 u. 2.3.1

2.2 Entstehungsrechnung

Die Entstehungsrechnung gibt für eine abgeschlossene Wirtschaftsperiode Auskunft darüber, welche Wirtschaftsbereiche in welchem Umfang zur Entstehung des Bruttoinlandsprodukts beigetragen haben. Dazu werden alle Wirtschaftseinheiten, die Güter produzieren, einem der folgenden Bereiche zugeordnet:

- Land- und Forstwirtschaft, Fischerei (Primärer Sektor)
- produzierendes Gewerbe (Sekundärer Sektor)
- Dienstleistungen (Tertiärer Sektor) mit den Bereichen Handel, Gastgewerbe und Verkehr, Finanzierung, Vermietung und Unternehmensdienstleister sowie öffentliche und private Dienstleister.

Jeder dieser Bereiche trägt – abgesehen von bewertungsbedingten Korrekturen – annähernd in Höhe seiner Bruttowertschöpfung zum Bruttoinlandsprodukt bei.

> **Der Wert, den ein Unternehmen im Rahmen des Produktionsprozesses den von anderen Unternehmen bezogenen Vorleistungen hinzufügt, wird als *Bruttowertschöpfung* bezeichnet.**

Die Entstehungsrechnung gibt Einblick in die sektorale Produktionsstruktur einer Volkswirtschaft, indem sie die Beiträge der einzelnen Wirtschaftsbereiche zum Bruttoinlandsprodukt deutlich macht. Durch einen Zeitvergleich lassen sich Veränderungen der Produktionsstruktur (z. B. abnehmende Bedeutung des landwirtschaftlichen und gewerblichen Bereichs bei gleichzeitig stark zunehmender Bedeutung des Dienstleistungssektors) erkennen.

Der größte Teil der Bruttowertschöpfung wird derzeit im Dienstleistungssektor erbracht (ca. 70 %). Seit Gründung der Bundesrepublik Deutschland hat die Bedeutung dieses Sektors laufend zugenommen. Demgegenüber ist der Anteil des Industriesektors (produzierendes Gewerbe) zunächst gestiegen, seit ca. 1970 aber ständig gesunken. Diese in allen industrialisierten Ländern zu beobachtende Entwicklung wird als **Weg in die Dienstleistungsgesellschaft** bezeichnet.

2.3 Verwendungsrechnung

Die Verwendungsrechnung zeigt, wofür die Güter, aus denen sich das Bruttoinlandsprodukt zusammensetzt, verwendet werden. Die Aufteilung entspricht der rechten Seite des gesamtwirtschaftlichen Produktionskontos (vgl. S. 111). Demzufolge lassen sich folgende Verwendungszwecke unterscheiden:

- Private Konsumausgaben (C_{pr})
- Konsumausgaben des Staates (C_{St})
  Auch der Staat erbringt Leistungen, die in das BIP eingehen. Diese den anderen Wirtschaftssektoren meist kostenlos zur Verfügung gestellten Sachgüter und Dienstleistungen, werden als Konsumausgaben des Staates bezeichnet. Dazu gehören u. a. die vom Staat getragenen Kosten für öffentliche Verwaltung, Straßen und Bildungseinrichtungen sowie die sog. sozialen Sachleistungen (z. B. Arzt- und Krankenhausleistungen, Medikamente).
- Bruttoinvestitionen (I_{br})
  Die Bruttoinvestitionen bestehen aus Ausrüstungsinvestitionen (z. B. Maschinen), Bauinvestitionen, sonstige Anlagen (z. B. immaterielle Anlageinvestitionen wie Software) und Vorratsinvestitionen (Lagerbestandsveränderungen).
- Außenbeitrag (Exporte – Importe)
  Da die importierten Güter (Waren und Dienstleistungen) nicht Teil des gesamtwirtschaftlichen Produktionsergebnisses des Inlandes sind, werden sie von den Exporten abgezogen. Die Differenz aus Exporten und Importen wird als Außenbeitrag bezeichnet.

> **Verwendungsrechnung: $BIP = C_{pr} + C_{St} + I_{br} + (Ex-Im)$**

Für jede dieser Größen wird der prozentuale Anteil am Bruttoinlandsprodukt ermittelt.

Die Entwicklung der Prozentanteile im Zeitvergleich kann Auskunft über wichtige Veränderungen in der Volkswirtschaft geben. So könnte eine Abnahme des prozentualen Anteils des privaten Konsums (= Binnennachfrage) auf eine Konsumschwäche hindeuten.

Verwendung des Bruttoinlandsprodukts 2018				
Bruttoinlands-produkt	**Private Konsum-ausgaben**	**Konsumausga-ben des Staates**	**Brutto-investitionen**	**Außenbeitrag (Ex – Im)**
3 263,35 Mrd. EUR	1 776,691 Mrd. EUR	662,185 Mrd. EUR	717,909 Mrd. EUR	229,215 Mrd. EUR
100 %	52,5 %	19,6 %	21,2 %	6,8 %

Quelle: Statistisches Bundesamt, VGR 2018, März 2019, Tab. 2.3.1

2.4 Verteilungsrechnung

Entsprechend der Art der erzielten Faktoreinkommen lassen sich Arbeitnehmerhaushalte (Lohn- und Gehaltseinkommen) und Unternehmerhaushalte (Gewinn- und Vermögenseinkommen wie Zinsen und Pachten) unterscheiden. Werden alle Einkommen, die während eines Jahres von Inländern (im In- und Ausland) als Entlohnung für die Bereitstellung von Produktionsfaktoren erzielt werden, zusammengezählt, ergibt sich das **Volkseinkommen**.

Das Volkseinkommen ist die Summe der Erwerbs- und Vermögenseinkommen, die Inländern für die Bereitstellung von Produktionsfaktoren zufließt (Faktoreinkommen).

Die Verteilungsrechnung zeigt die Aufteilung des Volkseinkommens auf die beiden Einkommensarten

- Arbeitnehmerentgelt (Bruttolöhne/-gehälter und Sozialbeiträge der Arbeitgeber)
- Unternehmens- und Vermögenseinkommen (Gewinne, Zinsen, Mieten, Pachten)

Der prozentuale Anteil der Arbeitnehmerentgelte am Volkseinkommen wird als Lohnquote bezeichnet.

$$\textbf{Lohnquote} = \frac{\textbf{Arbeitnehmerentgelte} \cdot \textbf{100}}{\textbf{Volkseinkommen}}$$

Verteilung des Volkseinkommens in Deutschland 2018 (in Mrd. EUR)

	Bruttolöhne und -gehälter	1 432,499
+	Sozialbeiträge der Arbeitgeber	313,542
=	Arbeitnehmerentgelt	1 761,041
+	Unternehmens- und Vermögenseinkommen	785,303
	Volkseinkommen	2 531,344
	Lohnquote	68,9 %

Verteilung des Volkseinkommens

Grafische Darstellung der Entwicklung der Lohnquote seit 1950 in %

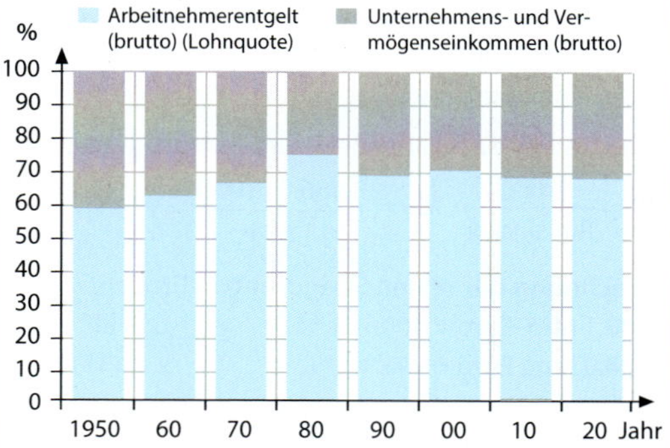

Quelle: Stat. Bundesamt, VGR 2018, März 2019, Tab. 2.1.3 u. 2.1.8

3 Aussagekraft des Bruttoinlandsprodukts

3.1 Nominales und reales Inlandsprodukt

Das nominale Bruttoinlandsprodukt zu Marktpreisen bewertet die in einer Periode hergestellten Güter mit den aktuellen Preisen.

Eine Veränderung des nominalen Bruttoinlandsprodukts beruht im Normalfall auf der gleichzeitigen Veränderung von zwei Größen:

1. **Mengenbedingte Veränderung**, d. h. es wurde eine andere Menge (mehr/weniger) Güter produziert.
2. **Preisbedingte Veränderung**, d. h. die Preise für die im Inlandsprodukt erfassten Güter haben sich verändert.

Sollen die Produktionsergebnisse mehrerer Jahre miteinander verglichen werden, um Aussagen über die Güterversorgung der Bevölkerung und die wirtschaftliche Leistungsfähigkeit der Volkswirtschaft machen zu können, sind aber nicht die wertmäßigen, sondern nur die mengenmäßigen Veränderungen des Inlandsprodukts von Interesse. Um diese Entwicklung zu erfassen, muss das nominale Inlandsprodukt um die in diesem Zeitraum eingetretene Preissteigerung korrigiert und so das reale Inlandsprodukt berechnet werden.[1]

$$BIP_r = \frac{BIP_n \cdot 100}{\text{Preisindex (= BIP-Deflator)}}$$

Das nominale Inlandsprodukt beruht auf den Marktpreisen des Berechnungszeitraumes. Das reale Inlandsprodukt ist um die Preisveränderung korrigiert. Es ist ein Maßstab für die wirtschaftliche Entwicklung einer Volkswirtschaft unter Ausschaltung der Preissteigerungen.

Aufg. 3 S. 123

Berechnung des Bruttoinlandsprodukts (BIP) zu konstanten Preisen für die Bundesrepublik Deutschland

Jahr	Nominales Bruttoinlandsprodukt (BIP_n) in Mrd. Euro	Preisindex (Deflator)
2010	2 580,1	100,00
2018	3 386,0	113,84

Berechnung der nominalen Steigerung in Prozent

2 580,1 Mrd. Euro = 100 %
3 386,0 Mrd. Euro = x %

Das BIP ist nominal um ca. 31,24 % gestiegen.
x = 131,24 %

Berechnung des realen Bruttoinlandsprodukts (BIP_r)

$$BIP_r = \frac{BIP_n}{\text{Preisindex}} \cdot 100 = \frac{3\,386{,}0 \cdot 100}{113{,}84} = 2\,974{,}9$$

Im Jahr 2018 betrug das reale BIP (in Preisen von 2010) 2 974,9 Mrd. Euro.

Berechnung der realen Steigerung in Prozent

2 580,1 Mrd. Euro = 100 %
2 974,9 Mrd. Euro = x %

Das BIP ist real um ca. 15,3 % gestiegen.
x = 115,3 %

Quelle: Statistisches Bundesamt, VGR 2018, März 2019, Tab. 2.3.1 u. 2.3.3

1 Für die Berechnung des realen BIP wird ein spezieller Preisindex (Preisindex für das Bruttoinlandsprodukt, BIP-Deflator) verwendet, der nicht mit dem Verbraucherpreisindex identisch ist.

3.2 Kritik am Inlandsprodukt als Wohlstandsindikator

Wohlstand, Lebensstandard, Lebensqualität

Aufg. 4 S. 123

Das Inlandsprodukt pro Kopf wird häufig auch als Indikator für den Wohlstand der Bevölkerung in einer Volkswirtschaft benutzt. Zwar signalisiert ein steigendes Inlandsprodukt pro Kopf eine zunehmende materielle Güterversorgung. Das bedeutet aber nicht ohne weiteres auch eine Steigerung von Lebensstandard und Wohlstand. Obwohl diese beiden Begriffe nicht eindeutig definiert und voneinander abgrenzbar sind, beinhalten sie doch beide den Gesichtspunkt, dass das Wohlergehen der Menschen nicht nur von der Menge der bereitgestellten materiellen Güter abhängt, sondern auch von solchen immateriellen Gütern wie z. B. Freiheit, soziale Sicherheit, Freizeit und Umwelterhaltung. Dies wird auch mit dem Begriff Lebensqualität zum Ausdruck gebracht.

Erfassungs-, Bewertungs- und Zurechnungsprobleme

Ein wesentlicher Kritikpunkt an der Aussagekraft des Inlandsprodukts als Wohlstandsindikator ist die Tatsache, dass bestimmte Vorgänge, die den Wohlstand in einer Volkswirtschaft beeinflussen, nicht in der volkswirtschaftlichen Gesamtrechnung und damit auch nicht im Inlandsprodukt erfasst werden.

> ! **Viele Güter werden im Inlandsprodukt nicht erfasst, weil sie nicht auf Märkten gehandelt werden und daher keinen Marktpreis haben.**

Mit Ausnahme der vom Staat kostenlos bereitgestellten Güter (Konsumausgaben des Staates) sind nur solche Waren und Dienstleistungen im Inlandsprodukt enthalten, die auf Märkten gehandelt werden. Das bedeutet beispielsweise, dass weder die Eigenleistungen privater Haushalte (z. B. Hausfrauenarbeit, Kindererziehung, Nachbarschaftshilfe, Hobbygärtner) noch die Befriedigung höherer Bedürfnisebenen (z. B. Bedürfnis nach Geborgenheit, Anerkennung, Selbstverwirklichung) im Inlandsprodukt berücksichtigt sind. Auch die Arbeitsbedingungen, unter denen die Güterproduktion erfolgt, kommen nicht in der Höhe des Inlandsprodukts zum Ausdruck.

> ! **Die in der offiziellen Wirtschaftsstatistik nicht erfasste Schattenwirtschaft (z. B. Schwarzarbeit) trägt zwar zur gesamtwirtschaftlichen Wertschöpfung bei, geht aber nur als Schätzgröße in die Inlandsproduktberechnung ein.**

Es können nur solche Leistungen statistisch erfasst und bei der Ermittlung des Inlandsprodukts berücksichtigt werden, die aus Dokumenten und anderen Unterlagen, die den Behörden vorgelegt werden, ersichtlich sind. Schattenwirtschaftliche Aktivitäten (z. B. Leistungen aus der Beschäftigung ohne formelles Arbeitsverhältnis, Lieferungen und Leistungen ohne Rechnung u. Ä.) gehen daher nur als Schätzgröße in das Inlandsprodukt ein.

> ! **In das Inlandsprodukt gehen nur Gütermengen und Güterpreise ein. Die Qualität der Produkte wird nicht gesondert erfasst.**

Die Marktpreise, mit denen die Güter in das Inlandsprodukt eingehen, spiegeln häufig nicht die Produktqualität, die sich beispielsweise auch in der Lebensdauer ausdrückt, wider.

Die Herstellung vieler herkömmlicher Glühbirnen mit kurzer Lebensdauer erhöht beispielsweise trotz des Preisunterschiedes das Inlandsprodukt mehr als die Produktion langlebiger Energiesparlampen. Obwohl die Produktionstechnologie laufend verbessert wird, nimmt die Gebrauchsdauer vieler Konsumgüter (z. B. Kühlschränke, Autos, Waschmaschinen, Kleider) ständig ab. Der dadurch entstehende Ersatzbedarf steigert zwar Produktion und Inlandsprodukt, beansprucht aber gleichzeitig natürliche Rohstoffe und schafft erhebliche Entsorgungs-, Abfall- und Umweltprobleme.

! Die Höhe des Inlandsprodukts sagt nichts über die Einkommensverteilung aus.

Aus einer Veränderung des Inlandsprodukts lässt sich nicht ableiten, ob und ggf. wie sich die Einkommensverteilung verändert hat. Der Wohlstand einer Volkswirtschaft hängt aber nicht nur von der Menge der materiellen Güter ab, sondern auch von der Art und Weise, wie das Gesamteinkommen auf die Bevölkerung verteilt ist.

! Das Inlandsprodukt berücksichtigt nicht den Wert der Freizeit.

Das Inlandsprodukt kann beispielsweise deswegen steigen, weil aufgrund einer verlängerten Wochenarbeitszeit mehr gearbeitet und produziert wird. Dabei wird aber nicht berücksichtigt, dass der durch die Steigerung des Inlandsprodukts bedingte Verzicht auf Freizeit eine Wohlstandsminderung darstellt.

! Das Inlandsprodukt berücksichtigt nicht die sozialen Kosten.

Bei der Güterproduktion entstehen u. a. auch Kosten, die nicht von den verursachenden Unternehmen getragen, sondern auf die Allgemeinheit überwalzt werden (z. B. Schädigung von Umweltgütern in Form von Luftverschmutzung und Gewässerverunreinigung sowie dadurch bedingte Gesundheitsschäden). Dabei handelt es sich um soziale Kosten. Sie werden bei der Inlandsproduktberechnung nicht berücksichtigt.

! Die Aufwendungen zur Beseitigung von Umweltschäden erhöhen in Form von Nettoinvestitionen das Nettoinlandsprodukt, obwohl es sich dabei eigentlich um Ersatzinvestitionen handelt.

Aufwendungen für die Entsorgung verseuchter Boden und die Reinigung verschmutzter Gewässer werden als Nettoinvestitionen erfasst und erhöhen demzufolge das Nettoinlandsprodukt. Eigentlich handelt es sich dabei aber um eine Art Ersatzinvestition, um die am Produktionsfaktor Natur eingetretenen Schäden zu beheben. Es liegt keine Wertschöpfung, sondern lediglich eine Werterhaltung vor. Werden die Umweltschäden nicht oder nicht in vollem Umfang behoben, liegt eine Art Desinvestition vor, um die der Wert des Nettoinlandsprodukts verringert werden müsste. Es wird versucht dies im Rahmen einer **Umweltökonomischen Gesamtrechnung (UGR)**[1] und durch die Berechnung des **Ökoinlandsprodukts** zu berücksichtigen.

1 Vgl. Statistisches Bundesamt, Umweltökonomische Gesamtrechnung (UGR), Wiesbaden, Nov. 2010

Wachstum des Inlandsprodukts

„Das Inlandsprodukt wächst, wenn immer mehr Abfälle die Umwelt belasten. Und es wächst noch einmal, wenn wir Mittel einsetzen, um Umweltschäden zu beseitigen. Es wächst, wenn der Lärm in den Städten zunimmt. Und es wächst noch einmal, wenn wir Lärmschutzanlagen anbringen. Es wächst, wenn der Verbrauch von Medikamenten, Drogen und Alkohol zunimmt. Und es wächst noch einmal, wenn die durch Medikamente, Drogen und Alkohol Geschädigten behandelt werden müssen.“

Erhard Eppler, Ende oder Wende, Stuttgart 1975, S. 38

Bruttoinlandsprodukt
– Abschreibungen auf Anlagegüter

= Nettoinlandsprodukt
– Wertminderung des Naturvermögens

= Ökoinlandsprodukt

3.3 Soziale Indikatoren als Messgrößen für den Wohlstand

Ein weiterer wesentlicher Kritikpunkt bezieht sich darauf, dass das Inlandsprodukt in erster Linie quantitative Aussagen über die materielle Güterversorgung zulässt. Solche Bereiche wie Gesundheits- und Bildungsstand der Bevölkerung bleiben hingegen unberücksichtigt. Deshalb wird vorgeschlagen, das Inlandsprodukt als Messgröße für Wohlstandsveränderungen durch ein System sozialer Indikatoren zu ergänzen. Aber auch mithilfe sozialer Indikatoren wird das Problem, die Entwicklung des Wohlstandes zu messen, nicht zufriedenstellend und ohne Probleme gelöst. Ist es beispielsweise als eine Wohlstandsmehrung anzusehen, wenn die Zahl der Krankenhausbetten steigt, oder ist dies möglicherweise ein Anzeichen für die Verschlechterung des Gesundheitszustands der Bevölkerung? Neben den sonstigen Mess- und Erhebungsfehlern ist eine der Hauptschwierigkeiten dadurch bedingt, dass solche Begriffe wie „Wohlstand“ und „Lebensqualität“ nicht eindeutig sind.

Human Development Index

Gemessen am *Human development index* (HDI), der vom UNDP (United Nations Development Programme) ermittelt wird und neben dem Pro-Kopf-Einkommen u. a. Daten über die Lebenserwartung, den Bildungsstand und die Ausgaben für Bildung und Erziehung berücksichtigt, belegte Deutschland im Jahr 2018 den fünften Rang. An der Spitze lagen Norwegen, Australien, Island, Kanada, Neuseeland und die USA. Die letzten Plätze nahmen die afrikanischen Staaten Mosambik, Burundi, Niger, Kongo und Simbabwe ein.

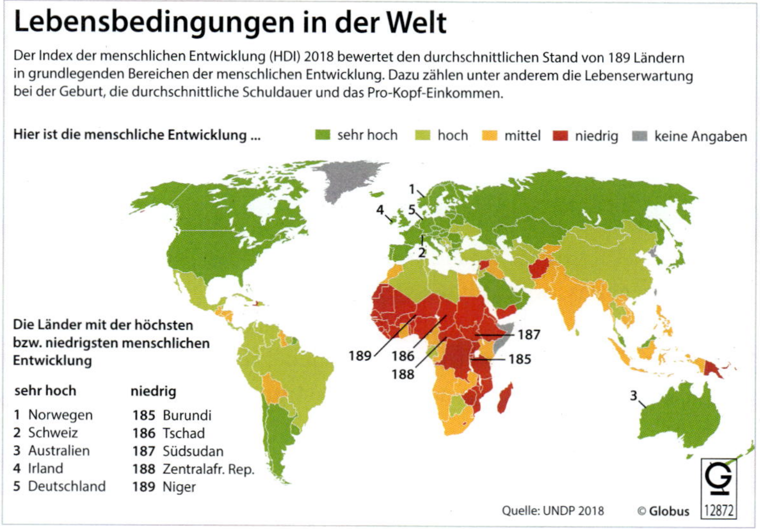

3.4 Grenzen des Wachstums

Mit einer zunehmenden mengenmäßigen Güterproduktion (= quantitatives Wachstum) gehen in vielen Fällen auch ein zusätzlicher Rohstoffverbrauch, vermehrte Emissionen und ein steigendes Verkehrsaufkommen einher. Dies führt zu einer erhöhten Umweltbelastung. Die Beseitigung dieser wachstumsbedingten Umweltschäden erfordert und bewirkt ihrerseits wiederum Wirtschaftswachstum. Wie in einem „Teufelskreis" ist somit Wachstum nötig, um die Probleme zu beheben, die durch eben dieses Wachstum entstanden sind und weiterhin entstehen.

Nicht nur vor dem Hintergrund der wachstumsbedingten Umweltzerstörung wird von Kritikern auf die Begrenzung weiteren Wirtschaftswachstums hingewiesen. Auch in anderen Bereichen zeichnet sich ab, dass wirtschaftliches Wachstum an natürliche und soziale Grenzen stößt: Ressourcen- und Flächenverbrauch, industrielle Massenproduktion mit der Suche nach immer neuen Konsumentenbedürfnissen und Absatzmärkten, Energieverschwendung, Verstädterung, Massenverkehr, Abfall, Sondermüll usw. lassen erahnen, dass die Belastbarkeit des Erdplaneten nicht unendlich ist.

Unter dem Titel „**Grenzen des Wachstums**" hat der Club of Rome 1972 einen Bericht über die Umweltsituation veröffentlicht.[1] Damit wurden der Weltöffentlichkeit erstmals die Folgen eines weiteren ungezügelten wirtschaftlichen Wachstums vor Augen geführt.

Dass ein weiteres Wirtschaftswachstum in dem Umfang, wie es beispielsweise in den westlichen Industrieländern zur Lösung des Beschäftigungsproblems für nötig gehalten wird (mehr als 2 % jährlich), auf Dauer kaum vorstellbar ist, zeigen folgende Überlegungen: Da es sich beim Wirtschaftswachstum um ein exponentielles Wachstum (wie beim Zinseszinseffekt) handelt, würde sich bei einer jährlichen Wachstumsrate von 2 % die Güterproduktion innerhalb von 35 Jahren verdoppeln. Bei einer Wachstumsrate von 4 % (wie sie in den 1970er-Jahren angestrebt wurde) würde die Verdoppelung bereits nach knapp 18 Jahren eintreten. Nach knapp 59 Jahren wäre die Güterproduktion zehnmal so groß wie heute. Die von der Natur gesetzten Grenzen würden noch viel schneller erreicht, wenn sich in den Entwicklungsländern tatsächlich die noch wesentlich höheren Wachstumsraten einstellen würden, die langfristig nötig wären, um den Rückstand gegenüber den Industrieländern aufzuholen.

> „Jeder, der glaubt, dass exponentielles Wirtschaftswachstum für immer weitergehen kann in einer endlichen Welt, ist entweder ein Verrückter oder ein Ökonom."
> *Kenneth E. Boulding (1910 – 1993), US-amerikanischer Wirtschaftswissenschaftler*

Während im ersten Bericht des Club of Rome 1972 der entscheidende Begrenzungsfaktor des Wachstums noch in den erschöpfbaren Rohstoffen gesehen wurde, zeigt sich inzwischen, dass weltweit die Beeinträchtigung der Erdatmosphäre durch den Ausstoß von Klimagasen von wesentlich größerer Bedeutung ist. Anlässlich des 50-jährigen Bestehens hat der Club of Rome 2017 einen neuen aufrüttelnden Bericht vorgelegt, in dem u. a. notwendige Reformen für eine **Postwachstumsökonomie** aufgezeigt werden.[2]

---

1 Der Club of Rome ist ein Zusammenschluss von Persönlichkeiten aus Wirtschaft, Wissenschaft und Kultur. Er veranstaltet Konferenzen und finanziert Berichte zu aktuellen Fragen von globaler Bedeutung. So z. B. Meadows, D., u. a., Die Grenzen des Wachstums, Reinbeck bei Hamburg (rororo) 1973 bzw. Meadows, D., u. a., Die neuen Grenzen des Wachstums, Stuttgart (DVA) 1992.

2 E.U. von Weizsäcker, A. Wijkman u. a., Wir sind dran, Was wir ändern müssen, wenn wir bleiben wollen, Gütersloh, München 2017

Zusammenfassende Übersicht zu Kompetenzbereich B:
Aussagekraft des Bruttoinlandsprodukts in der sozialen Marktwirtschaft

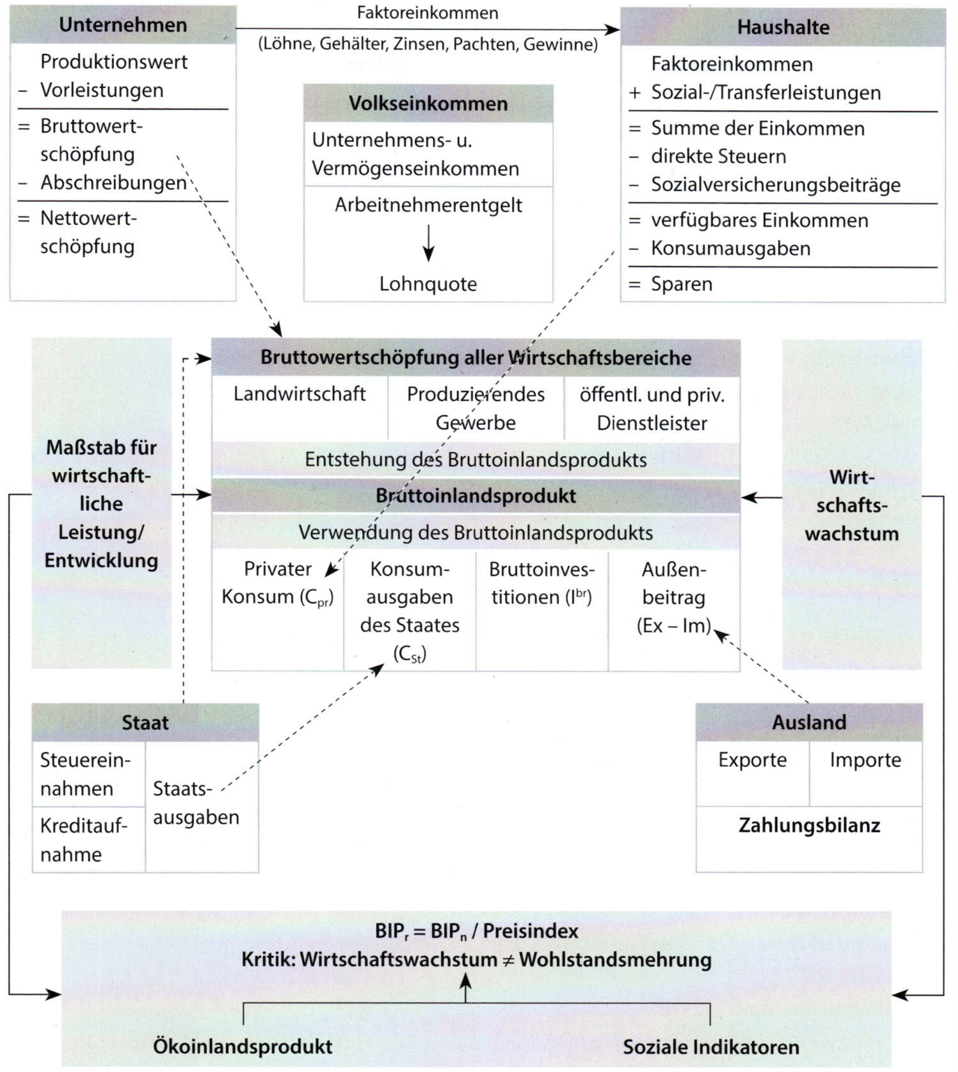

WIEDERHOLUNG DES GRUNDWISSENS

1 Grundbegriffe der volkswirtschaftlichen Gesamtrechnung

1. Erläutern Sie die Aufgaben der Volkswirtschaftlichen Gesamtrechnung (VGR).
2. Definieren Sie den Begriff Inlandsprodukt.
3. Erläutern Sie, was unter den Konsumausgaben des Staates zu verstehen ist.
4. Beschreiben Sie Aufbau und Inhalt des gesamtwirtschaftlichen Produktionskontos.
5. Unterscheiden Sie zwischen dem Bruttoinlandsprodukt zu Marktpreisen und dem Nettoinlandsprodukt zu Marktpreisen.
6. Unterscheiden Sie zwischen dem Nettoinlandsprodukt zu Marktpreisen und dem Nettoinlandsprodukt zu Faktorkosten.

2 Entstehungs-, Verwendungs- und Verteilungsrechnung

1. Nennen Sie Wirtschaftsbereiche, in die die Entstehungsrechnung des Inlandsprodukts gegliedert ist.
2. Nennen Sie die Verwendungszwecke, die in der Verwendungsrechnung des Inlandsprodukts ausgewiesen sind.
3. Erläutern Sie, was unter dem Volkseinkommen zu verstehen ist.
4. Beschreiben Sie, aus welchen Positionen die Verteilungsrechnung des Volkseinkommens besteht.
5. Erläutern Sie, was unter der Lohnquote zu verstehen ist.

3 Kritik am Bruttoinlandsprodukt als Wohlstandsindikator

1. Erläutern Sie den Unterschied zwischen dem nominalen und dem realen Inlandsprodukt.
2. Nennen Sie Mängel, die die Aussagekraft des Inlandsprodukts als Wohlstandsindikator beeinträchtigen.
3. Beschreiben Sie, was unter dem Ökoinlandsprodukt zu verstehen ist.
4. Nennen Sie soziale Indikatoren, die sich für eine Wohlstandsmessung eignen.
5. Erläutern Sie, was unter dem Human Development Index (HDI) zu verstehen ist.
6. Erläutern Sie negative Folgen, die mit dem Wirtschaftswachstum einhergehen.
7. Nennen Sie Gründe für die Grenzen des Wachstums.

AUFGABEN ZUM ERWERB UND ZUR ANWENDUNG VON KOMPETENZEN

1 Ermittlung des Inlandsprodukts

Für eine Volkswirtschaft liegen für das vergangene Jahr (Jahr 01) folgende Daten vor (Wertangaben in Preisen des Jahres 01):

- Verkäufe von Konsumgütern an private Haushalte 1 500 GE
- Abschreibungen 350 GE
- Bruttoinvestitionen 450 GE
- Staatliche Subventionen an Unternehmen 30 GE
- Produktions- und Importabgaben an den Staat 300 GE
- Vorleistungen aus dem Ausland (Importe) 1 000 GE
- Faktorkosten für den Produktionsfaktor Arbeit (= Arbeitnehmereinkommen: Löhne und Gehälter) 1 300 GE
- Unternehmergewinne 230 GE
- Faktorkosten für die Produktionsfaktoren Kapital und Boden (= Vermögenseinkommen: Zinsen und Pachten) 400 GE
- Wert der unentgeltlich abgegebenen Leistungen des Staates 500 GE (Konsumausgaben des Staates)
- Verkäufe von Gütern an das Ausland (Exporte) 1 100 GE

1. Erstellen Sie das gesamtwirtschaftliche Produktionskonto (vgl. Muster auf S. 111).
2. Ermitteln Sie die Höhe folgender Größen: Bruttoinlandsprodukt zu Marktpreisen, Nettoinlandsprodukt zu Marktpreisen, Nettoinlandsprodukt zu Faktorkosten.
3. Drücken Sie die Berechnung des Bruttoinlandsprodukts zu Marktpreisen von der Verwendungsseite in einer allgemeinen Formel aus.
4. Drücken Sie den Zusammenhang zwischen Bruttoinlandsprodukt zu Marktpreisen, Nettoinlandsprodukt zu Marktpreisen und Nettoinlandsprodukt zu Faktorkosten in einer allgemeinen Formel aus.
5. Im Jahr zuvor (Jahr 00) betrug das Bruttoinlandsprodukt 2 500 GE (in Preisen des Jahres 00). Lässt sich daraus schließen, dass sich die Güterversorgung der Bevölkerung im Jahr 01 gegenüber 00 verbessert hat? Begründen Sie Ihre Aussage.

2 Entstehungs-, Verwendungs- und Verteilungsrechnung

1. Erläutern Sie Aufgaben und Aussagen der Entstehungs-, Verwendungs- und Verteilungsrechnung.
2. Ermitteln Sie anhand der Abbildung auf S. 113.
   a) den prozentualen Beitrag der einzelnen Wirtschaftssektoren zur Bruttowertschöpfung
   b) den prozentualen Anteil der privaten und staatlichen Konsumausgaben, der Investitionen und des Außenbeitrags am BIP
   c) die Lohnquote.

3 Nominales und reales Bruttoinlandsprodukt

1. Für eine Volkswirtschaft liegen folgende Daten vor:

PDF

Jahr	Nominales BIP in Mrd. EUR	Preisindex für die Güter des BIP
1	2 589,1	100,00
2	2 703,1	101,07
3	2 754,9	102,59
4	2 820,8	104,73
5	2 915,7	106,55
6	3 259,0	108,74

   a) Ermitteln Sie für die einzelnen Jahre das reale Bruttoinlandsprodukt.
   b) Berechnen Sie, um wie viel Prozent hat sich das reale BIP in den einzelnen Jahren verändert (= Wirtschaftswachstum) hat.
2. Für zwei Länder liegen folgende Daten vor:

Land	Nominales BIP in Mrd. EUR	Preissteigerung gegenüber Vorjahr	Einwohnerzahl
A	2 968 US-$	+ 6 %	1,2 Mio.
B	8 568 US-$	+ 2 %	5,0 Mio.

   a) Vergleichen Sie die Leistungsfähigkeit der beiden Länder und begründen Sie Ihr Ergebnis.
   b) Begründen Sie, warum die Zahlen nur einen eingeschränkten Wohlstandsvergleich zwischen den beiden Ländern zulassen.

4 Kritik am Inlandsprodukt als Wohlstandsindikator

Stellen Sie fest, ob das Inlandsprodukt aufgrund folgender Vorgänge steigt, sinkt oder unverändert bleibt. Begründen Sie Ihre Antworten.

1. Ein Junggeselle stellt eine Haushälterin ein. Es werden ordnungsgemäß Lohnsteuer und Sozialversicherungsbeiträge abgeführt.
2. Der Junggeselle heiratet seine bisherige Haushälterin. Auch nach der Heirat führt sie den Haushalt weiter.
3. Es werden vermehrt langlebige Energiesparlampen statt herkömmlicher Glühbirnen verwendet. Die Mehraufwendungen aufgrund des höheren Preises der Energiesparlampen gegenüber den herkömmlichen Lampen können schon nach kurzer Zeit durch geringeren Energieverbrauch und längere Lebensdauer ausgeglichen werden.
4. Die Regierung ergreift steuerpolitische Maßnahmen zur Einkommensumverteilung, um untere Einkommensschichten zu entlasten und höhere Einkommensschichten zu belasten.
5. Einer der bisherigen gesetzlichen Feiertage wird gestrichen. Die Arbeitnehmer müssen jetzt bei gleichem Monatslohn einen Tag mehr arbeiten.
6. Ein Hobbygärtner versorgt seine Familie regelmäßig mit Obst und frischem Gemüse.
7. Ein kranker Familienvater wird zu Hause von seinen Familienangehörigen gepflegt.
8. Der Kranke (Fall 7.) wird vom Arzt in ein Krankenhaus eingewiesen.
9. Ein Bauherr erstellt einen Teil des Rohbaus durch Eigenleistung und Nachbarschaftshilfe.

10. Ein Malergeselle tapeziert nach Feierabend die Wohnung des Nachbarn gegen Entgelt.
11. Ein Landwirt spezialisiert sich auf biologischen Anbau. Wegen des Verzichts auf Pflanzenschutzmittel gehen die Produktionsmengen in der Umstellungsphase zunächst zurück. Er kann aber seine Produkte wegen der besseren Qualität teurer verkaufen, so dass sein Erlös nicht sinkt.
12. Nach einem Unfall müssen mehrere Personen im Krankenhaus behandelt werden. Eine Person stirbt an den Folgen des Unfalls.
13. Die Außenmauern einer denkmalgeschützten Kirche werden durch Luftschadstoffe beschädigt und müssen restauriert werden.
14. Es werden Solarzellen aus dem benachbarten Ausland importiert.
15. Die Regierung genehmigt den Verkauf von U-Booten an ein Entwicklungsland.
16. An einer Autobahn werden die Anwohner durch die Errichtung von Schallschutzwänden gegen den Verkehrslärm geschützt.
17. Wegen hoher Gefährdung durch den Straßenverkehr bringen Eltern ihre Kinder mit dem Pkw zum Kindergarten, statt sie zu Fuß laufen zu lassen.
18. Durch Überdüngung der Böden mit Gülle aus der Massentierhaltung wird das Grundwasser mit Nitrat belastet.

Kompetenzbereich C:
Unternehmensbezogene Finanzierungsarten

1 Aktiengesellschaft

1.1 Merkmale und Gründung einer AG

Merkmale einer AG

Die Aktiengesellschaft (AG) ist eine Gesellschaft mit eigener Rechtspersönlichkeit (juristische Person), die über ein in Aktien zerlegtes Grundkapital verfügt und für deren Verbindlichkeiten nur die AG mit ihrem Gesellschaftsvermögen haftet. AktG § 1

Die Aktiengesellschaft ist eine **Kapitalgesellschaft**, an der sich viele Eigenkapitalgeber (= **Aktionäre**) gegebenenfalls auch mit jeweils kleinen Beträgen beteiligen können. Auf diese Weise ist es möglich, insgesamt ein hohes Eigenkapital aufzubringen. Die Gründung einer AG ist allerdings auch durch eine einzige Person möglich. AktG § 2

Die an einer Aktiengesellschaft beteiligten Aktionäre können bei Bedarf ihre Anteile in Form von **Aktien** wieder veräußern, ohne dass dem Unternehmen dadurch Kapital entzogen wird.

Das **Grundkapital** ist der in der **Satzung** (= Gesellschaftsvertrag der AG) festgelegte Kapitalbetrag. Es muss mindestens **50 000 EUR** betragen. In der Bilanz einer AG wird das Grundkapital entsprechend den HGB-Vorschriften in der Bilanzposition **„Gezeichnetes Kapital"** ausgewiesen. Das Grundkapital einer Aktiengesellschaft ist **in Aktien** zerlegt. AktG §§ 1 (2), 6, 7 HGB § 266 (3)

Aktien sind Kapitalwertpapiere (Effekten), die ein Anteilsrecht (Mitgliedschaftsrecht) an einer AG verbriefen.[1] Da der Eigentümer einer Aktie gleichzeitig auch Teilhaber an der AG ist, werden die Aktien auch als Teilhaberpapiere bezeichnet.

Gründung einer AG

Die Gründung einer AG vollzieht sich in folgenden Schritten:

1. Abschluss eines **Gesellschaftsvertrages (= Satzung)** zwischen den Gründern. Die Gründung kann auch durch eine einzige Person erfolgen **(Ein-Personen-AG)**. Gründer können natürliche oder juristische Personen sein. Nach der **notariellen Beurkundung** der Satzung ist die AG **gegründet**.
2. **Übernahme der Aktien durch die Gründer**. Damit ist die AG **errichtet**.
3. **Bestellung des Aufsichtsrats und der Abschlussprüfer** mit anschließender Bestellung des ersten **Vorstands** durch den Aufsichtsrat. AktG §§ 23 (1), 2, 29, 30, 32, 33
4. Erstellung eines **Gründungsberichts**. Vorstand und Aufsichtsrat haben den Hergang der Gründung zu prüfen.
5. **Einbringung der Einlagen.**
6. **Eintragung** in das Handelsregister. Mit der Eintragung ins Handelsregister **entsteht** die AG als juristische Person (= **konstitutive Wirkung der Eintragung**). Wer vor der Eintragung der Gesellschaft in ihrem Namen handelt, haftet persönlich. AktG § 41 (1), §§ 27 ff., 36a, 36

---

1 Im Zusammenhang mit Aktien bedeutet Verbriefung: Umwandlung von Anteilsrechten zu einem auf dem Kapitalmarkt handelbaren Wertpapier.

1.2 Organe einer AG

1.2.1 Überblick

Wie alle juristischen Personen handelt die Aktiengesellschaft durch ihre Organe.

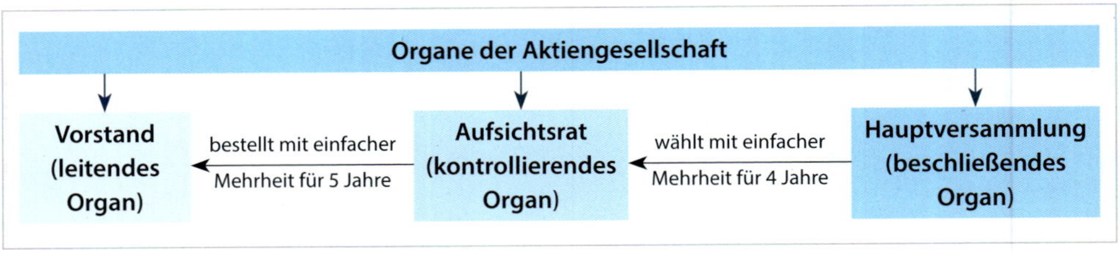

1.2.2 Vorstand

> **Der Vorstand der AG ist das geschäftsführende Organ der Gesellschaft. Er leitet die AG in eigener Verantwortung.**

Aufgaben des Vorstands

AktG §§ 76–79, § 81, § 84 (1)

AktG § 77 (1), § 78 (3)

- Der Aufsichtsrat bestellt den Vorstand für **höchstens fünf Jahre**. Der Vorstand hat unter eigener Verantwortung die Gesellschaft zu leiten und ist – anders als der Geschäftsführer einer GmbH – nicht weisungsgebunden. Demnach kann auch ein Großaktionär, z. B. mit einem Aktienbesitz von 50 % des Grundkapitals, dem Vorstand keine Weisungen erteilen. Der Vorstand kann aus einer Person oder aus mehreren Personen bestehen (bei einem Grundkapital von mehr als 3 Mio. EUR mindestens 2 Personen). Setzt er sich aus mehreren Personen zusammen, besteht **Gesamtgeschäftsführungs- und Gesamtvertretungsbefugnis.**[1] Vertraglich kann Einzelvertretungsbefugnis vereinbart werden, muss aber ins Handelsregister eingetragen werden.

AktG § 90, § 170 HGB § 264, § 267 (1)

- Der Vorstand hat dem Aufsichtsrat regelmäßig über die Geschäftslage der AG zu **berichten**.
- Nachdem der **Jahresabschluss** (Bilanz, Gewinn- und Verlustrechnung, Anhang) und der **Lagebericht** (enthält Ausführungen zum Geschäftsverlauf und zur Lage der AG) aufgestellt sind, muss der Vorstand diese unverzüglich dem Aufsichtsrat vorlegen. Kleine Kapitalgesellschaften brauchen den Lagebericht nicht aufzustellen.

AktG § 121, § 92,

- Er muss mindestens einmal jährlich eine **ordentliche Hauptversammlung** einberufen. Bei drohenden hohen Verlusten, bei Überschuldung oder bei Zahlungsunfähigkeit ist er verpflichtet, zu einer **außerordentlichen Hauptversammlung** einzuladen.

§ 88

- Die Vorstandsmitglieder unterliegen dem gesetzlichen **Wettbewerbsverbot** (keine Geschäfte im Geschäftszweig der AG, kein eigenes Handelsgewerbe).

---

1 Das gilt für alle Kapitalgesellschaften. Bei der OHG und der KG gilt dagegen der Grundsatz der Einzelgeschäftsführungs- und Einzelvertreterbefugnis.

Vergütung

Bei der Bemessung der Gesamtbezüge einzelner Vorstandsmitglieder (Gehalt, Gewinnbeteiligung, Aufwandsentschädigung, Versicherungsentgelte, Provisionen und Nebenleistungen) hat der Aufsichtsrat dafür zu sorgen, dass diese in einem angemessenen Verhältnis zu deren Aufgaben stehen. Über die Höhe der Gesamtbezüge des Vorstandes müssen im Anhang entsprechende Angaben gemacht werden. AktG § 87 HGB § 285 Nr. 9

1.2.3 Aufsichtsrat

Die Aufgabe des Aufsichtsrates besteht in der Überwachung der Geschäftsführung des Vorstandes.

Zahl der Mitglieder und Amtszeit

Im Normalfall besteht der Aufsichtsrat aus **drei Mitgliedern**. Die Satzung kann auch eine höhere Zahl (bis zu 21 Mitgliedern – je nach Höhe des Grundkapitals) festsetzen. Die Zahl muss jedoch stets durch drei teilbar sein, wenn dies zur Erfüllung der mitbestimmungsrechtlichen Vorgaben nötig ist. AktG § 95, § 102

Die Mitglieder des Aufsichtsrates werden von der Hauptversammlung mit einfacher Mehrheit für **vier Geschäftsjahre** gewählt.

Aufgaben

Der Aufsichtsrat hat im Wesentlichen folgende Aufgaben:

- Bestellung (d.h. Wahl mit einfacher Mehrheit) und gegebenenfalls Abberufung des Vorstands AktG § 84, § 111, § 171, § 172
- Überwachung der Geschäftsführung des Vorstands. Dazu kann er u.a. die Geschäftsunterlagen der Gesellschaft einsehen und prüfen.
- Prüfung des Jahresabschlusses samt Lagebericht und Vorschlag für die Verwendung des Bilanzgewinns
- Feststellung des Jahresabschlusses

1.2.4 Hauptversammlung

Die Hauptversammlung ist das Organ der AG, durch das die Aktionäre ihre Rechte als Kapitaleigner ausüben.

Wesen und Rechtsstellung

Die Hauptversammlung ist das **beschließende Organ** einer Aktiengesellschaft. In ihr üben die Gesellschafter (Aktionäre) ihr Stimmrecht aus. Der Vorstand beruft die Hauptversammlung als Zusammenkunft der Aktionäre ein, die innerhalb der **ersten acht Monate** des Geschäftsjahres über die Entlastung von Vorstand und Aufsichtsrat beschließt. Mit einer erfolgreichen Abstimmung (d.h. der Vorstand wird entlastet) billigen die Anteilseigner die Geschäftsführung der Gesellschaft. Die Entlastung enthält jedoch keinen Verzicht auf Ersatzansprüche. Eine abgelehnte Entlastung des Vorstandes bedeutet einen Vertrauensentzug. AktG § 118, § 121 (2), § 120

Rechte

AktG § 119 Der Hauptversammlung stehen folgende Rechte zu:

- Wahl der Aufsichtsratsmitglieder der Kapitaleigner (mit einfacher Mehrheit)
- Beschlüsse über die Verwendung des Bilanzgewinns
- Entlastung der Mitglieder des Vorstands und des Aufsichtsrats
- Bestellung der Abschlussprüfer für das laufende Geschäftsjahr
- Beschlüsse über Satzungsänderungen (z. B. Kapitalerhöhung, Zusammenschluss mit anderen Unternehmen, Auflösung)

Stimmrecht und Beschlussfassung

AktG § 134 (3) AktG § 133, § 179 Jedem Aktionär, der über Stammaktien verfügt, steht in der Hauptversammlung ein Stimmrecht zu. Der Aktionär kann sein Stimmrecht z. B. im Fall einer Verhinderung am Tage der Hauptversammlung auch an einen Dritten (z. B. eine Bank) durch Erteilung einer schriftlichen Vollmacht abtreten.

AktG § 182 (1) Beschlüsse der Hauptversammlung kommen in der Regel durch einfache Mehrheit der abgegebenen Stimmen zustande. Für einige Beschlüsse, die von besonderer Tragweite für die AG sind, ist eine qualifizierte Mehrheit (3/4 des bei der Beschlussfassung vertretenen Grundkapitals) erforderlich. Dies gilt z. B. für Maßnahmen der **Eigenkapitalbeschaffung** und andere Satzungsänderungen.

AktG § 130 (1)

Beschlüsse der Hauptversammlung	
Wahl des Aufsichtsrates (AktG § 101)	**einfache Mehrheit**
Feststellung des Jahresabschlusses (AktG § 172)	**einfache Mehrheit**
Verwendung des Bilanzgewinns (AktG § 174)	**einfache Mehrheit**
Satzungsänderungen (AktG § 179) wie z. B. Kapitalerhöhung	**qualifizierte Mehrheit**
Auflösung der Gesellschaft (§ 262 (1) Nr. 2 AktG)	**qualifizierte Mehrheit**

Die Beschlüsse der Hauptversammlung börsennotierter Aktiengesellschaften bedürfen der **notariellen Beurkundung**.

Zusammenfassende Übersicht zu 1: Aktiengesellschaft

Aktiengesellschaft

Merkmale

- Mindestens 1 Gründer
- AG ist Kapitalgesellschaft und damit juristische Person
- Beteiligung von Aktionären durch Übernahme von Aktien

Organge

Vorstand (leitendes Organ)

↑ *bestellt mit einfacher Mehrheit für 5 Jahre*

Aufsichtsrat (kontrollierendes Organ)

↑ *wählt mit einfacher Mehrheit für 4 Jahre*

Hauptversammlung (beschließendes Organ)

WIEDERHOLUNG DES GRUNDWISSENS

1 Aktiengesellschaft

1.1 Merkmale und Gründung einer AG

1. Nennen Sie die Zahl der Gründer, die eine AG mindestens haben muss.
2. Geben Sie an, zu welcher handelsrechtlichen Art von Gesellschaften die AG gehört.
3. Erläutern Sie, was unter dem Grundkapital einer AG zu verstehen ist und geben Sie an, wie hoch dieses mindestens sein muss.
4. Erläutern Sie, was Aktien sind.
5. Erläutern Sie, in welchen Schritten sich die Gründung einer AG vollzieht.
6. Geben Sie an, wer eine AG zur Eintragung ins Handelsregister angemeldet.

1.2 Organe einer AG

1. Beschreiben Sie die Aufgaben des Vorstands einer AG.
2. Erläutern sie, wer den Vorstand einer AG bestellt und geben Sie an, wie lange dessen Amtszeit höchstens dauert.
3. Beschreiben Sie die Aufgaben des Aufsichtsrat einer AG und geben Sie an, wie lange dessen Amtszeit dauert.
4. Beschreiben Sie die Aufgaben der Hauptversammlung einer AG.
5. Nennen Sie die Rechte, die der Hauptversammlung einer AG zustehen.
6. Nennen Sie die Höhe der Stimmenmehrheit, die für die Beschlüsse einer Hauptversammlung erforderlich ist.

2 Finanzierungsarten im Überblick

Die Möglichkeiten zur Kapitalbeschaffung eines Unternehmens sind entscheidend davon abhängig, in welcher Rechtsform das Unternehmen betrieben wird. Die Beschaffung großer Kapitalmengen ist grundsätzlich bei den **Kapitalgesellschaften** – insbesondere bei der Aktiengesellschaft – am einfachsten möglich. Eine Aktiengesellschaft kann zur Finanzierung von Investitionen unter bestimmten Voraussetzungen den **Kapitalmarkt** in Anspruch nehmen und sich z. B. über die Ausgabe von Aktien das gewünschte Kapital beschaffen.

Einzelunternehmen, Personengesellschaften sowie Gesellschaften mit beschränkter Haftung (GmbH) haben im Normalfall keinen Zugang zum Kapitalmarkt. Ihnen stehen damit im Vergleich zu einer AG nur eingeschränkte Finanzierungsmöglichkeiten zur Verfügung. Bei den Personengesellschaften ist die Kapitalbeschaffung durch Aufnahme neuer Gesellschafter mit umfangreichen Rechten (Vertretung, Geschäftsführung) der Kapitalgeber verbunden, was bei der Aktiengesellschaft nicht der Fall ist.

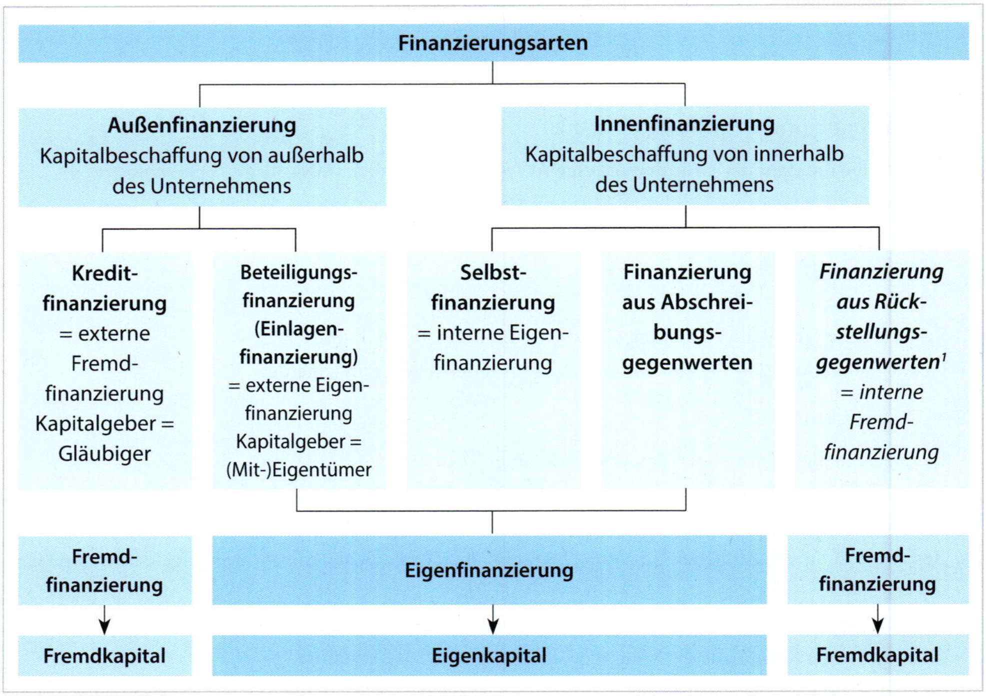

Zusammenfassende Übersicht zu 2: Finanzierungsformen im Überblick

Woher? / Wer?	Außenfinanzierung	Innenfinanzierung
Eigentümer (Eigenfinanzierung)	**Beteiligungsfinanzierung (Eigenfinanzierung)**	**Selbstfinanzierung**
		Finanzierung aus Abschreibungsgegenwerten
Gläubiger (Fremdfinanzierung)	**Kreditfinanzierung**	**Finanzierung aus Rückstellungsgegenwerten**

WIEDERHOLUNG DES GRUNDWISSENS

2 Finanzierungsarten im Überblick

1. Unterscheiden Sie die Finanzierungsformen nach der Herkunft der finanziellen Mittel.

2. Unterscheiden Sie die Finanzierungsformen nach der Rechtsstellung der Kapitalgeber.

3. Geben Sie an, woher die Finanzierungsmittel bei der Innenfinanzierung stammen.

1 Die Finanzierung aus Rückstellungsgegenwerten ist nicht Gegenstand des Lehrplans.

3 Beteiligungsfinanzierung bei verschiedenen Unternehmensformen

3.1 Beteiligungsfinanzierung bei einer Kommanditgesellschaft (KG)

Die Aufbringung des Eigenkapitals bei einer Kommanditgesellschaft erfolgt durch **Einlagen der Komplementäre** (= **Vollhafter**) und der **Kommanditisten (= Teilhafter)**. Die Höhe der Beteiligung der Gesellschafter ist wie bei der OHG der Passivseite der Bilanz zu entnehmen. Für jeden Gesellschafter ist ein eigenes Kapitalkonto zu führen. Das von den Gesellschaftern eingebrachte Vermögen wird gemeinschaftliches Vermögen aller Gesellschafter (Gesamthandsvermögen). Der einzelne Gesellschafter kann allein nach erfolgter Einlage nicht mehr rechtswirksam über seinen Anteil verfügen **(= Vermögen zur „gesamten Hand")**. Die Kapitaleinteile der Komplementäre sind keine feste Größe.

Beteiligungsfinanzierung einer KG

Das Gesamtvermögen einer KG beträgt 2,5 Mio. EUR. Das Eigenkapital in Höhe von 1,8 Mio. EUR wurde von den drei Gesellschaftern wie folgt aufgebracht: Aufg. 3.1.1 S. 132

Komplementär A: 0,6 Mio. EUR
Kommanditist B: 0,8 Mio. EUR
Kommanditist C: 0,4 Mio. EUR

Daraus lässt sich folgende zusammengefasste Bilanz erstellen:

Zusammengefasste Bilanz der KG (in Mio. EUR)

Aktiva		**Passiva**	
Vermögen	2,5	**Eigenkapital**	
		Komplementär A:	0,6
		Kommanditkapital B:	0,8
		Kommanditkapital C:	0,4
		Fremdkapital	0,7
Summe	**2,5**	**Summe**	**2,5**

Beteiligungsfinanzierung: Eigenkapital A + B + C = 1,8 Mio. EUR

In gleicher Weise wie den Gesellschaftern einer OHG steht den Komplementären die Geschäftsführungs- und Vertretungsbefugnis zu, während die Kommanditisten von der Führung der Geschäfte ausgeschlossen sind. Ein Kommanditist kann allerdings einen schriftlichen Jahresabschluss verlangen und ist berechtigt, Einsicht in die Bücher zu nehmen. HGB § 164, § 166 (1)

Zusammenfassende Übersicht zu 3.1: Beteiligungsfinanzierung bei einer Kommanditgesellschaft (KG)

↓

- Komplementäre erhöhen ihre Geld- und/oder Sacheinlagen
- Kommanditisten erhöhen ihre Geld- und/oder Sacheinlagen
- Aufnahme neuer Komplementäre und/oder Kommanditisten (verbunden mit der Erbringung von Einlagen)

↓

Probleme: Komplementäre erhalten Mitspracherechte (Vertretung, Geschäftsführung) in der KG,
Kommanditisten erhalten Kontrollrecht

WIEDERHOLUNG DES GRUNDWISSENS

3.1 Beteiligungsfinanzierung bei einer Kommanditgesellschaft (KG)

1. Nennen Sie die Möglichkeiten, die einer KG zur Beteiligungsfinanzierung zur Verfügung stehen.
2. Erläutern Sie die Probleme, die jeweils mit der Aufnahme neuer Komplementäre und Kommanditisten verbunden sind.

AUFGABEN ZUM ERWERB UND ZUR ANWENDUNG VON KOMPETENZEN

3.1 Beteiligungsfinanzierung bei einer Kommanditgesellschaft (KG)

3.1.1 Beteiligungsfinanzierung bei der Heumann KG

An der **Heumann KG** sind **Jaqueline Heumann** als **Komplementärin** und **Julius Krämer** als **Kommanditist** beteiligt. Der Schlussbilanz des vergangenen Jahres sind bezüglich der Kapitalanteile folgende Informationen zu entnehmen:

Jaqueline Heumann: Eingebrachtes Kapital: 600 000 EUR

Julius Krämer: Bedungenes Kapital 200 000 EUR, ausstehende Einlage am 01. Jan. 80 000 EUR, Einzahlung auf die ausstehende Einlage am 01. August 50 000 EUR. Der Rest ist spätestens am 31.12. des folgenden Jahres fällig.

Katja Schneller: Frau Schneller wurde am 01. März als weitere Kommanditistin aufgenommen. Die lt. Gesellschaftsvertrag mit ihr vereinbarte (bedungene) Einlage beträgt 40 000 EUR. Davon hat sie am 15. April die Hälfte eingebracht. Der Rest ist spätestens am 01. März des folgenden Jahres fällig.

1. Berechnen Sie den Betrag der Beteiligungsfinanzierung für das vergangene Geschäftsjahr.
2. Ermitteln Sie die Höhe der Beteiligungsfinanzierung, die seit der Gründung der KG insgesamt erfolgt ist.

3.2 Beteiligungsfinanzierung bei einer Aktiengesellschaft (AG): Kapitalerhöhung gegen Einlagen

3.2.1 Rechtliche Grundlagen der Kapitalerhöhung gegen Einlagen

AktG § 182 bis § 191

Eine AG hat die Möglichkeit, sich durch die Ausgabe **junger (neuer) Aktien** zusätzliches Eigenkapital zu beschaffen (= **Kapitalerhöhung gegen Einlagen**).

Dieser Vorgang wird auch als **ordentliche Kapitalerhöhung**[1] bezeichnet.

Durch die Ausgabe zusätzlicher Aktien ändert sich das in der **Satzung** eingetragene **Grundkapital**[2] der AG. Das macht eine Satzungsänderung nötig. Diese setzt wiederum einen **Beschluss der Hauptversammlung** mit einer Dreiviertelmehrheit des bei der Beschluss-

1 Die Behandlung anderer Formen der Kapitalerhöhung sowie die Beteiligungsfinanzierung im Zusammenhang mit der Gründung einer AG sind im Lehrplan nicht vorgesehen.

2 Der in der Satzung (= Gesellschaftsvertrag der AG) festgelegte Kapitalbetrag wird im **AktG** als **Grundkapital** bezeichnet. Das **HGB**, das für **alle Kapitalgesellschaften** gilt, verwendet dagegen für den Ausweis des entsprechenden Kapitals in der Bilanz den Begriff **gezeichnetes Kapital**. In einer AG-Bilanz findet sich daher nicht der Begriff Grundkapital, sondern gezeichnetes Kapital. Beide Begriffe werden aber bezogen auf die AG gleichbedeutend verwendet.

fassung vertretenen Grundkapitals voraus. Setzt sich das Grundkapital aus verschiedenen Aktienarten zusammen, bedarf es der Dreiviertelmehrheit für jede Aktienart. Der Beschluss der Hauptversammlung wird ins Handelsregister eingetragen.

AktG § 9, § 8 (3), § 182 (1) S. 5

Der Verkaufspreis der jungen Aktien darf bei **Nennbetragsaktien** nicht unter deren Nennwert liegen. Bei Stückaktien darf der auf eine Aktie entfallende Anteil am Grundkapital (= fiktiver Nennwert) einen Euro nicht unterschreiten. Gibt die Gesellschaft **Stückaktien** aus, muss sich die Zahl der Aktien im selben Verhältnis wie das Grundkapital erhöhen. Dadurch ist gewährleistet, dass der fiktive Nennwert der Stückaktien vor und nach der Kapitalerhöhung gleich ist.

Statt Geldeinlagen ist auch eine Kapitalerhöhung mit Sacheinlagen (z. B. Grundstück) möglich.

AktG § 183

3.2.2 Emissionsverfahren[1]

Aufg. 3.2.1 S. 140

! Die Ausgabe von Wertpapieren wird als Emission bezeichnet. Bei dem Unternehmen, welches die Wertpapiere ausgibt, handelt es sich um den Emittenten.

Die Emission von Wertpapieren erfolgt in den meisten Fällen unter Mitwirkung von Banken, die die Beratung, Vorbereitung und Unterbringung (Platzierung[2]) der Wertpapiere übernehmen (= Fremdemission). Schaltet der Emittent mehrere Banken bei der Ausgabe von Wertpapieren ein, bilden diese ein **Emissionskonsortium**.

! Bei einem Emissionskonsortium handelt es sich um eine zeitlich begrenzte Zusammenarbeit mehrerer Banken zur Durchführung eines bestimmten Emissionsgeschäftes.

Innerhalb eines Konsortiums übernimmt in der Regel eine Bank (bei großen Emissionskonsortien u. U. auch mehrere Banken) die Führungsrolle als Konsortialführer.

Vor der Emission ist zwischen dem Emittenten und dem Emissionskonsortium zu klären, wer das **Absatzrisiko** bei der Unterbringung der Wertpapiere trägt. Während einerseits der Emittent ein Interesse an der vollständigen Unterbringung aller Wertpapiere hat, wollen andererseits die bei der Emission beteiligten Banken vermeiden, bei einer nicht erfolgreichen vollständigen Unterbringung auf dem unverkäuflichen Teil der Wertpapiere „sitzen zu bleiben". In der Praxis werden diesbezüglich die beiden Verfahren Festübernahme und Absatzvermittlung unterschieden. Eine Festübernahme liegt vor, wenn sich die bei der Emission beteiligten Banken verpflichten, vom Emittenten alle neu ausgegebenen Wertpapiere zu übernehmen und diese entweder am Kapitalmarkt unterzubringen oder (in selteneren Fällen) im Eigenbestand zu behalten. Eine Absatzvermittlung liegt dagegen vor, wenn sich die Banken nur zur Unterbringung, nicht aber zur Übernahme der neu ausgegebenen Wertpapiere verpflichten. Bei der Festübernahme tragen die Banken also das Absatzrisiko.

Die Möglichkeiten der Unterbringung (Platzierung) der jungen Aktien hängen maßgeblich davon ab, wie viele junge Aktien zu welchem Preis (= Emissionskurs) am Kapitalmarkt ver-

1 Emission *(lat.)*: Ausgabe (von Wertpapieren), emittere *(lat.)*: hinausschicken
2 platzieren *(franz.)*: an einen bestimmten Platz bringen; in der Kaufmannssprache: Wertpapiere unterbringen

kauft werden sollen. Die Zahl der im Rahmen der Kapitalerhöhung auszugebenden jungen Aktien wird durch den Hauptversammlungsbeschluss bestimmt. Der Ausgabekurs muss dagegen in Abhängigkeit von den Absatzmöglichkeiten am Kapitalmarkt festgelegt werden. In welchem Umfang der AG Finanzierungsmittel durch die Kapitalerhöhung zufließen, ergibt sich daher erst, wenn die Emission abgeschlossen ist und festgestellt werden kann, zu welchem Kurs wie viele Aktien verkauft wurden.

AktG §§ 8 (3), 9, 182 (1) S. 5

Die **Untergrenze** des Emissionskurses ist gesetzlich festgelegt, da Aktien nicht unter ihrem (fiktiven) Nennwert ausgegeben werden dürfen. Die **Obergrenze** des Emissionskurses bildet zwangsläufig der Börsenkurs der alten Aktien zum Zeitpunkt der Kapitalerhöhung. Kein Kapitalanleger würde nämlich junge Aktien zu einem höheren Preis kaufen, als er für die gleichwertigen alten Aktien derzeit an der Börse bezahlen muss.

Die **Bestimmung des Emissionskurses** stellt ein wichtiges **Entscheidungsproblem** dar. Der Emittent bevorzugt wegen des möglichst großen Zuflusses an Finanzierungsmitteln einen hohen Emissionskurs. Für die Anleger ist der Kauf junger Aktien dagegen umso attraktiver, je geringer der Emissionskurs ist. Außerdem spielen auch die Interessen der beteiligten Banken an einer erfolgreichen Unterbringung der jungen Aktien eine Rolle.

Die Festlegung des Emissionskurses erfolgt inzwischen in den meisten Fällen nach dem **Bookbuilding-Verfahren**. Beim **Bookbuilding-Verfahren** orientiert sich die Festlegung des Emissionskurses vorrangig an der Nachfrage der Kapitalanleger.

In einer ersten Phase erkunden die Konsortialbanken vorab das Interesse möglicher (Groß-)Anleger an den neuen Aktien. In Anlehnung an deren unverbindlichen Preisangeboten wird eine **Preisspanne** festgelegt und öffentlich bekannt gegeben. Danach haben alle interessierten Anleger innerhalb einer **Zeichnungsfrist** (z. B. 10 Tage) die Möglichkeit, ihre Kaufaufträge abzugeben. Diese Kaufaufträge beinhalten einen Preis (der innerhalb der Preisspanne liegen muss) und die gewünschte Anzahl an jungen Aktien, die der Anleger zu dem von ihm genannten Preis erwerben möchte. Am Ende dieser Phase wird aus den vorliegenden Zeichnungswünschen ein **Emissionspreis** festgelegt. Alle unter diesem Emissionspreis abgegebenen Gebote werden von der Aktienvergabe ausgeschlossen. Anleger, die bereit gewesen wären, einen höheren Preis als den endgültigen Emissionspreis zu zahlen, erhalten die jungen Aktien nun zum günstigeren Emissionspreis. Sollte die vorgesehene Menge der auszugebenden jungen Aktien dabei überschritten werden (= Nachfrageüberhang durch **Überzeichnung**), muss die tatsächliche Zuteilung vom Emissionskonsortium festgelegt oder die Anzahl der ausgebenden Aktien erhöht werden.

Das früher übliche **Festpreisverfahren**, bei dem die Wertpapiere zu einem im Voraus festgelegten Preis angeboten werden, wird inzwischen nur noch in bestimmten vom AktG vorgeschriebenen Fällen angewendet, da das Aktiengesetz hierfür zwingend einen genau festgelegten Preis vorschreibt. Ein anderes Verfahren, das wenig bekannt ist und bisher vornehmlich in den USA angewandt wurde, ist das **Auktionsverfahren**. Damit sollen u. a. die beim Bookbuildung-Verfahren möglichen starken Kursschwankungen am ersten Handelstag vermieden und Privatanleger stärker berücksichtigt werden.

AktG § 186 (2)

Beim Bookbuilding-Verfahren werden die möglichen Aktienkäufer unmittelbar in die Ermittlung des Emissionskurses einbezogen, indem sie Kaufangebote für die neuen Aktien zu einem von ihnen innerhalb einer vorgegebenen Preisspanne bestimmten Preis abgeben können.

3.2.3 Finanzierungswirkungen

Kapitalerhöhung durch Ausgabe von Nennwertaktien

Kapitalerhöhung bei Ausgabe von Nennwertaktien

Für die ABC-AG gilt vor einer Kapitalerhöhung gegen Einlagen folgende vereinfachte Bilanz:

Zusammengefasste Bilanz der ABC-AG vor der Kapitalerhöhung (in EUR)

Aktiva		**Passiva**	
A. Anlagevermögen	7 000 000	**A. Eigenkapital**	
		I. Gezeichnetes Kapital	2 000 000
		II. Kapitalrücklage	100 000
B. Umlaufvermögen		III. Gewinnrücklagen	
1. Vorräte	1 500 000	1. gesetzliche Rücklage	150 000
2. Forderungen	1 000 000	2. andere Gewinnrücklagen	750 000
3. liquide Mittel (Bank, Kasse)	500 000	**B. Fremdkapital**	7 000 000
Summe	10 000 000	Summe	10 000 000

Das Grundkapital der **ABC-AG** in Höhe von 2 Mio. EUR ist in 400 000 Aktien mit einem Nennwert von 5,00 EUR je Aktie aufgeteilt. Die Hauptversammlung hat beschlossen, eine Kapitalerhöhung gegen Einlagen vorzunehmen. Das Grundkapital soll durch die Ausgabe von 100 000 jungen Aktien mit einem Nennwert von 5,00 EUR je Stück um 500 000 EUR erhöht werden. Der Ausgabekurs beträgt 7,50 EUR je Aktie. Der Kurs der alten Aktien liegt bei 10,00 EUR. Bei erfolgreicher Durchführung der Kapitalerhöhung ergeben sich für die **ABC-AG** folgende Finanzierungswirkungen (ohne Berücksichtigung von Emissionskosten):

gesamter Mittelzufluss: 100 000 Aktien · 7,50 EUR je Stück = 750 000 EUR

Der Mittelzufluss schlägt sich zunächst auf der Aktivseite der Bilanz im Umlaufvermögen als zusätzliche liquide Mittel (Bankguthaben) nieder. Auf der Passivseite teilt sich der Betrag von 750 000 EUR im Rahmen des Eigenkapitals wie folgt auf:

Erhöhung des Grundkapitals:	**100 000 Aktien**	**·**	**5,00 EUR Nennwert je Stück**	**= 500 000 EUR**
+ Erhöhung der Kapitalrücklage:	**100 000 Aktien**	**·**	**2,50 EUR Agio (Aufgeld) je Stück**	**= 250 000 EUR**
= gesamte Erhöhung des Eigenkapitals	**100 000 Aktien**	**·**	**7,50 EUR je Stück**	**= 750 000 EUR**

Die Kapitalerhöhung im Beispiel bewirkt, dass sich das Grundkapital der AG (hier: 2 Mio. EUR) in Höhe der Summe der Nennbeträge aller ausgegebenen jungen Aktien erhöht (hier: 500 000 EUR). Der Teil der zugeflossenen Mittel, der über die Erhöhung des Grundkapitals hinausgeht, schlägt sich in der Bilanzposition **Kapitalrücklage** nieder. Die **Kapitalrücklage** ist **Teil des Eigenkapitals**. In dieser Position werden Beträge erfasst, die nicht aus Gewinnen der AG stammen, sondern auf **Zuzahlungen der Kapitalgeber** zurückzuführen sind.

HGB § 272 (2)

Ist der Ausgabekurs höher als der Nennwert, liegt eine Über-Pari-Emission vor.

Der Betrag, um den der Ausgabekurs den Nennwert übersteigt, wird als Agio (Aufgeld) bezeichnet.

Die Kapitalrücklage ist Teil des Eigenkapitals. Sie umfasst Beträge, die der AG über das Grundkapital hinaus durch die Eigentümer von außen zufließen. Dies sind z. B. Beträge, die bei der Ausgabe von Aktien über den Nennbetrag hinaus erzielt werden.

Durch die Kapitalerhöhung gegen Einlagen ergeben sich für die **ABC-AG** folgende Bilanzveränderungen:

Zusammengefasste Bilanz der ABC-AG nach der Kapitalerhöhung (in EUR)

Aktiva		Passiva	
A. Anlagevermögen	7 000 000	**A. Eigenkapital**	
		I. Gezeichnetes Kapital	2 500 000
		II. Kapitalrücklage	350 000
B. Umlaufvermögen		III. Gewinnrücklagen	
1. Vorräte	1 500 000	1. gesetzliche Rücklage	150 000
2. Forderungen	1 000 000	2. andere Gewinnrücklagen	750 000
3. liquide Mittel (Bank, Kasse)	1 250 000	**B. Fremdkapital**	7 000 000
Summe	10 750 000	Summe	10 750 000

Das Verhältnis des in der Bilanz ausgewiesenen Eigenkapitals zum Grundkapital wird als Bilanzkurs bezeichnet (= Eigenkapital in % des Grundkapitals).

$$\text{Bilanzkurs} = \frac{\text{bilanziertes Eigenkapital} \cdot 100}{\text{Grundkapital}}$$

Der Bilanzkurs einer Aktie gibt den „inneren Wert" der Aktie an, aus dem sich ablesen lässt, wie viele in der Bilanz ausgewiesenen (= offene) Rücklagen auf eine Aktie entfallen. Der Börsenkurs ist in der Regel wesentlich höher als der Bilanzkurs, da beim Bilanzkurs die (vermuteten) stillen Rücklagen nicht berücksichtigt sind.

Bilanzkurs vor der Kapitalerhöhung	Bilanzkurs nach der Kapitalerhöhung
$\text{Bilanzkurs} = \frac{3\,000\,000}{2\,000\,000} \cdot 100 = 150\,\%$	$\text{Bilanzkurs} = \frac{3\,750\,000}{2\,500\,000} \cdot 100 = 150\,\%$

Der Bilanzkurs einer Aktie mit 5 EUR Nennwert beträgt im vorliegenden Fall vor und nach der Kapitalerhöhung 7,50 EUR (= 150 % von 5 EUR), d. h. jede Aktie ist mit 2,50 EUR an den Rücklagen beteiligt.

Wenn bei einer Kapitalerhöhung die Ausgabe der jungen Aktien zum Bilanzkurs erfolgt, bleibt das Verhältnis zwischen Rücklagen und Grundkapital unverändert. Der Bilanzkurs ändert sich in diesem Fall nicht.

Kapitalerhöhung durch Ausgabe von Stückaktien

Wenn das Grundkapital einer AG nicht in Nennwertaktien, sondern in Stückaktien (nennwertlose Aktien) zerlegt ist, ergeben sich bei einer Kapitalerhöhung folgende Auswirkungen:

Kapitalerhöhung durch Ausgabe von Stückaktien

Für die XYZ-AG gilt vor einer Kapitalerhöhung gegen Einlagen folgende vereinfachte Bilanz:

Zusammengefasste Bilanz der XYZ-AG vor der Kapitalerhöhung (in EUR)

Aktiva		**Passiva**	
A. Anlagevermögen	9 000 000	**A. Eigenkapital**	
		I. Gezeichnetes Kapital	4 000 000
		II. Kapitalrücklage	200 000
B. Umlaufvermögen		III. Gewinnrücklagen	
1. Vorräte	1 500 000	1. gesetzliche Rücklage	200 000
2. Forderungen	1 000 000	2. andere Gewinnrücklagen	600 000
3. liquide Mittel (Bank, Kasse)	500 000	**B. Fremdkapital**	7 000 000
Summe	12 000 000	Summe	12 000 000

Das Grundkapital der **XYZ-AG** in Höhe von 4 Mio. EUR ist in 2 Mio. Stückaktien aufgeteilt. Der fiktive Nennwert je Aktie beträgt somit 2,00 EUR (4 Mio. EUR Grundkapital/2 Mio. Stückaktien). Die Hauptversammlung der **XYZ-AG** hat beschlossen, eine Kapitalerhöhung gegen Einlagen vorzunehmen. Das Grundkapital soll um 1 Mio. EUR erhöht werden. Das bedeutet eine Kapitalerhöhung im Verhältnis 4 : 1. Da die Zahl der Aktien im selben Verhältnis wie das Grundkapital erhöht werden muss, müssen 500 000 junge Aktien ausgegeben werden. Nach der Kapitalerhöhung beträgt dann der fiktive Nennwert je Aktie nach wie vor 2,00 EUR (5 Mio. EUR Grundkapital/2,5 Mio. Aktien). Der Ausgabekurs beträgt 3,00 EUR je Aktie. Der Kurs der alten Aktien liegt bei 4,00 EUR. Bei erfolgreicher Durchführung der Kapitalerhöhung ergeben sich für die **XYZ-AG** folgende Finanzierungswirkungen (ohne Berücksichtigung von Emissionskosten):

AktG § 182 (1) S. 5

gesamter Mittelzufluss: 500 000 Aktien · 3,00 EUR je Stück = 1 500 000 EUR

Der Mittelzufluss schlägt sich zunächst auf der Aktivseite der Bilanz im Umlaufvermögen als zusätzliche liquide Mittel (Bankguthaben) nieder. Auf der Passivseite teilt sich der Betrag von 1,5 Mio. EUR im Rahmen des Eigenkapitals wie folgt auf:

	Erhöhung des Grundkapitals:	**500 000 Aktien**	**· 2,00 EUR Nennwert je Stück**	**= 1 500 000 EUR**
+	**Erhöhung der Kapitalrücklage:**	**500 000 Aktien**	**· 1,00 EUR Agio (Aufgeld) je Stück =**	**500 000 EUR**
=	**gesamte Erhöhung des Eigenkapitals**	**500 000 Aktien**	**· 3,00 EUR je Stück**	**= 1 500 000 EUR**

Zusammengefasste Bilanz der XYZ-AG nach der Kapitalerhöhung (in EUR)

Aktiva		**Passiva**	
A. Anlagevermögen	9 000 000	**A. Eigenkapital**	
		I. Gezeichnetes Kapital	5 000 000
		II. Kapitalrücklage	700 000
B. Umlaufvermögen		III. Gewinnrücklagen	
1. Vorräte	1 500 000	1. gesetzliche Rücklage	200 000
2. Forderungen	1 000 000	2. andere Gewinnrücklagen	600 000
3. liquide Mittel (Bank, Kasse)	2 000 000	**B. Fremdkapital**	7 000 000
Summe	13 500 000	Summe	13 500 000

Aufg. 3.2.2
S. 141

! Bei der Ausgabe von Stückaktien muss die Zahl der Stückaktien im selben Verhältnis wie das Grundkapital erhöht werden.

Bilanzkurs vor der Kapitalerhöhung	Bilanzkurs nach der Kapitalerhöhung
$\text{Bilanzkurs} = \frac{5\,000\,000}{4\,000\,000} \cdot 100 = 125\,\%$	$\text{Bilanzkurs} = \frac{6\,500\,000}{5\,000\,000} \cdot 100 = 130\,\%$

Der Bilanzkurs einer Aktie mit einem fiktiven Nennwert von 2 EUR beträgt im vorliegenden Fall vor der Kapitalerhöhung 2,50 EUR und nach der Kapitalerhöhung 2,60 EUR. Vor der Kapitalerhöhung war jede Aktie mit 0,50 EUR und nach der Kapitalerhöhung mit 0,60 EUR an den Rücklagen beteiligt. Da der Ausgabekurs der jungen Aktien (3,00 EUR) über dem Bilanzkurs lag, sind die Rücklagen im Verhältnis zum Grundkapital stärker gestiegen. Der Bilanzkurs hat sich erhöht.

3.2.4 Auswirkung einer Kapitalerhöhung auf die Stimmrechte der Aktionäre

Jeder Altaktionär hat das Recht, eine bestimmte Anzahl neuer Aktien zum Emissionskurs zu kaufen. Dieses Recht wird als **Bezugsrecht** bezeichnet. Jedem Altaktionär muss von den neuen Aktien ein solcher Anteil zum Kauf angeboten werden, der seinem bisherigen Anteil am Grundkapital entspricht.

AktG § 186

Bezugsrecht

Von den 400 000 Aktien der **ABC-AG** hat ein Aktionär 40 000 Stück (= 10 %) erworben. Wenn im Rahmen einer Kapitalerhöhung 100 000 neue Aktien ausgegeben werden, verfügt der Aktionär nur noch über 8 % der auf insgesamt 500 000 Stück gestiegenen Aktienzahl, wenn er keine zusätzlichen Aktien kauft. Ihm wird daher die Möglichkeit gegeben, von den 100 000 neuen Aktien 10 % (= 10 000 Stück) zu beziehen. Anders ausgedrückt: Für vier alte Aktien kann er eine neue Aktie beziehen (Bezugsverhältnis = 4 : 1). Nimmt er dieses Recht wahr, verfügt er über 50 000 Aktien und somit wieder über 10 % der neuen Aktienzahl von 500 000 Stück.

! Das Bezugsverhältnis gibt das Verhältnis der Anzahl der alten zu den jungen Aktien an, zu dem die neuen Aktien bezogen werden können. Bei einem Bezugsverhältnis von z. B. 5 : 2 können für 5 alte Aktien 2 neue bezogen werden.

Das Bezugsverhältnis entspricht dem Verhältnis der Kapitalerhöhung.

! Bezugsverhältnis = altes Grundkapital : Kapitalerhöhung

Jeder Altaktionär erhält also im gleichen Verhältnis wie das Grundkapital erhöht wird ein Vorkaufsrecht auf junge Aktien. Durch die Einräumung des Bezugsrechts wird zweierlei bewirkt:

Aufrechterhaltung der Beteiligungs- und Stimmrechtsverhältnisse	Ausgleich von Vermögensnachteilen
Die bisherigen **Beteiligungs- und Stimmrechtsverhältnisse** können sich aufgrund des Bezugsrechts nicht gegen den Willen eines Altaktionärs verändern.	**Vermögensnachteile** eines Altaktionärs können durch das Bezugsrecht ausgeglichen werden. Die Vermögensnachteile entstehen dadurch, dass der bisherige Börsenkurs der alten Aktien sinkt, wenn zusätzliche neue Aktien zu einem niedrigeren Preis als dem derzeitigen Börsenkurs angeboten werden.

Aufg. 3.2.3 S. 141

Zusammenfassende Übersicht zu 3.2: Beteiligungsfinanzierung bei einer Aktiengesellschaft (AG): Kapitalerhöhung gegen Einlagen

Kapitalerhöhung gegen Einlagen = Eigenkapitalbeschaffung durch Ausgabe junger Aktien

↓

Voraussetzung: Beschluss der HV mit $^3/_4$-Mehrheit des vertretenen Grundkapitals
AktG § 182

Bei Stückaktien: Zahl der Aktien muss im selben Verhältnis wie das Grundkapital erhöht werden.
AktG § 182 (1) S. 5

Emissionsverfahren

↓

Emissionskonsortium (Banken)

↓

Interessen der AG →	**Festsetzung des Emissionskurses**	← **Interessen der Aktionäre**
Untergrenze: (fiktiver) Nennwert	Bookbuilding-Verfahren	Obergrenze: Börsenkurs

Finanzierungswirkungen	
Zahl der jungen Aktien · (fiktiver) Nennwert →	**Grundkapitalerhöhung**
Zahl der jungen Aktien · Agio →	**Erhöhung der Kapitalrücklage**
Zahl der jungen Aktien · Emissionskurs = Zufluss von Finanzierungsmittel →	**Eigenkapitalerhöhung**

Bezugsrecht der Altaktionäre	
Aufrechterhaltung der Kapitalbeteiligungs- und Stimmrechtsverhältnisse	**Ausgleich für den Vermögensverlust durch „Kursverwässerung"**

WIEDERHOLUNG DES GRUNDWISSENS

3.2 Beteiligungsfinanzierung bei der Aktiengesellschaft (AG): Kapitalerhöhung gegen Einlagen

3.2.1 Rechtliche Grundlagen der Kapitalerhöhung gegen Einlagen

1. Nennen Sie die rechtlichen Voraussetzungen, die für eine Kapitalerhöhung gegen Einlagen erfüllt sein müssen.
2. Nennen Sie die Untergrenze für den Verkaufspreis von jungen Aktien.

3.2.2 Emissionsverfahren

1. Erläutern Sie, was ein Emissionskonsortium ist.
2. Erläutern Sie, was ein Emissionskurs ist.
3. Nennen Sie die Größe, die die Obergrenze für den Emissionskurs bildet.
4. Beschreiben Sie die verschiedenen Interessen, die der Emittent und die Aktionäre bei der Festlegung des Emissionskurses verfolgen.
5. Erläutern Sie das Bookbuilding-Verfahren zur Ermittlung des Emissionskurses.

3.2.3 Finanzierungswirkungen

1. Erläutern sie, was eine Über-pari-Emission ist.
2. Erklären Sie, was das Agio ist.
3. Erläutern Sie das Zustandekommen der Bilanzposition „Kapitalrücklage“ bei einer AG.
4. Nennen Sie die Bilanzpositionen auf der Passivseite, die sich bei einer Über-pari-Emission im Zusammenhang mit einer Kapitalerhöhung gegen Einlagen ändern.
5. Nennen Sie die Vorschrift, die bei der Ausgabe von Stückaktien für die Zahl der Aktien im Zusammenhang mit einer Kapitalerhöhung gegen Einlagen gilt.

3.2.4 Auswirkung einer Kapitalerhöhung auf die Stimmrechte der Aktionäre

1. Erklären Sie, wie gewährleistet wird, dass die bisherigen Aktionäre trotz der Ausgabe neuer Aktien denselben Stimmrechtsanteil behalten wie vor der Kapitalerhöhung.
2. Erläutern Sie, worüber das Bezugsverhältnis Auskunft gibt und wie es ermittelt wird.
3. Erklären Sie, welche weitere Funktion das Bezugsverhältnis erfüllt.

3.2.5 Vor- und Nachteile der Beteiligungsfinanzierung der AG

1. Nennen Sie Vor- und Nachteile einer Beteiligungsfinanzierung der AG im Vergleich zu einer Kreditfinanzierung.

AUFGABEN ZUM ERWERB UND ZUR ANWENDUNG VON KOMPETENZEN

3.2 Beteiligungsfinanzierung bei einer Aktiengesellschaft (AG): Kapitalerhöhung gegen Einlagen

3.2.1 Kapitalerhöhung gegen Einlagen – Festlegung des Ausgabekurses

Zur Erschließung eines Gewerbegebietes wurde die Südbaden-Technologiepark AG gegründet und mit einem Grundkapital von 120 Mio. EUR in das Handelsregister eingetragen. Das Grundkapital ist auf 6 Mio. Stückaktien aufgeteilt. Am Grundkapital der AG sind die Südbaden-Bank AG mit 65 Mio. EUR und der Verband zur Technologieförderung Regio Breisgau mit 47 Mio. EUR beteiligt. Der Rest der Aktien wurde von den Grundstückseigentümern des Gewerbegebietes Hans und Jakob Dreisamtäler zu gleichen Teilen übernommen. Der Kapitalbedarf bei der Gründung wurde mit 180 Mio. EUR veranschlagt.

1. Berechnen Sie,
   a) den fiktiven Nennwert einer Stückaktie,
   b) wie viele Aktien der AG Hans Dreisamtäler besitzt,
   c) zu welchem Preis die Aktien von den Gründern übernommen werden mussten, um den Kapitalbedarf zu decken.
2. Die Aktie wird zum amtlichen Börsenhandel zugelassen. Nach einiger Zeit wird deutlich, dass das Kapital der AG für das ehrgeizige Projekt eines Technologieparks nicht ausreicht. Die Finanzierungslücke von 19,2 Mio. EUR soll durch eine Kapitalerhöhung gegen Einlagen geschlossen werden. Dazu wird das Grundkapital um 10 % erhöht. Emissionskosten in Höhe von 600 000 EUR sollen ebenfalls durch die Kapitalerhöhung gedeckt werden. Der Kurs der alten Aktie liegt bei 40,50 EUR.
   a) Welche Gesichtspunkte müssen bei der Festlegung des Ausgabekurses berücksichtigt werden?
   b) Wie hoch ist im vorliegenden Fall die (theoretische) Ober- bzw. Untergrenze für den Ausgabekurs?
   c) Zu welchem Kurs müssen die jungen Aktien im vorliegenden Fall mindestens ausgegeben werden, um den Finanzbedarf zu decken?
3. Ein Bankenkonsortium übernimmt alle aus der Kapitalerhöhung stammenden Aktien. Der Ausgabekurs soll im Bookbuilding-Verfahren ermittelt werden.
   a) Welche Aufgabe kommt dem Bankenkonsortium bei der Kapitalerhöhung zu?
   b) Warum wurde für die Ausgabe der jungen Aktien kein fester Ausgabekurs festgelegt?
   c) Nachdem alle interessierten Kapitalanleger ihr Kaufangebot abgegeben haben, wird der Ausgabekurs je junge Stückaktie auf 35,00 EUR festgelegt. Ermitteln Sie den rechnerischen Mittelkurs der Aktie nach der Kapitalerhöhung.

3.2.2 Kapitalerhöhung – Zahl der Aktien

Für verschiedene Fälle von Kapitalerhöhungen gegen Einlagen stehen folgende Angaben zur Verfügung.

Fall 1:

Kurs der Aktien (Nennwert: 5,00 EUR)		Grundkapital	
alte Aktien	**junge Aktien**	**vorher**	**nachher**
180	160	20 Mio.	25 Mio.

Fall 2:

Kurs der Stückaktien		Grundkapital	
alte Aktien (25 Mio. Stück)	**junge Aktien**	**vorher**	**nachher**
245	210	50 Mio.	70 Mio.

Ermitteln Sie für beide Fälle die Zahl der Aktien vor und nach der Kapitalerhöhung.

3.2.3 Kapitalerhöhung gegen Einlagen – Änderung der Bilanz

Vom Baumaschinenhersteller BAUMA AG liegt zum 31.12. .. folgende verkürzte Bilanz vor.

Aktiva — **Bilanz zum 31.12.20.. (Angaben in EUR)** — **Passiva**

Aktiva		Passiva	
verschiedene Aktivposten	6 118 000	Gezeichnetes Kapital	3 600 000
Liquide Mittel	860 000	Kapitalrücklage	800 000
		gesetzliche Rücklage	300 000
		andere Gewinnrücklagen	778 000
		Übrige Passiva	1 500 000
Summe	6 978 000	Summe	6 978 000

Das Grundkapital ist in 600 000 Stückaktien aufgeteilt.

Um die Produktionskapazitäten der weltweit gestiegenen Nachfrage anpassen zu können, soll eine Kapitalerhöhung gegen Einlagen zur Finanzierung einer Erweiterungsinvestition vorgenommen werden.

1. Der Vorstand schlägt in der Hauptversammlung vor, das Grundkapital auf 4 200 000 EUR zu erhöhen.
   a) Ermitteln Sie das Verhältnis der vorgeschlagenen Kapitalerhöhung.
   b) In der Hauptversammlung sind 3 Mio. EUR Grundkapital vertreten. Geben Sie die Anzahl der Stimmen an, die mindestens für die Kapitalerhöhung abgegeben werden müssen.
   c) Berechnen Sie die Anzahl der Aktie, die neu ausgegeben werden müssen.
2. Ein Bankenkonsortium übernimmt alle aus der Kapitalerhöhung stammenden Aktien. Der Ausgabekurs soll im Bookbuilding-Verfahren ermittelt werden.
   Nachdem alle interessierten Kapitalanleger ihr Kaufangebot abgegeben haben, wird der Ausgabekurs je junge Stückaktie auf 11,50 EUR festgelegt.
   a) Ermitteln Sie den gesamten Mittelzufluss (ohne Berücksichtigung von Emissionskosten).
   b) Ermitteln Sie den Bilanzkurs vor und nach der Kapitalerhöhung. Was sagt das Ergebnis aus?
   c) Prüfen Sie für den vorliegenden Fall, ob und ggf. für welche Zwecke eine Auflösung von Kapitalrücklagen möglich ist.

AktG
§ 150 (4)
§ 208

4 Offene Selbstfinanzierung bei verschiedenen Unternehmungsformen

4.1 Wesen der offenen Selbstfinanzierung

Die **Selbstfinanzierung** ist eine Finanzierung, bei der ein Unternehmen aus eigener Kraft – also ohne Inanspruchnahme externer Finanzierungsquellen – sein **Eigenkapital** erhöht. Die **Selbstfinanzierung** ist damit eine Form der **Innen**- und **Eigenfinanzierung**.

Innenfinanzierung in Form der Selbstfinanzierung (= Finanzierung aus einbehaltenen Gewinnen)

Für das Verständnis des Finanzierungsvorgangs muss man sich klar machen, dass der Gewinn nicht zu einem bestimmten Zeitpunkt, sondern durch den laufenden Geschäftsbetrieb während des gesamten Geschäftsjahres anfällt. Der Gewinn ist also keine Bestandsgröße, sondern eine Stromgröße. Voraussetzung für die Finanzierung aus einbehaltenen Gewinnen ist in jedem Fall, dass der Gewinn dazu geführt hat, dass dem Unternehmen über die Umsatzerlöse Geldmittel in entsprechender Höhe von außen zugeflossen sind. Diese dem Gewinn entsprechenden Geldmittel werden aber normalerweise schon während des Geschäftsjahres für Anschaffungen, Schuldentilgung oder – bei Einzelunternehmen und Personengesellschaften – für Privatentnahmen verwendet. Es ist also nicht in jedem Fall zutreffend, dass am Ende des Geschäftsjahres dem Gewinn entsprechende Einzahlungsüberschüsse als liquide Mittel für Investitionszwecke (oder zur Ausschüttung an die Eigentümer) zur Verfügung stehen. Wie das folgende Beispiel zeigt, weicht zudem die Höhe des Gewinns von den erzielten Einzahlungsüberschüssen ab, wenn solche Erträge und Aufwendungen die Gewinnhöhe beeinflusst haben, die nicht mit Einzahlungen und Auszahlungen verbunden (= nicht liquiditätswirksam) sind.

Selbstfinanzierung: Unterschied zwischen Gewinn und Geldmitteln

! **Gewinn ist nicht gleichbedeutend mit Einzahlungsüberschüssen. Gewinn und Geldmittel (Bankguthaben, Kassenbestand) dürfen nicht gleichgesetzt und miteinander verwechselt werden.**

Voraussetzung für jede Form der Innenfinanzierung ist, dass das Unternehmen Einzahlungsüberschüsse erzielt. Dazu müssen ihm über die Umsatzerlöse Geldmittel zufließen. Deren Höhe muss über den Umfang der Aufwendungen, die mit Auszahlungen verbunden sind (z. B. Materialaufwand, Lohnaufwand), hinausgehen.

Offene Selbstfinanzierung und Eigenkapital

Bei der *offenen Selbstfinanzierung* werden die in der Gewinn- und Verlustrechnung ausgewiesenen Gewinne entweder vollständig oder zumindest zu einem Teil einbehalten und nicht an die Eigenkapitalgeber ausgeschüttet *(Gewinnthesaurierung)*. Das Unternehmen hat sich diese Mittel aus eigener Kraft beschafft *(= Innenfinanzierung)*. Da die entsprechenden Beträge in der Bilanz als Eigenkapital ausgewiesen werden *(= Eigenfinanzierung)*, handelt es sich um eine *offene Selbstfinanzierung*.

Die offene Selbstfinanzierung wird auch als **interne Eigenfinanzierung** bezeichnet, da die einbehaltenen Gewinne zu einer **Erhöhung des Eigenkapitals** führen. Die Höhe der offenen Selbstfinanzierung eines bestimmten Geschäftsjahres lässt sich anhand eines Vergleichs des Eigenkapitals zu Beginn und Ende eines Geschäftsjahres errechnen. Im Rahmen dieser Rechnung sind Veränderungen des Eigenkapitals, die auf andere Finanzierungsvorgänge (z. B. Beteiligungsfinanzierung) zurückzuführen sind, in der Vergleichsrechnung entsprechend zu berücksichtigen.

Zusammenfassende Übersicht zu 4.1: Wesen der offenen Selbstfinanzierung

Selbstfinanzierung = Form der Innen- und Eigenfinanzierung

Offene Selbstfinanzierung = Nichtausschüttung von Gewinnen (Gewinnthesaurierung)

↓

Erhöhung des Eigenkapitals

WIEDERHOLUNG DES GRUNDWISSENS

4.1 Wesen der offenen Selbstfinanzierung

1. Beschreiben sie den Vorgang der Selbstfinanzierung.
2. Erläutern Sie, was unter offener Selbstfinanzierung zu verstehen ist und in welcher Bilanzposition sie sich niederschlägt.
3. Erklären Sie den Begriff Gewinnthesaurierung.

4.2 Offene Selbstfinanzierung einer Kommanditgesellschaft (KG)

Die **Selbstfinanzierung** ist eine Form der **Innen-** und **Eigenfinanzierung**. Sie erfolgt aus eigener Kraft des Unternehmens und erhöht das Eigenkapital.

Aufg. 4.2.1 S. 150

Um bei einer **Kommanditgesellschaft** (KG) die **Höhe der Selbstfinanzierung** ermitteln zu können, muss in folgenden Schritten vorgegangen werden:

- Ermittlung des Gewinns der KG.
- Verteilung des Gewinns auf die KG-Gesellschafter entsprechend den gesetzlichen und/oder im Gesellschaftsvertrag vereinbarten Regelungen. Dabei muss auch berücksichtigt werden, in welchem Umfang die Komplementäre möglicherweise während des Jahres bereits vorab Gewinnanteile in Form von Tätigkeitsvergütungen und/oder Privatentnahmen erhalten haben.
- Ermittlung der für eine Selbstfinanzierung in Frage kommenden (restlichen) Gewinnanteile der Komplementäre.
- Feststellung, wie die auf die Kommanditisten entfallenden Gewinnanteile verwendet werden.

Gewinnverteilung entsprechend den gesetzlichen und vertraglichen Regelungen

Offene Selbstfinanzierung am Beispiel einer Kommanditgesellschaft

An der Vollmer KG, Metallbau, sind die Gesellschafter Leo Vollmer als Komplementär mit 250 000 EUR und Jasmin Teilkes, geb. Vollmer, als Kommanditistin mit 120 000 EUR beteiligt. Die Kommanditeinlage ist voll eingezahlt.

Vereinfachte Schlussbilanz zum 31.12.2019
= Eröffnungsbilanz zum 01.01.2020

Aktiva		**Passiva**	
Anlagevermögen	450 000 EUR	Komplementärkapital Vollmer	250 000 EUR
Umlaufvermögen	150 000 EUR	Kommanditkapital Teilkes	120 000 EUR
		Verbindlichkeiten	230 000 EUR
Summe	600 000 EUR	Summe	600 000 EUR

Im Jahr 2019 wurde ein Gewinn von 100 000 EUR erzielt. Der Gesellschaftsvertrag sieht folgende Regelung vor:

Gewinn- und Verlustbeteiligung

Der Komplementär erhält für seine Tätigkeit eine monatlich im Voraus zu zahlende Tätigkeitsvergütung von 3 000 EUR zulasten des Gewinns.
Am Gewinn, der nach Abzug der Tätigkeitsvergütung und einer Verzinsung der geleisteten Einlagen von 4 % verbleibt, sowie am Verlust sind Komplementär und Kommanditistin im Verhältnis 2:1 beteiligt.

Problem: In welchem Umfang kann die Vollmer KG den Gewinn des Jahres 2019 zur Selbstfinanzierung verwenden?

Gewinnverteilung

Berechnung der Kapitalverzinsung (Vordividende)

Komplementär Vollmer:	4 % von 250 000 EUR =	10 000 EUR
Kommanditistin Teilkes:	4 % von 120 000 EUR =	4 800 EUR
Verzinsung (Vordividende) insgesamt		14 800 EUR

Restverteilung im Verhältnis 2:1

Jahresgewinn	100 000 EUR	
– Tätigkeitsvergütung Vollmer	36 000 EUR	
– Verzinsung (Vordividende)	14 800 EUR	
= Restgewinn	49 200 EUR	
Restgewinn : 3 Anteile =	16 400 EUR	je Anteil
Anteil Komplementär Vollmer: 2 Anteile · 16 400 EUR	32 800 EUR	
Anteil Kommanditistin Teilkes: 1 Anteil · 16 400 EUR	16 400 EUR	

Unter der Annahme, dass der auf den Komplementär Vollmer entfallende Gewinn in möglichst hohem Umfang einbehalten und der Gewinnanteil der Kommanditistin Teilkes – wie normalerweise üblich – ausgezahlt wird, ergibt sich folgende Gewinnverteilungstabelle:

Gesellschafter	eingebrachtes Kapital Jahresanfang in EUR	Tätigkeitsvergütung in EUR	Vordividende (4 %) in EUR	Restverteilung 2 : 1 in EUR	gesamter Gewinnanteil in EUR	einbehaltener Gewinnanteil in EUR	noch auszuzahlender Gewinnanteil in EUR	eingebrachtes Kapital Jahresende in EUR
Vollmer	250 000	36 000	10 000	32 800	78 800	42 800		292 800
Teilkes	120 000		4 800	16 400	21 200		21 200	120 000
Summe	370 000	36 000	14 800	49 200	100 000	42 800	21 200	412 800

Ergebnis: Bei Ausübung des Bezugsrechts erleidet der Altaktionär keinen Vermögensnachteil, da der Kursverlust der alten Aktien durch den Kursgewinn der jungen Aktien genau ausgeglichen wird.

Gewinnverwendung: Einbehaltene Gewinnanteile (offene Selbstfinanzierung)

Komplementär Vollmer: Von seinem gesamten Gewinnanteil in Höhe von 78 800 EUR hat der Komplementär Vollmer vorab eine Tätigkeitsvergütung in Höhe von 36 000 EUR (12 · 3 000 EUR monatlich) erhalten. Der Restbetrag in Höhe von 42 800 EUR kann zum Zweck der Selbstfinanzierung einbehalten werden (Gewinnthesaurierung) und erhöht den Kapitalanteil von Vollmer. Sein Komplementärkapital beträgt dann am Jahresende 292 800 EUR.

Kommanditistin Teilkes: Auf die Kommanditistin Teilkes entfällt ein Gewinnanteil in Höhe von 21 200 EUR. Normalerweise lassen sich Kommanditisten ihre Gewinnanteile auszahlen. Solange dies nicht geschehen ist, besteht – falls der Gesellschaftsvertrag keine anderen Vereinbarungen enthält – in dieser Höhe eine Verbindlichkeit der KG gegenüber den Kommanditisten. Es kann aber auch vereinbart werden, dass der Gewinnanteil zur Erhöhung der Kommanditeinlage dient. In diesem Fall würde die Kommanditistin Teilkes mit 21 200 EUR zur Selbstfinanzierung beitragen. Die im Handelsregister eingetragene Haftsumme ändert sich dadurch aber nicht. Die im Gesellschaftsvertrag vereinbarte Einlage (= im Innenverhältnis versprochene Beitragsleistung) kann von der Haftsumme (= Haftungsumfang der Kommanditistin im Außenverhältnis) abweichen.

Aktiva — Vereinfachte Schlussbilanz zum 31.12.2019 — Passiva

Aktiva		Passiva	
Anlagevermögen	450 000 EUR	Komplementärkapital Vollmer	292 800 EUR
		Kommanditkapital Teilkes	120 000 EUR
Umlaufvermögen	214 000 EUR*	Verbindlichkeiten	230 000 EUR
		sonst. Verbindlichkeiten Teilkes	21 200 EUR
Summe	664 000 EUR	Summe	664 000 EUR

* Es wird angenommen, dass zum Ende des Geschäftsjahres in Höhe des Gewinns tatsächlich auch Geldmittel vorhanden sind (= Teil des Umlaufvermögens).

Bisheriges Umlaufvermögen	150 000 EUR
+ einbehaltener Gewinnanteil Vollmer	42 800 EUR
+ noch nicht entnommener Gewinnanteil Teilkes	21 200 EUR
= neues Umlaufvermögen	214 000 EUR

Ergebnis: Sofern der Komplementär Vollmer auf die Ausschüttung des ihm noch zustehenden Gewinns in Höhe von 42 800 EUR verzichtet, erfolgt in dieser Höhe eine Selbstfinanzierung. Auch die Kommanditistin Teilkes kann zur Selbstfinanzierung beitragen, wenn ihr Gewinnanteil nicht ausgezahlt, sondern bei entsprechender Vereinbarung in Kommanditkapital überführt wird.

! **Ob ein Kommanditist zur Selbstfinanzierung beiträgt hängt von der Verwendung seines Gewinnanteils ab. Wird der Gewinnanteil nicht ausgeschüttet, kann er bei entsprechender Vereinbarung entweder der KG als Darlehen zur Verfügung gestellt oder zur Erhöhung der Kommanditeinlage verwendet werden. In beiden Fällen ändert sich die im Handelsregister eingetragene Haftsumme nicht.**

Gesetzliche Sonderregelungen für Kommanditisten

Aufg. 4.2.2 S. 151

Für die Verwendung des Gewinnanteils von **Kommanditisten** sind folgende **Sonderregelungen**, die von den Regelungen für Vollhafter (OHG-Gesellschafter und Komplementäre) abweichen, zu beachten:

HGB § 169 (1), § 122

1. Ein Kommanditist hat – anders als OHG-Gesellschafter und Komplementäre – kein Recht auf Privatentnahmen. Er hat lediglich Anspruch auf Auszahlung des ihm zustehenden Gewinns. Solange der Kommanditist den Auszahlungsanspruch noch nicht geltend gemacht hat, besteht eine Verbindlichkeit der KG in Höhe des dem Kommanditisten zustehenden Gewinnanteils. Falls aber der bereits geleistete Kapitalanteil des Kommanditisten durch Verrechnung mit Verlusten unter die vereinbarte Pflichteinlage[1] gefallen ist, darf der Kommanditist seinen Gewinnanteil nicht entnehmen. Der Gewinnanteil muss dann vielmehr zur Wiederauffüllung der Pflichteinlage verwendet werden (= gesetzlich erzwungene Selbstfinanzierung).

   ! **Der Kommanditist kann die Auszahlung des ihm zustehenden Gewinns nicht verlangen, wenn sein bereits geleisteter Kapitalanteil durch anzurechnende Verlustanteile unter die vereinbarte Einlage gesunken ist. In diesem Fall ergibt sich eine gesetzlich erzwungene Selbstfinanzierung.**

2. Der auf den Kommanditisten entfallende Gewinnanteil wird normalerweise nicht seinem Kapitalkonto gutgeschrieben. Für die vereinbarte Kommanditeinlage wird vielmehr ein **festes Kapitalkonto** geführt, das von Gewinn- und Verlustanteilen unberührt bleibt.[2]

1 In den §§ 167 (2) und 169 (1) HGB wird die vereinbarte Einlage des Kommanditisten als „bedungene" Einlage bezeichnet. Die Formulierung „bedungen" stammt vom Verb „bedingen". Damit ist die **im Innenverhältnis vereinbarte Pflichteinlage** und nicht die gem. § 162 HGB ins Handelsregister einzutragende Einlage (= **Haftsumme**) gemeint. Wenn nichts anderes vereinbart ist, sind allerdings Pflichteinlage und Haftsumme gleich hoch.

2 Gewinn- und Verlustanteile werden als „sonstige Verbindlichkeit" bzw. „sonstige Forderungen" der KG gegenüber dem Kommanditisten oder auf einem getrennten Kapitalkonto („Kapitalkonto II) gebucht.

Wenn allerdings das tatsächlich eingebrachte Kapital niedriger als die Pflichteinlage ist (= ausstehende Einlage), **kann** der Gewinnanteil des Kommanditisten einbehalten und seinem Kapitalanteil so lange gutgeschrieben werden, bis die vereinbarte Pflichteinlage erreicht ist. Das bedeutet aber nicht, dass bei einer ausstehenden Einlage des Kommanditisten sein Gewinnanteil immer einbehalten werden **muss**. Der Kommanditist kann vielmehr auch dann die Auszahlung seines Gewinnanteils verlangen, wenn er seine Pflichteinlage noch nicht oder noch nicht vollständig geleistet hat. Nur wenn die Einlage bereits fällig ist, kann die KG ihren Anspruch auf Leistung der Einlage mit dem Auszahlungsanspruch des Kommanditisten aufrechnen.

HGB § 167 (2)

BGB § 387

3. Die KG-Gesellschafter können (auch stillschweigend) vereinbaren, dass der Gewinnanteil des Kommanditisten in zusätzliches Kommanditkapital umgewandelt werden soll. Daneben kann dem Kommanditisten im Gesellschaftsvertrag ein Aufstockungsrecht eingeräumt werden, das auch durch den Verzicht auf Auszahlung des Gewinnanteils ausgeübt werden kann. In beiden Fällen trägt der Kommanditist zur **freiwilligen Selbstfinanzierung** bei. Die im Handelsregister eingetragene Einlage (= Haftsumme) muss in diesem Fall nicht angepasst werden. Eine Abweichung zwischen der von den Gesellschaftern vereinbarten **(Pflicht-)einlage** des Kommanditisten (= die den Gesellschaftsmitgliedern im Innenverhältnis versprochene Beitragsleistung) und der im Handelsregister eingetragenen **Haftsumme** (= Haftungsumfang des Kommanditisten im Außenverhältnis) ist durchaus möglich. Andererseits kann auch vereinbart werden, dass der Gewinnanteil des Kommanditisten in ein Gesellschafterdarlehen umgewandelt und verzinst wird. In diesem Fall trägt der Kommanditist zur **Fremdfinanzierung** bei.

! **Der Kommanditist kann – anstatt die Auszahlung seines Gewinnanteils zu verlangen – zur freiwilligen Selbstfinanzierung oder zur Fremdfinanzierung der KG beitragen.**

Gesetzlich erzwungene Selbstfinanzierung durch einen Kommanditisten

Im bisherigen Beispiel war unterstellt, dass die Kommanditistin Teilkes ihre Kommanditeinlage voll eingezahlt hat und dieser Betrag nicht nachträglich durch Verlustanteile gemindert wurde. Ist das nicht der Fall, ergeben sich für den Anspruch auf Auszahlung des auf die Kommanditistin entfallenden Gewinnanteils folgende Änderungen.

Gesetzlich erzwungene Selbstfinanzierung durch einen Kommanditisten

Im Unterschied zum ersten Beispiel hat die Gesellschafterin Teilkes ihre Kommanditeinlage noch nicht voll eingezahlt. Die ausstehende Einlage ist entsprechend einer Vereinbarung im Gesellschaftsvertrag erst in zwei Jahren fällig. Außerdem hat sich das eingebrachte Kapital von Frau Teilkes durch einen Verlustanteil im Vorjahr verringert.

	Vereinbarte (bedungene) Kommanditeinlage:	120 000 EUR
–	bei Gründung eingebrachte Kommanditeinlage	50 000 EUR
=	ausstehende Kommanditeinlage	70 000 EUR
	bei Gründung eingebrachte Kommanditeinlage	50 000 EUR
–	Verlustanteil im Vorjahr	12 000 EUR
=	derzeitiger Kommanditanteil	38 000 EUR

Im abgelaufenen Geschäftsjahr entfällt auf Frau Teilkes ein Gewinnanteil von 20 000 EUR.

Problem: In welcher Höhe kann die Kommanditistin Teilkes die Auszahlung ihres Gewinnanteils von 20 000 EUR verlangen?

Lösung:

Frau Teilkes hat einen Auszahlungsanspruch in Höhe von 8 000 EUR.

Begründung:

- Frau Teilkes ist vertraglich verpflichtet, 120 000 EUR einzuzahlen (= bedungene Einlage, Pflichteinlage).
- Die bereits geleistete Einlage in Höhe von 50 000 EUR ist durch Verlust auf 38 000 EUR gemindert.
- Solange die bereits geleistete Einlage von 50 000 EUR nicht wieder aufgefüllt ist, hat Frau Teilkes keinen Anspruch auf Auszahlung des Gewinns.
- Vom gesamten Gewinnanteil in Höhe von 20 000 EUR werden 12 000 EUR benötigt, um den durch den Verlust des Vorjahres auf 38 000 EUR geminderten Kapitalanteil auf die ursprüngliche Höhe von 50 000 EUR aufzufüllen. In Höhe von 12 000 EUR liegt gem. § 169 (1) HGB eine gesetzlich erzwungene Selbstfinanzierung vor.
- Der Auszahlungsanspruch von Frau Teilkes beschränkt sich somit auf 8 000 EUR (20 000 EUR – 12 000 EUR).
- Frau Teilkes könnte diesen Betrag auch dazu verwenden, um ihre ausstehende Einlage weiter aufzufüllen. Das wäre beispielsweise dann sinnvoll, wenn sie für die ausstehende Einlage Zinsen zahlen muss und diese vereinbarungsgemäß auch vor dem spätesten Fälligkeitstag geleistet werden kann. Frau Teilkes ist aber **nicht zur Auffüllung der ausstehenden Einlage verpflichtet**. Nur wenn die ausstehende Einlage bereits fällig ist, kann die KG den Auszahlungsanspruch von Frau Teilkes mit dem Anspruch auf Leistung der Einlage aufrechnen.

Gewinnverteilung einer KG mit Tätigkeitsvergütung und Zinsberechnung

Die Gerhard Gmeiner KG, Regelungstechnik, besteht aus den Gesellschaftern Gerhard Gmeiner (Komplementär) und Hartmut Riebel (Kommanditist). Der Gesellschaftsvertrag enthält zur Gewinn- und Verlustverteilung folgende Bestimmung:

§ 8 Gewinn- und Verlustverteilung

1. Der Komplementär erhält für seine Tätigkeit eine monatlich im Voraus durch Banküberweisung zu zahlende Vergütung von 3 000 EUR, die vom Gewinn unabhängig ist.
2. Nach Berücksichtigung der Vorausvergütung werden die Kapitalkonten der Gesellschafter, die Entnahmen, die Einlagen und die ausstehenden Einlagen entsprechend dem Datum der Wertstellung mit 5 % verzinst.
3. Ein verbleibender Restgewinn wird im Verhältnis 2 : 1 auf den Komplementär und den Kommanditisten aufgeteilt.

Dem Kommanditisten zustehende Gewinnanteile werden erst ausbezahlt, wenn die vereinbarte Pflichteinlage erreicht ist.

Komplementärkapital,	Stand 01.01.	250 000 EUR
Kommanditkapital,	Stand 01.01.	120 000 EUR
Ausstehende Einlage Riebel,	Stand 01.01.	25 000 EUR
Privatentnahmen Gmeiner:	01.03.	10 000 EUR
	15.09.	15 000 EUR
zu verteilender Gewinn		80 000 EUR

Die monatliche Tätigkeitsvergütung wurde auf dem Privatkonto von Herrn Gmeiner jeweils erfasst.

Gewinnverteilungstabelle

Gesell-schafter	Kapital 01.01. (in EUR)	Zinsen (in EUR)	Restanteil (in EUR)	Tätigkeits-vergütung (in EUR)	Gewinn-anteil insgesamt (in EUR)	Entnahmen (–) Einlagen (+) (in EUR)	Kapital 31.12. (in EUR)
Vollmer	250 000,00	11 865,97[1]	18 256,02	36 000,00	66 121,99	– 61 000,00[3]	255 121,99
Teilkes	120 000,00 – 25 000,00	4 750,00[2]	9 128,01		13 878,01	–	120 000,00 – 11 121,99
Summe	345 000,00	16 615,97	27 384,03[4]	36 000,00	80 000,00	– 61 000,00	364 000,00

[1]	Habenzinsen 5 %/360 Tage von 250 000 EUR =	12 500,00 EUR
–	Sollzinsen 5 %/299 Tage (01.03.–30.12.) von 10 000 EUR =	– 415,28 EUR
–	Sollzinsen 5 %/105 Tage (15.09.–30.12.) von 15 000 EUR =	– 218,75 EUR
		11 865,97 EUR
[2]	Habenzinsen 5 %/360 Tage von 120 000 EUR =	6 000,00 EUR
–	Sollzinsen 5 %/360 Tage von 25 000 EUR =	– 1 250,00 EUR
		4 750,00 EUR

[3] Tätigkeitsvergütung 36 000,00 EUR + Entnahme 10 000,00 EUR + Entnahme 15 000 EUR = **61 000 EUR**

[4] 80 000,00 EUR – 36 000,00 EUR – 16 615,97 EUR = 27 384,03 EUR

Offene Selbstfinanzierung

Aufg. 4.2.3 S. 151

Aufg. 4.2.4 S. 152

Komplementär Gmeiner: 255 121,99 EUR – 250 000,00 EUR = 5 121,99 EUR
Kommanditist Riebel: (120 000,00 EUR – 11 121,99 EUR) – (120 000 EUR – 25 000 EUR) = 13 878,01 EUR

Die offene Selbstfinanzierung der KG im laufenden Geschäftsjahr beträgt 19 000 EUR (364 000 EUR – 345 000 EUR) aufgebracht. Die Erhöhung des Eigenkapitals erfolgte ausschließlich aus eigener Kraft, ohne dass die Gesellschafter dem Unternehmen zusätzliche Mittel von außen (Beteiligungsfinanzierung) zugeführt haben.

Zusammenfassende Übersicht zu 4.2: Offene Selbstfinanzierung einer Kommanditgesellschaft (KG)

Aufg. 4.2.5 S. 152

<table>
<tr><th colspan="6">Gewinnanteil</th></tr>
<tr><th colspan="2">Komplementär</th><th colspan="4">Kommanditist</th></tr>
<tr><td rowspan="3">Ausschüttung des Gewinnanteils ↓</td><td rowspan="3">Einbehaltung des Gewinnanteils ↓</td><td colspan="4">Vereinbarte Kapitaleinlage (Pflichteinlage)</td></tr>
<tr><td colspan="3">ist nicht durch Verlustverrechnung unterschritten Gewinnanteil wird ↓ ↓ ↓</td><td>ist durch Verlustverrechnung unterschritten HGB § 169 (1) ↓</td></tr>
<tr><td>ausbezahlt (Ausschüttung ↓</td><td>in ein Darlehen an die KG umgewandelt ↓</td><td>in zusätzliches Kommandit-kapital umgewandelt ↓</td><td>Gewinnanteil dient zur Wiederauffüllung der Kapitaleinlage ↓</td></tr>
<tr><td>kein Finanzierungs-effekt</td><td>offene Selbstfinan-zierung</td><td>Kein Finanzierungs-effekt</td><td>Fremd-finanzierung</td><td>offene Selbst-finanzierung (freiwillig)</td><td>gesetzlich erzwungene offene Selbstfinanzierung</td></tr>
</table>

WIEDERHOLUNG DES GRUNDWISSENS

4.2 Offene Selbstfinanzierung einer Kommanditgesellschaft

1. Erläutern Sie, wie sich der Beitrag eines Komplementärs zur Selbstfinanzierung auf der Passivseite der KG-Bilanz niederschlägt.
2. Erklären Sie, welche Besonderheiten sich aufgrund von HGB-Vorschriften für die Gewinnverwendung des einem Kommanditisten zustehenden Gewinnanteils ergeben.
3. Unterscheiden Sie zwischen Haftsumme und Pflichteinlage des Kommanditisten.
4. Erläutern Sie, wie der der Gewinnanteil des Kommanditisten verwendet wird, wenn sich sein Kapitalanteil durch Verluste in früheren Jahren verringert hat.
5. Erläutern Sie, wie der Gewinnanteil des Kommanditisten verwendet werden kann, wenn sein Kapitalanteil nicht durch Verluste oder Entnahmen unter die vereinbarte Höhe gesunken ist.

AUFGABEN ZUM ERWERB UND ZUR ANWENDUNG VON KOMPETENZEN

4.2 Offene Selbstfinanzierung einer Kommanditgesellschaft

4.2.1 Offene Selbstfinanzierung einer KG

An der Ulrich Schmidt KG, Metallbau, sind die Gesellschafter Ulrich Schmidt als Komplementär mit 250 000 EUR und Simone Stark als Kommanditistin mit 120 000 EUR beteiligt. In den Gesellschaftsvertrag ist im Hinblick auf die Gewinn- und Verlustverteilung folgende Regelung aufgenommen worden:

§ 10 Gewinn- und Verlustbeteiligung

Der Komplementär erhält für seine Tätigkeit eine monatlich im Voraus zu zahlende Tätigkeitsvergütung von 3 000 EUR. Am Gewinn, der nach Abzug der Tätigkeitsvergütung und einer Verzinsung der geleisteten Einlagen von 5 % verbleibt, sowie am Verlust sind Komplementär und Kommanditistin im Verhältnis 2 : 1 beteiligt.

Es wurde ein Gewinn von 100 000 EUR erzielt. Daraus ergibt sich folgende Gewinnverteilungstabelle (Angaben in EUR):

Gesellschafter	eingebrachtes Kapital am Jahresanfang	Tätigkeitsvergütung	Vordividende 5 % Verzinsung	Restverteilung 2 : 1	gesamter Gewinnanteil	eingebrachtes Kapital am Jahresende
Schmidt	250 000	36 000	12 500	30 333	78 833	292 833
Stark	120 000		6 000	15 167	21 167	120 000
Summe	370 000	36 000	18 500	45 500	100 000	412 833

1. Vollziehen Sie nach, wie die einzelnen Werte in der Gewinnverteilungstabelle zustande kommen.
2. Berechnen Sie, in welcher Höhe die Gesellschafter zur offenen Selbstfinanzierung beigetragen haben.
3. Zum Jahresanfang liegt folgende vereinfachte Eröffnungsbilanz vor:

Aktiva	Vereinfachte Eröffnungsbilanz zum 01.01. …		Passiva
Anlagevermögen	450 000 EUR	Komplementärkapital Schmidt	250 000 EUR
Umlaufvermögen	150 000 EUR	Kommanditkapital Stark	120 000 EUR
		Verbindlichkeiten	230 000 EUR
	600 000 EUR		600 000 EUR

Stellen Sie eine vereinfachte Schlussbilanz **nach der Gewinnverteilung** unter folgenden Voraussetzungen auf.

- Das Anlagevermögen und die Verbindlichkeiten gegenüber Kreditinstituten sind während des Jahres jeweils um 100 000 EUR gestiegen.
- Bezüglich der Verwendung des Gewinnanteils des Kommanditisten sind keine besonderen Vereinbarungen getroffen worden.
- Zum Ende des Geschäftsjahres ist der (noch) nicht ausgeschüttete Gewinn in liquider Form als Teil des Umlaufvermögens vorhanden.

4. Angenommen, Kommanditistin Stark möchte freiwillig zur Selbstfinanzierung der KG beitragen. Prüfen Sie,
   a) ob und unter welchen Voraussetzungen dies möglich ist,
   b) ob dies Auswirkungen auf ihre im Handelsregister eingetragene Haftsumme hat.

4.2.2 Beitrag einer Kommanditistin zur offenen Selbstfinanzierung

Inge Beyer hat sich im Jahr 01 als Kommanditistin an einer neu gegründeten KG beteiligt. Die vereinbarte (bedungene) Kommanditeinlage beträgt 200 000 EUR. Davon hat sie bei Gründung 100 000 EUR eingebracht. Es ist vereinbart, dass der Restbetrag zu Beginn des vierten Geschäftsjahres eingebracht wird. Die auf Inge Beyer entfallenden Gewinnanteile sollen – sofern dem keine gesetzlichen Vorschriften entgegenstehen – ausgezahlt werden.

Auf Inge Beyer entfallen während der ersten vier Jahre folgende Gewinn- und Verlustanteile (in EUR):

Jahr	01	02	03	04
Verlustanteil in EUR	10 000	5 000		
Gewinnanteil in EUR			25 000	18 000

1. Berechnen Sie den Betrag, der Inge Beyer während der vier Jahre insgesamt ausgezahlt werden kann.
2. Berechnen Sie, in welchem Umfang Inge Beyer gezwungenermaßen zur Selbstfinanzierung beigetragen hat.

4.2.3 Gewinnverteilung einer KG mit Zinsberechnung

PDF

Die Schober und Schwarz KG in Leinfelden-Echterdingen ist Herstellerin von Wärmepumpen. Die zusammengefasste Bilanz der KG zum 31.12.2019 zeigte folgende Zahlen:

Aktiva — Bilanz zum 31.12.2019 (in EUR) — Passiva

Aktiva		Passiva	
Ausstehende Kommandit-einlage Berner	40 000	Kapital Schober	280 000
Anlagevermögen	1 010 000	Kapital Schwarz	420 000
Umlaufvermögen	550 000	Kommanditkapital Berner	100 000
		Kommanditkapital Renner	160 000
		Fremdkapital	640 000
	1 600 000		**1 600 000**

Im Geschäftsjahr 2020 hat das Unternehmen einen Reingewinn in Höhe von 339 546 EUR erwirtschaftet.

Der Gesellschaftsvertrag der KG enthält in § 3 für die Gewinnverteilung folgende Vereinbarungen:

> **§ 3 Gewinn- und Verlustverteilung**
>
> Die Kapitaleinlagen werden mit 6 % verzinst. Für Privatentnahmen und ausstehende Einlagen besteht eine Zinspflicht von 6 %.
>
> Die Komplementäre Schober und Schwarz erhalten für ihre Tätigkeit eine Vorausvergütung von je 12 000 EUR p. a. Ein Restgewinn oder Verlust wird auf die Gesellschafter Schober, Schwarz, Berner und Renner im Verhältnis 2 : 2 : 1 : 1 verteilt.

Privatentnahmen: Schober 30 000 EUR am 31.03.2020
Schwarz 25 000 EUR am 30.06.2020 und
25 000 EUR am 31.12.2020

Kommanditist Berner zahlte am 15. März 2020 auf seine ausstehende Einlage 30 000 EUR ein. Der Rest ist am 31.12.2021 fällig.

1. Ermitteln Sie die zu verrechnenden Zinsen der vier Gesellschafter.
2. Führen Sie die Gewinnverteilung zum 31.12.2020 durch und ermitteln Sie die Kapitalien zum 01.01.2021. Verwenden Sie hierfür eine Tabelle mit folgenden Spalten:

Gesell-schafter	Anfangs-kapital EUR	Tage	Zinsen Kapital-anteil EUR	– Zinsen Privat-ent-nahmen EUR	– Zinsen aussteh. Einlage EUR	Rest-Zins-anteil EUR	Tätig-keitsver-gütung EUR	Rest-gewinn-anteil EUR	gesamter Gewinn-anteil EUR	Privat-entnah-men EUR	End-kapital EUR

4.2.4 Gewinnverteilung der Adam KG

PDF

Die zusammengefasste Eröffnungsbilanz der Adam KG weist zum 01.01.2020 folgende Posten aus:

Aktiva	**Eröffnungsbilanz zum 01.01.2020 (in EUR)**		**Passiva**
Ausstehende Kommanditeinlage	25 000	Kapital Adam	320 000
Anlagevermögen	960 000	Kapital Beer	210 000
Umlaufvermögen	595 000	Kommanditkapital Calbe	130 000
		Fremdkapital	920 000
	1 580 000		**1 580 000**

Gemäß § 14 des Gesellschaftsvertrages ist die Gewinnverteilung wie nachstehend geregelt

§ 14 Gewinn- und Verlustverteilung

1. Jeder Gesellschafter erhält seine Kapitaleinlage mit 5 % verzinst (Vordividende).
2. Privatentnahmen sowie ausstehende Einlagen sind mit 5 % zu verzinsen.
3. Als Tätigkeitsvergütung erhalten die persönlich haftenden Gesellschafter jeweils 2 000 EUR monatlich.
4. Der Restgewinn wird auf die Gesellschafter Adam, Beer und Calbe im Verhältnis 2 : 2 : 1 verteilt.

Adam hat der Gesellschaftskasse am 20.01., 20.03. usw. alle zwei Monate jeweils 3 000 EUR entnommen, am 15.12. zusätzlich 2 400 EUR.

Die Entnahmen von Beer betragen 25 200 EUR am 30.04. und 10 000 EUR am 06.08.2020.

Calbe zahlt am 30.09.2020 auf seine Pflichteinlage 18 000 EUR ein. Der Rest ist am 31.12.2021 fällig.

Der Jahresgewinn für das Geschäftsjahr 2020 beträgt 111 345 EUR.

1. Stellen Sie in übersichtlicher Form die Zinsberechnung für die Gesellschafter dar.
2. Nehmen Sie die Gewinnverteilung zum 31.12.2020 vor und ermitteln Sie die Kapitalbeträge zum 01.01.2021. Verwenden Sie dafür eine Tabelle nach folgendem Muster:

Gesell-schafter	Anfangs-kapital EUR	Tage	Zinsen Kapital-anteil EUR	– Zinsen Privat-ent-nahmen EUR	– Zinsen aussteh. Einlage EUR	Rest-Zins-anteil EUR	Tätig-keitsver-gütung EUR	Rest-gewinn-anteil EUR	gesamter Gewinn-anteil EUR	Privat-entnah-men EUR	End-kapital EUR

3. Erörtern Sie die Höhe der Privatentnahmen von Adam und Beer.
   Wie ist unter den gegebenen Bedingungen die offene Selbstfinanzierung des Unternehmens zu beurteilen?

4.2.5 Beteiligungsfinanzierung, offene Selbstfinanzierung und Fremdfinanzierung einer KG

An der **Prox KG** sind **Max Prox** als Komplementär und seine Schwester **Ilse Grimm**, geb. Prox, als Kommanditistin beteiligt. Bezüglich der Kapital- und Gewinnanteile liegen für das vergangene Jahr folgende Daten vor:

Max Prox: Eingebrachtes Kapital: 800 000 EUR, gesamter Gewinnanteil: 90 000 EUR, für Tätigkeitsvergütung und Privatentnahmen entnommener Gewinnanteil: 70 000 EUR

Ilse Grimm: Bedungenes Kapital 250 200 EUR, Erhöhung der Einlage am 1. Jan.: 100 000 EUR, Gewinnanteil 20 000 EUR. Der Gewinnanteil wurde zum 1. Jan. des Folgejahres in ein Gesellschafterdarlehen umgewandelt.

Alfred Schmidt: (Schwager von Max Prox) wurde zum 1. Sept. als weiterer Kommanditist aufgenommen. Seine bedungene Einlage beträgt 100 000 EUR. Davon hat er am 1. Sept. die Hälfte eingezahlt. Der Restbetrag ist ein Jahr später fällig. Sein Gewinnanteil beträgt 1 500 EUR. Diesen Betrag hat er sich auszahlen lassen. In welcher Höhe liegt bei der KG jeweils eine

1. offene Selbstfinanzierung
2. Eigenfinanzierung
3. Beteiligungsfinanzierung (Einlagenfinanzierung)
4. Fremdfinanzierung

vor?

4.3 Offene Selbstfinanzierung einer Aktiengesellschaft (AG)

4.3.1 Bildung gesetzlicher und anderer Gewinnrücklagen

Während die **offene Selbstfinanzierung** beim Einzelunternehmen und bei den Personengesellschaften im Normalfall auf **freiwilliger Basis** erfolgt, ist die Aktiengesellschaft zu dieser Finanzierung **gesetzlich verpflichtet (erzwungene Selbstfinanzierung)**. Gem. § 150 AktG müssen Aktiengesellschaften eine **gesetzliche Rücklage** bilden, in die jährlich 5 % des erzielten Jahresüberschusses (ein eventuell vorhandener Verlustvortrag aus dem Vorjahr ist vorher abzuziehen) einzustellen sind. Eine vollständige Ausschüttung des Jahresüberschusses an die Aktionäre ist erst möglich, wenn die gesetzliche Rücklage zusammen mit der Kapitalrücklage 10 % (oder einen in der Satzung bestimmten höheren Teil) des Grundkapitals erreicht hat. Über den Betrag der Einstellung in die gesetzliche Rücklage hinaus können auch Teile des Jahresüberschusses in **freiwillige Rücklagen** eingestellt werden. Die freiwillig gebildeten Rücklagen sind in der Bilanz einer AG an der Bilanzposition **andere Gewinnrücklagen** erkennbar. AktG § 150 (2)

Unter der Voraussetzung, dass der Vorstand und der Aufsichtsrat den Jahresabschluss feststellen (Normalfall)[1], haben sie die Möglichkeit, bis zur Hälfte des nach Zuführung zur gesetzlichen Rücklage verbleibenden Jahresüberschusses in die anderen Gewinnrücklagen einzustellen. AktG § 58 (2)

1 Anstelle von Vorstand und Aufsichtsrat kann auch die Hauptversammlung den Jahresabschluss feststellen. Dies ist gelegentlich bei Familienaktiengesellschaften der Fall.

Offene Selbstfinanzierung einer Aktiengesellschaft

Der Bilanz (Auszug) einer Aktiengesellschaft sind folgende Informationen zu entnehmen:

I. gezeichnetes Kapital:	10 000 000 EUR
II. Kapitalrücklage:	50 000 EUR
III. Gewinnrücklagen:	
1. gesetzliche Rücklage:	100 000 EUR
2. andere Gewinnrücklagen:	75 000 EUR

Aufg. 4.3.1 S. 160

Im laufenden Geschäftsjahr konnte ein Jahresüberschuss in Höhe von 1,5 Mio. EUR erzielt werden.

Aufg. 4.3.2 S. 161

Vorstand und Aufsichtsrat stellen den Jahresabschluss fest und beschließen, vom ausgewiesenen Jahresüberschuss den höchst möglichen Betrag einzubehalten. Ein eventuell vorhandener Rest soll als ganzer Dividendensatz an die Aktionäre ausgeschüttet werden.

Für die Gewinnverwendung der AG ergibt sich folgende Rechnung:

Jahresüberschuss	1 500 000 EUR	
– 5 % Zuführung gesetzliche Rücklage § 150 AktG	75 000 EUR	
	1 425 000 EUR	
– Zuführung andere Gewinnrücklagen § 58 (2) AktG	712 500 EUR	
= Bilanzgewinn	712 500 EUR	(= **minimaler Bilanzgewinn**)
– Dividende (7 % von 10 Mio.)	700 000 EUR	
Gewinnvortrag	12 500 EUR	
gesetzlich erzwungene Selbstfinanzierung	**75 000 EUR**	
freiwillige Selbstfinanzierung	**725 000 EUR**	
Offene Selbstfinanzierung insgesamt	**800 000 EUR**	

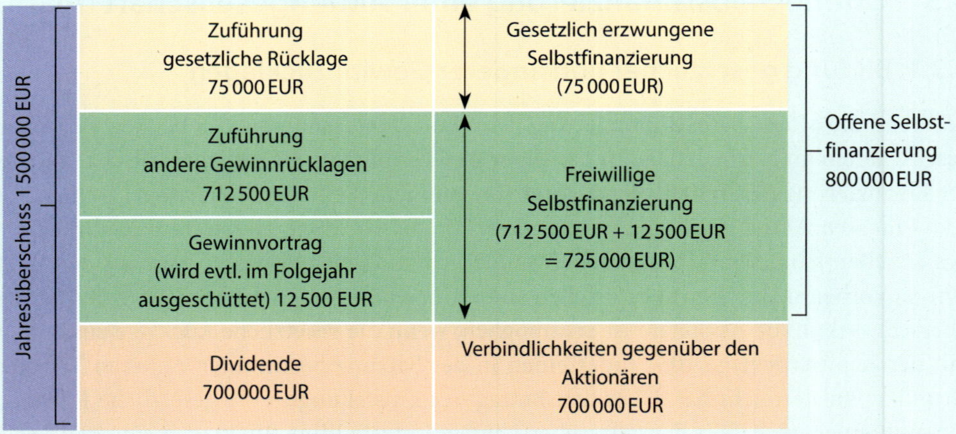

Falls Vorstand auf die Einstellung in die anderen Gewinnrücklagen verzichtet (= **maximaler Bilanzgewinn**) steht für die Ausschüttung ein Betrag in Höhe von 1 425 000 EUR zur Verfügung.

Die Zuführung zu der gesetzlichen Rücklage stellt eine gesetzlich erzwungene offene Selbstfinanzierung dar. Die Zuführung zu den anderen Gewinnrücklagen und der Gewinnvortrag für das nächste Jahr stellen eine freiwillig vorgenommene offene Selbstfinanzierung dar.

Je höher die Dividende, desto geringer die Selbstfinanzierung

Offene Selbstfinanzierung einer Aktiengesellschaft bei Verlustvortrag aus dem Vorjahr

Welchen Betrag können Vorstand und Aufsichtsrat gem. § 58 (2) AktG höchstens in die anderen Gewinnrücklagen einstellen, wenn aus dem Vorjahr ein Verlustvortrag in Höhe von 750 000 EUR vorliegt?

Jahresüberschuss	1 500 000 EUR	
– Verlustvortrag	750 000 EUR	
= bereinigter Jahresüberschuss	750 000 EUR	
davon 5 % Zuführung gesetzliche Rücklage § 150 AktG	37 500 EUR	
= Restbetrag	712 500 EUR	(maximal 50 % von
– Zuführung andere Gewinnrücklagen § 58 (2) AktG	356 250 EUR	712 500 EUR)
= Bilanzgewinn	356 250 EUR	

Ergebnis: Vorstand und Aufsichtsrat können höchstens 356 250 EUR den anderen Gewinnrücklagen gem. § 58 (2) AktG zuführen. Die Hauptversammlung kann darüber beschließen, ob und in welchem Umfang der Bilanzgewinn in Höhe von 356 250 EUR als Dividende ausgeschüttet oder zur Selbstfinanzierung der AG verwendet werden soll. Im letzteren Fall können entsprechende Teile des Bilanzgewinns den anderen Gewinnrücklagen zugeführt oder als Gewinnvortrag für das kommende Jahr ausgewiesen werden.

! **Über die Verwendung des Bilanzgewinns entscheidet die im folgenden Geschäftsjahr einzuberufende Hauptversammlung. Diese kann auf eine (vollständige) Ausschüttung des Bilanzgewinns als Dividende verzichten und weitere Teile in andere Gewinnrücklagen einstellen oder als Gewinn für das neue Geschäftsjahr vortragen.**

Offene Selbstfinanzierung einer Aktiengesellschaft bei Gewinnvortrag aus dem Vorjahr

Welchen Betrag können Vorstand und Aufsichtsrat gem. § 58 (2) AktG höchstens in die anderen Gewinnrücklagen einstellen, wenn aus dem Vorjahr ein Gewinnvortrag in Höhe von 50 000 EUR vorliegt?

Jahresüberschuss	1 500 000 EUR	
– Verlustvortrag	0 EUR	
= bereinigter Jahresüberschuss	1 500 000 EUR	
davon 5 % Zuführung gesetzliche Rücklage § 150 AktG	75 000 EUR	
= Restbetrag	1 425 000 EUR	(maximal 50 % von
– Zuführung andere Gewinnrücklagen § 58 (2) AktG	712 500 EUR	1 425 000 EUR)
= Restbetrag	712 500 EUR	
+ Gewinnvortrag aus dem Vorjahr	50 000 EUR	
= Bilanzgewinn	762 500 EUR	

4.3.2 Auflösung von Rücklagen

Grundsätzlich können die in früheren Jahren gebildeten Gewinnrücklagen nachträglich wieder aufgelöst werden. Eine Auflösung der Gewinnrücklagen bedeutet, dass die in den vergangenen Jahren vorgenommene Selbstfinanzierung wieder rückgängig gemacht wird. Bei den **anderen Gewinnrücklagen** ist dies i. d. R. problemlos möglich. Auf diese Weise lässt sich in Jahren, in denen nur ein geringer Jahresüberschuss oder sogar ein Jahresfehlbetrag erzielt wurde, trotzdem ein Bilanzgewinn ausweisen und eine angemessene Dividende zahlen (**Dividendenoptik**). Die Möglichkeit zur Auflösung der **gesetzlichen Rücklage** ist dagegen durch das Aktiengesetz sehr eingeschränkt und nur in bestimmten Fällen zum Ausgleich eines Jahresfehlbetrages oder eines Verlustvortrags zulässig.

AktG § 150

Grundsätzlich können in früheren Jahren gebildete Gewinnrücklagen wieder aufgelöst werden. Die Auflösung der gesetzlichen Rücklage ist allerdings nur unter bestimmten Voraussetzungen zum Ausgleich eines Jahresfehlbetrages oder eines Verlustvortrags möglich.

Die aus der Auflösung von Gewinnrücklagen stammenden Beträge werden als „Entnahmen aus Gewinnrücklagen" bei der Gewinnverwendung wie ein Gewinn des laufenden Jahres behandelt.

Auflösung von Gewinnrücklagen

Eine Aktiengesellschaft weist in ihrer Gewinn- und Verlustrechnung einen Jahresfehlbetrag in Höhe von 100 000 EUR aus. Der Verlustvortrag aus dem Vorjahr beträgt 50 000 EUR, die anderen Gewinnrücklagen betragen 1,5 Mio. EUR.

Aus Gründen der Dividendenoptik soll ein Bilanzgewinn in Höhe von 150 000 EUR ausgewiesen werden.

Jahresfehlbetrag	**– 100 000 EUR**
– Verlustvortrag aus dem Vorjahr	– 50 000 EUR
= neuer Fehlbetrag	– 150 000 EUR
+ Entnahme aus den Gewinnrücklagen	+ 300 000 EUR
= **Bilanzgewinn**	**150 000 EUR**

Ergebnis: Trotz eines im laufenden Geschäftsjahr ausgewiesenen Jahresfehlbetrages wird in der Bilanz unter den gegebenen Bedingungen ein Bilanzgewinn in Höhe von 150 000 EUR ausgewiesen. Damit kann den Aktionären eine Dividende gezahlt werden.

4.3.3 Auswirkung der offenen Selbstfinanzierung auf den Bilanzkurs

Eine Information über das Ausmaß der offenen Selbstfinanzierung einer Aktiengesellschaft lässt sich anhand des Bilanzkurses gewinnen.

Bilanzkurs einer AG

Der Bilanz (Auszug) einer Aktiengesellschaft sind folgende Informationen zu entnehmen:

I. Gezeichnetes Kapital:	3 000 000 EUR
II. Kapitalrücklage:	30 000 EUR
III. Gewinnrücklagen:	
1. gesetzliche Rücklage:	20 000 EUR
2. andere Gewinnrücklagen:	80 000 EUR
IV. Gewinnvortrag:	10 000 EUR

$$\text{Bilanzkurs} = \frac{(3\,000\,000 + 30\,000 + 20\,000 + 80\,000 + 10\,000)}{3\,000\,000\text{ EUR}} \cdot 100 = 104{,}66\,\%$$

Ergebnis: Das in der Bilanz ausgewiesene Eigenkapital beträgt 104,66 % des gezeichneten (= durch Aktien verbrieftes) Kapital.

Übersteigt der in Prozenten berechnete Börsenkurs den Bilanzkurs, so kann das darauf zurückzuführen sein, dass das tatsächliche Eigenkapital höher ist als das in der Bilanz ausgewiesene Eigenkapital (= verdeckte Selbstfinanzierung). Aber auch positive Erwartungen der Aktienkäufer können zu einem steigenden Börsenkurs führen.

4.3.4 Einfluss der Gewinnverwendung auf den Jahresabschluss einer AG

Je nachdem, ob die Gewinnverwendung bei der Aufstellung des Jahresabschlusses bereits berücksichtigt wird oder nicht, haben Bilanz und (gem. AktG § 158 erweiterte) GuV einer AG ein unterschiedliches Aussehen. Dabei sind drei Möglichkeiten zu unterscheiden. AktG § 158

Jahresabschluss

- vor der Gewinnverwendung
- nach teilweiser Gewinnverwendung
- nach vollständiger Gewinnverwendung.

Aufg. 4.3.3 S. 161

Jahresabschluss vor Gewinnverwendung

Der Jahresüberschuss beträgt 1 000 000 EUR. Vor der Gewinnverwendung wird dieser Betrag gem. HGB § 266 in der Bilanzposition *Jahresüberschuss* als Teil des Eigenkapitals ausgewiesen.

Gewinn- und Verlustrechnung HGB § 275 (2) in EUR	Jahr 01
Erträge	15 000 000
– Aufwendungen	14 000 000
Jahresüberschuss	**1 000 000** →

Gliederung des Eigenkapitals einer AG vor Gewinnverwendung gem. HGB § 266 in EUR	Jahr 01
A. Eigenkapital	
I. Gezeichnetes Kapital	20 000 000
II. Kapitalrücklage	500 000
III. Gewinnrücklage	1 200 000
1. gesetzliche Rücklage	
2. ...	
3. ...	
4. andere Gewinnrücklagen	600 000
IV. Gewinnvortrag/Verlustvortrag	10 000
V. Jahresüberschuss	**1 000 000**
Summe Eigenkapital	**23 310 000**

Jahresabschluss nach teilweiser Gewinnverwendung

Gem. HGB § 268 (1) kann der Jahresabschluss auch unter Berücksichtigung der teilweisen oder vollständigen Gewinnverwendung aufgestellt werden. Gem. AktG § 158 (1) ist die GuV entsprechend zu ergänzen.

Gewinn- und Verlustrechnung HGB § 275 (2), AktG § 158 (1) in EUR	
	Jahr 01
Erträge	15 000 000
– Aufwendungen	14 000 000
= Jahresüberschuss	1 000 000
+ Gewinnvortrag aus dem Vorjahr	10 000
– Einstellung in Gewinnrücklagen	
a) in die gesetzliche Rücklage	50 000
b) –	
c) –	
d) in die anderen Gewinnrücklagen	475 000
Bilanzgewinn	**485 000**

HGB § 266 (1)

HGB § 158 (1)

Gliederung des Eigenkapitals einer AG nach teilweiser Gewinnverwendung gem. HGB § 266, 268 (1) in EUR	
	Jahr 01
A. Eigenkapital	
I. Gezeichnetes Kapital	20 000 000
II. Kapitalrücklage	500 000
III. Gewinnrücklage	
1. gesetzliche Rücklage	1 250 000
2. ...	
3. ...	
4. andere Gewinnrücklagen	1 075 000
IV. Bilanzgewinn	**485 000**
Summe Eigenkapital	**23 310 000**

Jahresabschluss nach vollständiger Gewinnverwendung

Es wird eine Dividende in Höhe von 450 000 EUR ausgeschüttet. Der Rest des Bilanzgewinns wird als Gewinnvortrag in das nächste Jahr übernommen.

Gewinn- und Verlustrechnung HGB § 275 (2), AktG § 158 (1) in EUR	
	Jahr 01
Erträge	15 000 000
– Aufwendungen	14 000 000
= Jahresüberschuss	1 000 000
+ Gewinnvortrag aus dem Vorjahr	10 000
– Einstellung in Gewinnrücklagen	
a) in die gesetzliche Rücklage	50 000
b) –	
c) –	
d) in die anderen Gewinnrücklagen	475 000
– auszuschüttende Dividende	450 000
Gewinnvortrag	**35 000**

HGB § 266 (1)

HGB § 158 (1)

Gliederung des Eigenkapitals und Veränderung des Fremdkapitals einer AG nach vollständiger Gewinnverwendung gem. HGB § 266, 268 (1) in EUR	
	Jahr 01
A. Eigenkapital	
I. Gezeichnetes Kapital	20 000 000
II. Kapitalrücklage	500 000
III. Gewinnrücklage	
1. gesetzliche Rücklage	1 250 000
2. ...	
3. ...	
4. andere Gewinnrücklagen	1 075 000
IV. Gewinnvortrag	**35 000**
Summe Eigenkapital	**22 860 000**
B. Verbindlichkeiten	
1.	
2. sonstige Verbindlichkeiten	**450 000**

> **!** **Die Dividendenzahlung stellt für die AG einen Abfluss von liquiden Mittel dar. Diese Mittel können nicht zur Selbstfinanzierung verwendet werden. Solange die beschlossene Dividende noch nicht ausgezahlt ist, handelt es sich um eine Verbindlichkeit der AG gegenüber ihren Aktionären, die auf der Passivseite der Bilanz ausgewiesen wird.**

Zusammenfassende Übersicht zu 4.3: Offene Selbstfinanzierung einer Aktiengesellschaft (AG)

Offene Selbstfinanzierung einer Aktiengesellschaft:
Einbehaltung von Teilen aus dem Jahresüberschuss

↓

Bildung von Gewinnrücklagen (= Teil des Eigenkapitals)

gesetzliche Rücklage = gesetzlich erzwungene Selbstfinanzierung	**andere (freiwillige) Rücklagen** = freiwillig vorgenommene Selbstfinanzierung
AktG § 150 (1), (2) 5 % des (um einen eventuell vorhandenen Verlustvortrag verminderten) Jahresüberschusses bis die Summe aus gesetzlicher Rücklage und Kapitalrücklage 10 % des Grundkapitals erreicht hat. Auflösung der gesetzlichen Rücklage nur unter bestimmten Voraussetzungen möglich – AktG § 150 (2), (3)	AktG § 58 (2): Vorstand und Aufsichtsrat können nach Einstellung in die gesetzliche Rücklage vom Rest bis zu 50 % in andere (freiwillige) Gewinnrücklagen einstellen. AktG § 58 (3): Die Hauptversammlung kann vom Bilanzgewinn weitere Beträge in andere (freiwillige) Gewinnrücklagen einstellen. Auflösung freiwilliger Gewinnrücklagen problemlos möglich

Freiwillige und gesetzlich erzwungene Selbstfinanzierung bei der AG

Jahresüberschuss			
Jahresüberschuss	Zuführung gesetzliche Rücklage (§ 150 AktG)	Gesetzlich erzwungene Selbstfinanzierung	Offene Selbstfinanzierung
	Zuführung andere Gewinnrücklagen (§ 58 (2) AktG)	Freiwillige Selbstfinanzierung	
	Gewinnvortrag lfd. Jahr		
	Dividende	Verbindlichkeiten gegenüber den Aktionären	

Aufstellung des Jahresabschlusses

vor der Gewinnverwendung	**nach teilweiser Gewinnverwendung**	**nach vollständiger Gewinnverwendung**
Eigenkapitalpositionen: Gewinn-/Verlustvortrag Vorjahr Jahresüberschuss/ Jahresfehlbetrag aktuelles Jahr	Eigenkapitalposition: Bilanzgewinn	Eigenkapitalposition: Gewinn-/Verlustvortrag, der bestimmt ist für das nächste Jahr Fremdkapitalposition: sonstige Verbindlichkeit (noch auszuzahlende Dividende)

WIEDERHOLUNG DES GRUNDWISSENS

4.3 Offene Selbstfinanzierung einer Aktiengesellschaft (AG)

4.3.1 Bildung gesetzlicher und anderer Gewinnrücklagen

1. Unterscheiden Sie die offene Selbstfinanzierung einer AG von der eines Einzelunternehmens.
2. Definieren Sie den Begriff Gewinnrücklagen.
3. Geben Sie an, unter welchen Voraussetzungen und in welcher Höhe eine AG zur gesetzlichen Selbstfinanzierung Verpflichtet ist.
4. Nennen Sie die Bilanzposition, in der die erzwungene Selbstfinanzierung einer AG enthalten ist.
5. Nennen Sie die Bilanzposition, in der die freiwillig gebildeten Rücklagen einer AG enthalten sind.
6. Unterscheiden Sie die Begriffe Jahresüberschuss und Bilanzgewinn.
7. Nennen Sie Voraussetzungen unter denen ein Gewinnvortrag entsteht.
8. Begründen Sie, warum ein Gewinnvortrag aus dem Vorjahr nicht Bestandteil der Bemessungsgrundlage für die Bildung gesetzlicher Rücklagen im laufenden Jahr ist.

4.3.2 Auflösung von Gewinnrücklagen

1. Nennen Sie Gründe, warum die gesetzlichen Rücklagen aufgelöst werden.
2. Nennen Sie das Ziel, das eine AG mit der Auflösung anderer Gewinnrücklagen im Normalfall verfolgt.

4.3.3 Auswirkungen der offenen Selbstfinanzierung auf den Bilanzkurs

1. Stellen Sie die Formel zur Berechnung er Bilanzkurs bei einer AG auf.
2. Erläutern Sie den Zusammenhang zwischen der offenen Selbstfinanzierung einer AG und dem Bilanzkurs.

4.3.4 Einfluss der Gewinnverwendung auf den Jahresabschluss einer AG

1. Wählen Sie die Bilanzpositionen aus, an der sich erkennen lässt, ob der Jahresabschluss
   a) vor Gewinnverwendung,
   b) nach teilweiser Gewinnverwendung oder
   c) nach vollständiger Gewinnverwendung

   aufgestellt wurde.
2. Erklären Sie wie eine von der Hauptversammlung beschlossene, aber noch nicht ausgezahlte Dividende in der Bilanz ausgewiesen wird.

AUFGABEN ZUM ERWERB UND ZUR ANWENDUNG VON KOMPETENZEN

4.3 Offene Selbstfinanzierung einer Aktiengesellschaft (AG)

4.3.1 Offene Selbstfinanzierung einer AG

Dem Bilanzauszug der Soft AG (vor Durchführung des Jahresabschlusses) sind folgende Informationen zu entnehmen:

I. Gezeichnetes Kapital (Grundkapital)	10 000 000 EUR
II. Kapitalrücklage	50 000 EUR
III. Gewinnrücklagen	
1. Gesetzliche Rücklage	100 000 EUR
2. andere Gewinnrücklagen	75 000 EUR

Im laufenden Geschäftsjahr konnte ein Jahresüberschuss in Höhe von 1,5 Mio. EUR erzielt werden.

Vorstand und Aufsichtsrat stellen den Jahresabschluss fest. Sie beabsichtigen, den geringst möglichen Bilanzgewinn auszuweisen.

1. Berechnen Sie den Betrag, der sich unter den gegebenen Bedingungen aus der offenen Selbstfinanzierung des abgelaufenen Geschäftsjahres höchstens aufbringen lässt.
2. Geben Sie die Höhe der gesetzliche Verpflichtung zur Selbstfinanzierung (erzwungene Selbstfinanzierung) für die Soft AG an.
3. Erläutern Sie, warum gerade Aktiengesellschaften zur offenen Selbstfinanzierung verpflichtet sind.

4.3.2 Jahresabschluss und Gewinnverwendung einer AG

PDF

Aktiva	Für die CHEMIE AG liegt zum 31.12. .. folgende verkürzte Bilanz vor		Passiva
A. Anlagevermögen	17 090 000	A. Eigenkapital	
B. Umlaufvermögen	8 500 000	I. gezeichnetes Kapital	10 800 000
		II. Kapitalrücklage	720 000
		III. Gewinnrücklagen	
		1. gesetzliche Rücklage	340 000
		2. andere Gewinnrücklagen	1 210 000
		IV. Gewinnvortrag	20 000
		V. Jahresüberschuss	900 000
		B. Verbindlichkeiten	11 600 000
	25 590 000		25 590 000

Das gezeichnete Kapital ist in 900 000 Stückaktien aufgeteilt.

HGB §§ 264, 316

AktG § 170 ff.

1. Beschreiben Sie anhand von HGB und AktG den Weg der Jahresabschlusserstellung und -feststellung in fünf Schritten. Gehen Sie auch auf die rechtliche Konsequenz der Feststellung des Jahresabschlusses ein.
2. Angenommen, der Aufsichtsrat verweigert seine Zustimmung zu dem vom Vorstand vorgelegten Jahresabschluss. Beurteilen Sie, wie in diesem Fall zu verfahren ist.
3. Vorstand und Aufsichtsrat haben den Jahresabschluss festgestellt.
   a) Berechnen Sie die höchstmögliche Dividende (auf volle 10 Cent gerundet), wenn Vorstand und Aufsichtsrat einen möglichst hohen Betrag in die Rücklagen einstellen.
   b) Nennen Sie den Zweck einer Rücklagenbildung.
   c) Prüfen Sie, ob und ggf. unter welchen Voraussetzungen Gewinnrücklagen wieder aufgelöst werden können.
4. Stellen Sie die Zusammensetzung des Eigenkapitals der CHEMIE AG nach teilweiser und vollständiger Verwendung des Jahresüberschusses dar, wenn die Hauptversammlung die Ausschüttung der in Aufg. 3 ermittelten Dividende beschließt.
5. Berechnen Sie, wie hoch im vorliegenden Fall die aus dem Jahresüberschuss des laufenden Jahres vorgenommene
   a) gesetzlich erzwungene Selbstfinanzierung
   b) freiwillige Selbstfinanzierung
   c) Selbstfinanzierung insgesamt ist.

4.3.3 Jahresüberschuss und offene Selbstfinanzierung

Gliederung des Eigenkapitals der Sanus AG nach vollständiger Gewinnverwendung (in EUR)

	Jahr 00	Jahr 01
A. Eigenkapital		
I. Gezeichnetes Kapital	*10 000 000*	10 000 000
II. Kapitalrücklage	*500 000*	500 000
III. Gewinnrücklagen		
1. gesetzliche Rücklage	*500 000*	500 000
4. andere Gewinnrücklagen	*600 000*	1 150 000
IV. Gewinnvortrag	*10 000*	2 000
Summe Eigenkapital	*11 510 000*	12 052 000

Das Eigenkapital der Sanus AG hat sich vom Jahr 00 zum Jahr 01 durch offene Selbstfinanzierung in der nebenstehenden Form verändert.

1. Berechnen Sie den Jahresüberschuss und den Bilanzgewinn im Jahr 01, wenn der Dividendensatz 4,5 % betrug.
2. Berechnen Sie die Höhe der Selbstfinanzierung im Jahr 01.

4.3.4 Gewinnverwendung einer AG

Die Buchhaltung des Maschinenherstellers WEMA AG weist folgende Zahlen aus:

Gezeichnetes Kapital	80 000 000 EUR
Kapitalrücklage	1 500 000 EUR
gesetzliche Rücklage	4 500 000 EUR
andere Gewinnrücklagen	2 000 000 EUR
Gewinnvortrag aus dem Vorjahr	100 000 EUR
Jahresüberschuss/Jahresfehlbetrag	15 100 000 EUR

1. Vorstand und Aufsichtsrat stellen den Jahresabschluss nach § 172 (1) AktG fest. Die Einstellung in die gesetzliche Rücklage erfolgt nach § 150 (2) AktG. Die Satzung sieht keine von den gesetzlichen Vorschriften abweichende Regelung vor. Der von Vorstand und Aufsichtsrat erstellte Jahresabschluss wird im Geschäftsbericht der AG veröffentlicht und der Hauptversammlung vorgelegt. Das Grundkapital ist in 16 000 000 Stückaktien aufgeteilt.
   a) Bestimmen Sie für den Fall einer auf volle 10 Cent gerundeten Dividende für das laufende Geschäftsjahr die
      - Untergrenze der offenen Selbstfinanzierung
      - Obergrenze der offenen Selbstfinanzierung, soweit Vorstand und Aufsichtsrat darüber beschließen
      - Obergrenze der offenen Selbstfinanzierung, soweit die Zustimmung der Hauptversammlung hierfür erforderlich ist.
   b) Vorstand und Aufsichtsrat haben den anderen Gewinnrücklagen den gesetzlich höchstmöglichen Betrag (AktG § 58 Abs. 2 Satz 1) zugeführt. Die Geschäftsleitung will die Aktionäre auf der Hauptversammlung zusätzlich zu einem Dividendenverzicht bewegen.
      Berechnen Sie die Höhe der Selbstfinanzierung, wenn nur eine Dividende von 5 % ausgeschüttet würde.
   c) Erläutern Sie, was gegen die maximale Ausschöpfung der offenen Selbstfinanzierung durch Vorstand und Aufsichtsrat spricht.
   d) Vorstand und Aufsichtsrat haben den anderen Gewinnrücklagen den gesetzlich höchstmöglichen Betrag (AktG § 58 (2) Satz 1) zugeführt. Die Hauptversammlung beschließt, dass die höchstmögliche Dividende zur Ausschüttung kommt (ganzer Prozentsatz).
      Berechnen Sie das Eigenkapital der AG nach vollständiger Gewinnverwendung und die Höhe der Dividende je Aktie.
2. Geben Sie die Änderungen gegenüber der Ausgangssituation von 1d) für jeweils folgende Fälle an.
   a) Es liegt kein Gewinnvortrag, sondern ein Verlustvortrag aus dem Vorjahr in Höhe von 100 000 EUR vor.
   b) Kapitalrücklagen und gesetzliche Rücklage betragen zusammen 8 Mio. EUR.
   c) Die Hauptversammlung beschließt gem. AktG § 58 (3), den Bilanzgewinn in voller Höhe den Gewinnrücklagen zuzuführen.

Sachwortverzeichnis

V

W